加藤雅俊　著

福祉国家再編の政治学的分析

——オーストラリアを事例として——

御茶の水書房

福祉国家再編の政治学的分析　目　次

目　次

福祉国家再編の政治学的分析

――オーストラリアを事例として――

序　今なぜ福祉国家論か？

本書には、大きく三つの目的がある。まず第一に、構成・戦略論的アプローチという理論的視角から、現代福祉国家の再編を分析するための新たな理論枠組を提示することによって、（比較）福祉国家論への理論的貢献をなすことである。第二に、提示した理論枠組をもとに、オーストラリアにおける福祉国家の再編を分析することによって、理論枠組の妥当性を確認するだけでなく、オーストラリアに関する事例研究としての知見をもたらすことである。第三に、この福祉国家論の展開という作業を通して、構成・戦略論的アプローチに基づいた政治分析の有効性を示すことによって、現代政治学への理論的貢献をなすことである。本書でいう構成・戦略論的アプローチとは、構成主義的視角に依拠し、構造と行為主体の相互作用（共時的および通時的）におけるアイデアの二つの役割（構成的と因果的）に注目するアプローチを指す。つまり、本書は、構成・戦略論的アプローチというメタ理論に依拠し、「現代福祉国家の特徴を把握し、その動態を説明するための理論枠組」を提示し、それをもとにオーストラリアの事例分析を行うことによって、比較福祉国家論および政治学の理論的発展に貢献することを目的としている。

本書では、第一章以下で福祉国家論の到達点と課題を批判的に検討していくが、福祉国家の衰退や変容が主張されるようになってから多くの時間が経った現在において、あらためて福祉国家論の理論的展開を批判的に検討する意義はどこにあるのだろうか。その必要性に関して疑問が提出されるかもしれない。この疑問に対して、本書は、福祉国家論(1)を展開することには現実面および学術面での意義があると考えている。

まず、前者の現実的意義から検討する。一九七〇年代以降、経済のグローバル化の進展およびポスト産業社会への移行という諸環境の変化に伴い、福祉国家は、マクロ需要管理政策および脱商品化政策などの従来型の政策介入を行うことが困難となっている。そのため、現在の政治経済システムの特徴を捉える上では、以下のように、「福祉国家」とは異なる用語を用いる場合がある。例えば、経済・社会問題に対する一国レベルの政治的対応を含意する福祉「国家」ではなく、多様なレベル（国際・地域・地方など）における多様な主体（政治アクター・市民社会アクター・経済アクターなど）の相互作用を通じて展開される「ガバナンス」に注目が集まっている（cf. Jessop 2002）。また、経済自由主義の台頭によって諸政策が大きく変化した結果、現在の国家形態は、再分配や脱商品化を志向する「福祉」国家ではなく、市場化・自由化や再商品化などを目指す「競争」国家として捉えられると主張されている（cf. Cerny 1990, ヒルシュ 1998）。

しかし、これらの議論は、以下の点で「福祉国家」を論じることの重要性を見落としている。第一に、「福祉国家の黄金時代」においても、様々なレベルの諸アクターがその運営に関与していた。つまり、福祉生産・供給において、国家が主要な役割を担ってきたとしても、すべてを負担していたわけではない。家族や社会パートナーなどの諸アクター、また市場メカニズムによっても、社会的保護が提供されてきた。第二に、ガバナンスの台頭は国家の退場を必ずしも意味しない。国家とその他のレベルにおける諸アクターの相互作用の深化は、特定の政策領域における直接的な形態での国家介入の減退を含意するが、他方で、調整や協調のための機会が増えることよって、間接的な影響力を獲得するという側面を持つ。そして、第三に、競争国家の特徴とされる諸政策の導入は、既存の諸政策の放棄を意味しない。つまり、新たな環境に適応するため、福祉国家は、従来型の諸政策を修正する一方で、ミクロ経済政策および再商品化・脱家族化政策などの新規の諸政策を導入しているのである。この新たに導入された政策の中には、女性や若年失業者の就労を促すアクティベーション政策など、公正や平等の拡大という福祉国家の政策目標を実現する可能性を持つものもある。言い換えれば、単純に福祉国家の衰退とは評価できない政策対応が実施されているのである。そして、第四に、より重要な点として、これらの諸変化が、国家レベルにおける政治的選択の帰結であるという点にある。つまり、現在の福祉国家が置かれている状況は、国際・地域・地方レベルの諸アクターによる行為だけでなく、国家という意思決定中枢における過去の政治的選択の結果として生じている。

したがって、現在の福祉国家の特質を理解し、将来の展望を描くためには、第一に、過去の福祉国家における諸アクター間の相互依存関係や諸政策の特徴と、現段階のそれらを比較することが不可欠であり、第二に、どのような状況における、どのような選択の結果として現在の形態がもたらされたのかを把握する必要がある。言い換えれば、現状を把握し、将来を展望するためには、福祉国家の特徴およびその動態に関する理解が必要となる。そして、これらの点を理解するためには、福祉国家論の理論的展開を批判的に検討することが必要となる。

この現実面での展開を考える上での重要性に加えて、福祉国家論を展開することには学術面での意義もある。それは、福祉国家分析が政治学の多様なアプローチの交錯領域となり、かつ、政治学における多くの理論的発展を生み出してきたという学説史的背景にある。例えば、近代化・産業化の進展によって、家族および地域社会が果たしてきた福祉供給機能を国家が代替する必要性から、社会政策が展開してきたと捉える「産業化」論（Wilensky 1975）は、いわゆる近代化論と強い連関を持つ。また、「福祉国家の危機」論は、国家の資本蓄積機能および正統化機能の間の矛盾（O'Connor 1973）や、国家介入の必要性と国家機能拡大に由来する資本主義経済システムのジレンマ（オッフェ 1988）を指摘するネオマルクス主義（その他の論者として Gough 1979）、経済システムの危機を回避するための政策介入が、合理性の危機と正統化の危機という政治システムの危機に導くという批判理論（ハーバーマス 1979）、および、自由民主主義体制下での国家に対する市民の過剰要求を指摘する過剰負担テーゼ（ハンチントンほか 1976）などを背景として展開された。「福祉国家の危機」が議論される中で、ハイエクやフリードマンらによる福祉国家批判が注目を集めた（Hayek 1944, Friedman and Friedman 1980）。そして、経済的自由の強調と伝統・権威を重視する、いわゆる「ネオリベラリズム」や「新保守主義」が政治勢力として台頭した（Gamble 1988, Harvey 2005）。より最近では、左派側からの対応として、従来型の福祉国家路線とは一線を画し、市場メカニズムの有効性を認識する一方で、社会投資など政府の新たな役割に注目する「第三の道」や「新しい社会民主主義」も提示された（Gidens 1998, 2001）。また、福祉レジーム論の理論的基礎を提供した権力資源動員論（Korpi 1983, 1985, Esping-Andersen 1985）は、長期的・間接的な権力行使パターンに注目する点で、多元主義者らによる行動論的な権力論を批判し、他方で、戦略的相互作用に注目する点で、ミクロ基礎としての合理的選択論との親近性を保持している。さらに、権力資源動員論は、体制分析として、議会政治を通じた社会主義への移行の可能性を示唆しており、マルクス主義国家論への批判という側面も持っている。そして、現代政治学における主要なアプローチともいえる新制度論（特に、諸制度の持つ歴史的側面を重視する歴史的制度論）は、アメリカ型福祉国家の特徴を分析することを通じて発展してきた（Skocpol 1992, P. Pierson 1994）。また、資本主義の多様性論（Hall and Soskice 2001）によって注目を集めている資本主義経済システムにおけるビジネス勢力の重要性は、福祉国家論の文脈では、階級交差連合論（Swenson 1991a）の問題提起によって注目されてきた。このように、福祉国家論の理論的展開や到達点を検討することは、現代政治学の展開や到達点を把握・理解する上で、有効な手がかりを提供してくれるのである。

さらに、このことは、現在の福祉国家論の抱えている理論的問題点が現代政治学の直面している理論的問題点と強く結びついていることを示唆している。例えば、現在の福祉国家論の課題のひとつとして、以下で確認するように、多様な再編プロセスをどう分析するかという論点がある。この論点は、新制度論のフロンティアである制度変化をどう説明するかという理論的課題と関連している。また、福祉生産・供給における国家の役割の変化をどう捉えるかという論点は、ガバナンスへの注目にあるように、国家形態の変化という現代政治学一般の論点とつながっている。つまり、福祉国家論という領域における論点を検討し解答を提出することは、制度変化メカニズムや国家形態の変化などの現代政治学上の論点に関して、理論的な貢献をなすことにつながる。

以上のように、現在において福祉国家論の現状と課題を検討することは、現実的側面だけでなく学術的側面においても積極的な意義を持つといえる。本書では、比較福祉国家論の到達点を批判的に検討し、その問題点を克服する新たな理論枠組を提示し、オーストラリアにおける再編を分析することによって、その有効性を確認していく。まず第一章では、福祉国家論を提示する上で検討されるべき理論的課題が何であるかを明らかにする。

注

（1）　政治学における福祉国家研究のレビューとしては、例えば、以下の文献を参照（Mishra 1984, Skocpol and Amenta 1986, Therborn 1986, C. Pierson 1991, Bonoli et al. 2000, Myles and Quadagno 2002, 新川 2005など）。「黄金時代」以降の福祉国家再編に関する比較研究については、例えば、以下の文献を参照（Garret 1998, Mishra 1999, Castles 2004, Bonoli et al. 2000, Huber and Stephens 2001, P. Pierson 2001, Pontusson 2005, Scharpf and Schmidt 2000, Swank 2002, Ellison 2006, Clasen 2005, Taylor-Gooby 2004, 2005, Ebbinghaus and Manow 2001, Armingeon and Bonoli 2006, 新川（編）2009, 2011, 宮本（編）2006, 田村ほか（編）2011など）。

政治学以外の隣接する社会諸科学（例えば、社会学や経済学など）においても、多くの研究業績が蓄積されてきている。近年の社会学や経済学における福祉国家研究に関しては、以下の文献などを参照（岡本 2008, 武川 2007, 富永 2001, 加藤 2006 など）。

第一章　転換期の福祉国家分析に向けて

序で確認したように、福祉国家論の理論的展開を検討することには、福祉国家の現状を把握し、将来の展望を描くという現実面での意義だけでなく、現代政治学の理論的発展を追体験できるという学術面での意義がある。本章では、福祉国家論がどのような論点をめぐって研究業績を蓄積してきたのかを確認する。本章には、次章以降で展開する、福祉国家論の理論課題に関する批判的検討のための準備作業として、以下の二つの目的がある。まず第一に、現代福祉国家論の議論状況を整理した上で、到達点および残された課題を明らかにすることである。第二に、本書が依拠する「構成・戦略論的アプローチ」というメタ理論の特徴を紹介した上で、このアプローチが福祉国家論発展のための理論的基礎を提供することを示すことにある。比較福祉国家論は、研究体制の分業化が進み、多くの研究者が研究に取り組むことによって、各論点に関して多様な知見が蓄積されてきている一方で、各知見間の相互関係が十分に検討されていないという現状にある。新しい理論枠組を提示するためには、各知見を吸収した上で、統一的な観点（メタ理論）から整理していくことが必要となる。

本章の構成は以下の通りである。まず、比較福祉国家分析において論争となっている争点を手がかりとして、福祉国家論が取り組んできた二つの理論的課題を明らかにする（第一節）。続いて、この二つの問いをめぐる議論状況を整理した上で、現代福祉国家論として残された課題を明らかにする（第二節）。そして、構成・戦略論的アプローチの特徴を明らかにした上で、福祉国家論の発展の手がかりとなることを示す（第三節）。最後に、本章の主張を整理し直した上で、本書の構成について言及する（第四節）。

第一節　福祉国家論における二つの理論的課題
——特徴把握と動態の説明——

本節では、「福祉国家の従属変数問題」および「ビジネス勢力の影響力の評価」という比較福祉国家論の近年の論争を手がかりに、福祉国家論が取り組んできた二つの理論的問いを明らかにした上で、これらの論争から得られる知見を明らかにする。

（1）福祉国家の従属変数問題

福祉国家の変容分析における「従属変数問題」（Green-Pedersen 2004, P. Pierson 2001b, Clasen and Siegel 2007）とは、研究者の間で、福祉国家の変容結果に関する合意が存在しないことに起因する問題を指す。具体的には、論者の間で、変容結果に関する定義にばらつきが存在するため、同じ現象に関する解釈が大きく分かれてしまい、各研究の提示する諸知見が十分に蓄積されていないという現代福祉国家論の現状を指す。

この「従属変数問題」は、縮減期研究の端緒となったP・ピアソンの「福祉国家の新しい政治」論に起因している[1]（P. Pierson 1994, 1996）。第四章第一節で詳しく紹介するが、彼は、社会支出水準の安定性やプログラム構造の維持を根拠に、福祉国家が持続していること（従属変数）を前提として、変容・縮減圧力が存在するにもかかわらず、なぜ福祉国家は安定しているのかと問う。この問いに対して、ピアソンは、①不人気である縮減政策の追求という政策目標の変化、および、②政策フィードバック効果に由来する政治的文脈の変化という福祉政治に関する二つの変化を指摘し、発展期などの「古い政治」とは異なり、縮減・変容期などの「新しい政治」では、非難回避戦略が重要になるとして、プログラム構造へ注目する必要を説いた。

このピアソンの議論に対しては、直ちに批判がなされた。ここで、福祉国家論の理論的課題を考察する上で重要となる批判は、プログラム構造に注目する理論枠組の妥当性(2)ではなく、福祉国家の持続性という分析の前提に対する批判である。例えば、クレイトンら（Clayton and Pontusson 1998）は、不平等が拡大する傾向において、社会支出の構成が変化していること、および、公的セクターの規模縮小などを根拠として、縮減を説いた。また、諸プログラムの所得代替率の変化に注目し、特定の国々では縮減が起こっていることを主張する論者（Korpi and Palme 2003, Allan and Scruggs 2004）もいれば、完全雇用を実現するための諸政策の断念をもって、福祉国家の縮減とみなす論者もいる（Mishra 1999, Korpi 2003）。ハッカーは、「政策ドリフト」という概念を提示し、社会経済的環境の変化に対して、意図的に社会政策改革を行わないことも縮減であることを示唆する（Hacker 2004）。また、ヒンリクスらは、年金政策の変化を分析し、長期にわたる小さな変化の蓄積が、結果として大きな変化をもたらしていることを主張する（Hinrichs and Kangas 2003）。他方、近年の社会支出水準の変化を分析したキャッスルズは、支出水準に関して一貫した削減傾向はないが、先進諸国内で収斂する傾向（福祉国家の安定性を示唆）を発見し、各レジームの特徴が持続していることを指摘する（Castles 2004）。ポンツソンは、先進諸国内での支出水準の収斂傾向を発見する一方で、公的セクターの縮小、医療保険の民営化、および、所得代替率の低下などに注目し、福祉国家の縮減が起こっていることを指摘する（Pontusson 2005）。このように、どの指標の動向に注目するかによって、福祉国家の変容結果に関して、その評価は大きく分かれることになる。

ここで興味深い点は、この「従属変数問題」の要因に関しても、各論者で力点の置き方が異なることにある。例えば、この問題の要因として、ピアソンは、福祉国家に関する理論化不足、データや測定の問題、および、福祉国家縮減の不十分な概念化という三点を指摘し（P. Pierson 2001b）、クラッセンらは、概念化、操作化、および、測定という三点を指摘する（Clasen and Siegel 2007, chapter 1）。それに対して、グリーン-ペーダーセンは、福祉国家縮減の異なる概念化に由来していることを強調している（Green-Pedersen 2004）。このように、「従属変数問題」の存在だけでなく、その要因に関しても意見が分かれているため、福祉国家の変容に関する議論は、今後も錯綜していくようにも考えられる。

しかし、従属変数問題を整理し、諸研究の知見を蓄積していくための基盤を形成する手がかりは、これらの議論の中にすでに存在している。重要な点は、研究手続上の順序である。つまり、各論者の注目する要因を、研究に混乱をもたらす個別の要因として捉えるのではなく、福祉国家の「変容（＝変化・無変化）」を分析対象とする上で、各研究者が研究プロセスの諸段階で直面する要因として捉えることができる。研究者は、福祉国家の変容を研究する上で、以下の手続を経ると考えられる。まず第一に、「福祉国家とは何か」を定義づけ、第二に、変化の有無を捉えるために、ある段階における福祉国家の「特徴」と現時点における「特徴」を比較するための枠組を形成する。そして、第三に、それらの枠組に適した従属変数を「設定・操作」し、第四に、それに基づいてデータを「測定」していくことによって、福祉国家の特徴を明確にしなければならない（従属変数の特定）。その上で、第五に、各論者の依拠する動態論（独立変数）に基づいて、福祉国家の変容結果を説明していく必要がある。ここで重要な点として、ある時点における福祉国家の特徴は、先進諸国に共通した一般的な傾向、および、その共通の段階における差異を捉えることによって、はじめて明らかにすることができる。つまり、福祉国家の特徴を捉えるためには、通時比較（段階論）および共時比較（類型論）という比較のための二つの枠組が必要となる。

以上のように、「従属変数問題」に関する上述の諸議論が示唆することは、福祉国家の変容を分析・説明するためには、福祉国家の定義に立ち戻り、ある時点における特徴を捉えるための枠組（通時比較のための段階論と共時比較のための類型論）を形成した上で、変数の操作化や測定を行い、変容の結果（従属変数）を定め、最終的に、動態論によってその現象を説明する必要性である。言い換えれば、福祉国家論を発展させていくためには、段階論・類型論・動態論という三つの分析枠組が必要となる。

（2）福祉国家発展におけるビジネス勢力の影響力

本書で注目する第二の論争は、福祉国家発展における「ビジネス勢力の影響力」の評価に関するものである。この論争の出発点は、アメリカ型福祉国家の形成・発展を説明する上で、国家構造と政策遺産および政党システムの特殊性を重視するスコッチポルの諸研究に対して（cf. Skocpol 1992, Skocpol and Ikenberry 1983）、ビジネス勢力が社会政策の発展に対して利益を持つことを前提として、政治エリートがビジネス勢力の予想される反応を戦略的に利用したことに由来する階級交差連合に支えられて、福祉国家が形成・発展してきたことを主張するスヴェンソンの問題提起に起因する（Swenson 1997, 2004）。この論点は、福祉国家発展の説明要因として、政治制度の歴史的な特殊性か、それともビジネス勢力の利益を重視するかという論点と関連しているため、アメリカという事例を越えて、比較福祉国家論の一般的論点へとつながっていることになる。

ここで、この論争の構図を把握しやすくするために、既存研究が注目する福祉国家発展の説明要因を整理しておく（詳しくは第四章第一節を参照）。まず、初期の権力資源動員論（Korpi 1983, Esping-Andersen 1985）は、社会政策の発展に関して、異なる利益を持つ諸階級間の対立が福祉国家の発展を決定づけると考える。福祉国家発展の差異は、労働勢力の権力資源動員によって説明される。ここでは、ビジネス勢力は、福祉国家の発展に対抗する勢力として想定される。それに対して、スヴェンソンらの階級交差連合論および資本主義の多様性論に依拠した研究（Mares 2003, Ebbinghaus and Manow 2001）は、スキル投資へのインセンティブの付与や労働勢力を取り込むことによる安定化の実現など、社会政策の発展に対するビジネス勢力の利益を前提として、福祉国家の発展が複雑な政治連合（階級間連合や階級交差連合）によってもたらされると捉える。他方、スコッチポルらの歴史的制度論は、これらの労働勢力・ビジネス勢力の諸利益は政治制度により影響を受けるため、発展の差異はむしろ政治制度の歴史的な特殊性によって説明されると主張する。

このような理論的な対抗関係を背景として、政治制度の重要性に注目するハッカーらは、①資本の持つ構造的権力と直接的影響力を区分する必要性、②戦略的相互行為を前提とすると、アクターの選好を実現する能力が必ずしも影響力を意味しないこと、③事後的な相関関係に依拠していることという三点から、ビジネス勢力を重視する論者を批判する（Hacker and Pierson 2002, Hacker 2005, また権力資源動員論からの批判としてはKorpi 2006）。すなわち、戦略的対応やアジェンダ設定における影響力が存在するため、立法過程において表面化する政治的対立は、必ずしもアクターの利益を反映しているとはいえないことを考慮しなければならないのである。そこで、彼らは、アメリカの事例分析を再解釈することを通じて、ビジネス勢力が直接的な道具的権力および間接的な構造的権力を持つことを示し、変化する制度的文脈の中で、二つの影響力の範囲や性格が大きく変化していることを指摘している。

ここで注目すべき点は、スヴェンソンのアメリカ分析から得られた理論的知見とハッカーらによる批判の理論的知見の類似性である。両者は、単純なビジネス勢力重視論者でもなければ、単純な政治制度の歴史的な特殊性を重視する論者でもない。すなわち、実際の事例分析において、両者の知見は、固有の政治制度という文脈におけるビジネス勢力の構造的・道具的影響力を重視するという点では、収斂しているといえる。両者の接近は、福祉国家の発展（の差異）を分析する上で、マクロレベルでの構造的な影響力、および、所与の政治制度という文脈において展開される直接的な権力行使の両者に注目する必要があることを示唆している。以上のように、ビジネス勢力の影響力に関する論争から得られる知見は、福祉国家の変容結果を分析する上で、構造的権力に影響を与えるマクロレベルの環境変化の傾向、および、政策選択が行われる政治アクター間の主体的な相互作用の両者に注目する必要性である。

(3) 二つの論争からの示唆——福祉国家論の二つの理論的課題——

本節では、「従属変数問題」および「ビジネス勢力の影響力」という近年の比較福祉国家分析における論争を手がかりに、福祉国家論発展のために必要となる要素について検討してきた。両論争が示唆することは、まず福祉国家の定義を明確にし、段階論と類型論という二つの枠組を用いることによって、現代福祉国家の特徴を把握し、変容結果を明確にした後、動態論によって、その現象を説明していく必要性である。そして、その動態論を発展させていく上では、変容結果に影響を与える要素として、マクロレベルの諸環境に由来する構造的権力、および、所与の制度環境のもとでの政策選択に関する主体的な相互作用に注目する必要がある。つまり、福祉国家論の理論的発展のためには、通時比較のための段階論、共時比較のための類型論、そして、構造的権力および主体的相互作用を考慮した動態論という三つの分析枠組が必要となる。

これらの知見に加えて、重要な点として、両論争は、福祉国家論の理論的課題が分析的には区別できる二つの課題から構成されていることを明らかにしている。すなわち、「福祉国家の動態を説明すること」という課題（独立変数）、および、その分析の前提となっている「福祉国家の特徴を把握すること」という課題（従属変数）である。ウェント

（Wendt 1998）の整理を借りれば、福祉国家論は、その特徴を把握するという「構成的」理論、および、その動態を説明する「因果的」理論という二つの理論から構成されているのである。そのため、福祉国家の「理論」といった際に、どちらの課題を扱う理論に言及しているかという点に注意しなければならない。通常の福祉国家分析では、力点の置き方に差異があるものの、両課題と取り組んでいる。例えば、P・ピアソンの研究では、持続性を分析の前提とすることで、動態の説明に力点が置かれ、他方、持続性という前提を批判する論者は、福祉国家の特徴を明らかにすることに力点を置いている。ここで重要な点は、福祉国家論が二つの理論課題から構成されていることの持つ両義性である。すなわち、比較福祉国家研究の分業体制が確立することにより、個別の課題に関する知見が蓄積され、その相互利用を通して、現代福祉国家のさらなる理解へとつながる可能性を持つ一方で、各知見を十分に吸収することができない場合には、上述の二つの論争が示唆するように、議論に混乱が生じ、研究成果が十分に蓄積されず、福祉国家論全体の理論的発展を妨げるおそれもある。次節では、福祉国家論の二つの理論的課題に関する議論状況を振り返り、その到達点と残された課題を明らかにする。

第二節　福祉国家論の現状と課題

本節では、「福祉国家の特徴をどう捉えるか」および「その動態をどう説明するか」という二つの課題に関する議論を振り返り、その到達点および課題を明らかにし、福祉国家論一般が直面している課題を明らかにする。

（1）福祉国家の特徴をどう捉えるかという課題は、現代福祉国家の共通性および差異を明らかにするために、通時比較のための段階論および共時比較のための類型論という二つの枠組を中心に、議論が展開されてきた。

福祉国家の特徴把握①——政治経済システムとしての福祉国家の変容——

まず、前者の段階論に関する議論の到達点を整理する（詳しくは第二章で検討する）。この点に関して、戦後の安定的な経済成長を支えてきた政治経済システムとしての福祉国家[4]が、経済のグローバル化の進展およびポスト産業社会への移行に伴い、その特徴を変容させていることが指摘されている。例えば、資本移動の流動化や国際貿易の深化などの経済のグローバル化[5]により、「埋め込まれたリベラリズム」（Ruggie 1982）やフォーディズム的な発展様式（山田 1994）など、福祉国家の依拠していた経済システムが大きく変容する中で、マクロ需要管理政策などの従来型の政策介入が困難になっている。現在では、経済自由主義が優位な状況下で、ポスト・フォーディズム的な発展様式を求めて、フレキシビリティ（賃金形態や労働編成など）の追求やハイテク産業の育成などによる国際競争力の確保が目指されている。他方、サービス経済化の進行、人口構造の変化、福祉国家の成熟化、および、女性の社会進出の増大という四点から構成されるポスト産業社会への移行（P. Pierson 2001a）は「新しい社会的リスク[6]」という形で顕在化し、福祉国家は、新たな政策対応の必要性に直面することになる（cf. Taylor-Gooby 2004, Bonoli 2005）。例えば、サービス経済化や人口高齢化は財政基盤にマイナスの影響をもたらすと予想されるため、コスト削減や給付水準の引き下げなどの圧力が高まる。しかし、単なる福祉国家の縮減とはいえない、より積極的な政策対応も求められる。例えば、第一に、女性の社会進出を促すため、家庭と労働のバランスをとりやすくする政策対応が求められる。第二に、雇用構造の変化に対応するため、スキル形成の支援や社会保険のカバーメカニズムを改革する必要がある。これらの経済・社会的な基盤の変化に加え、政治的基盤も変化している。例えば、階級レベルおよび政党政治レベルにおけるコンセンサスは大きく揺らぎつつあり（小野 2000）、新たに社会的包摂や個人の自律という理念が注目されている。まとめると、経済のグローバル化の進展およびポスト産業社会への移行に伴い、政策介入の形態は、マクロ需要管理政策および脱商品化政策を中心とした段階から、ミクロ競争力政策および再商品化・脱家族化政策を中心とする段階へと変化し、その政治的基盤は大きく変容している。

これらの諸変化を踏まえて、福祉国家から別の国家形態への移行を説く論者も存在する。例えば、経済・社会政策の形態、主要な規模、および、調整メカニズムにおける各変化に注目して、ジェソップ（Jessop 2002）は、「ケインズ主義的福祉国民国家」から「シュンペーター主義的ワークフェアポスト国民レジーム」への移行を主張する。サーニー（Cerney 1990）は、国家が作用する国際的文脈の変化を重視して、「福祉国家」から「競争国家」への移行を主張する。他方、「新しい社会的リスク」への対応のために社会政策の目標・対象に変化が生じていることから、「ポスト産業主義的な福祉国家」へと変化しているが、今なお「福祉国家」であることを主張する論者もいる（Armingeon and Bonoli 2006）。その一方で、上述したP・ピアソンの「新しい政治」論は、諸環境の変化を前提とした上で、プログラム構造および公共支出の安定に注目して、福祉国家の持続性を主張する。重要な点は、これらの論者の間で、福祉国家の諸環境・諸基盤に何らかの変容が生じていることに関して、概ね認識が共通していることにある。異なるのは、その帰結の評価である。したがって、福祉国家の段階論に関する課題は、経済のグローバル化の進展およびポスト産業社会への移行に伴う諸変化が、福祉国家からの「離脱」、もしくは福祉国家の「再編」や「持続」を意味するのかについて、説得的な論証を行うことにある。そのためには、「福祉国家とは何か」という福祉国家論の出発点に立ち戻り、戦後の安定的な政治経済システムと現在のそれの特徴を整理し、現在生じている変化（および持続性）を明らかにした上で、その特質を評価しなければならない。

(2)　福祉国家の特徴把握②――福祉国家における多様性――

福祉国家における多様性（類型論）に関して、大きな貢献をなした研究は、エスピン–アンデルセンによって展開された福祉レジーム論である[7]（詳しくは第三章で検討する）。彼の議論の要点は以下の通りである。まず、彼は、福祉国家を社会政策のみから捉える狭義のアプローチを批判し、現代社会において、福祉生産・供給が国家・市場・家族という三者の間でどのように分配されているかを理解するために、福祉国家「レジーム」という用語を採用する。そして、権力資源動員論を批判的に継承し、政治的な階級連合の異なるパターンによって、質的に異なる三つの福祉国家レジームが作られたことを確認し、主導してきた政治的アクターの差異から、自由主義レジーム、社会民主主義レジーム、および、保守主義レジームと名付ける。彼によれば、各レジームの質的な差異は、労働市場から自由に離脱できる程度を示す「脱商品化」および福祉政策がもたらす階層化の程度を示す「社会的階層化」という二つの指標から把握できる（Esping-Andersen 1990）。しかし、この脱商品化指標は、労働力の「商品化」が前提とされているため、商品化されていない女性による福祉負担という観点を見落とし、福祉生産・供給における家庭の果たす役割を軽視しているとして、ジェンダーの視点に立つ論者（cf. O'Connor 1993, Orloff 1993, Lewis 1992 など）から批判を受けることになった。彼は、その批判を受け、家庭が福祉生産・供給から解放されている程度を示す「脱家族化」指標を導入して、三類型の妥当性を再検討し直し、その有効性を確認している（Esping-Andersen 1999）。福祉レジーム論の重要な意義は、福祉国家の特徴が狭義の社会政策の形態によっては十分に捉えきれないとして、国家・市場・家族という三者間の関係性に注目することによって、質的な差異を明らかにしようとした点にある。

このエスピン–アンデルセンの問題提起以降、その妥当性や有効性に関して多くの議論が展開されている。例えば、上述のジェンダーの視点に立つ論者からの批判に加え、変数の測定や利用しているデータに関する方法論的な批判

(Castles 2004, Scruggs and Allan 2006a)、および、新たな類型の提示（オセアニアモデルに関して Castles and Mitchell 1993, 南欧モデルに関して Ferrera 1996, 日本型福祉国家に関して、Estevez-Abe 2008, 新川 2005, 宮本 2008 など）がなされている。

ここで注目すべき批判は、キャッスルズによるオセアニアモデルの特殊性に関する議論である（Castles 1988）。彼は、小国で国際経済に依存しているという共通性を持つオセアニア諸国と北欧諸国において、機能的に等価だが異なる政策対応が採用されたことを確認している。すなわち、北欧では狭義の社会政策による事後的な補償が選択されたのに対して、オセアニア諸国では雇用・所得政策を通じた補償（賃金稼得者型福祉国家。その特徴として、①関税政策による国内製造業の保護、②移民流入のコントロール、③強制仲裁制度による高賃金の波及、および、④残余的な社会政策）が選択されたのである。つまり、この研究は、雇用政策と社会政策が特定の条件下において代替性を持つことを示唆している。キャッスルズの視角は、ボノーリによる「労働市場を通じた社会政策」という視角に引き継がれていく（Bonoli 2003）。彼は、経済的保障を実現する上で、①労働法による規制、②賃金決定システム、および、③再分配的な移転プログラムという三つの労働市場政策の持つ機能的等価性に注目し、ヨーロッパ諸国での政策ミックスを検討し、アングロサクソン諸国、北欧諸国、大陸諸国、および、ラテン諸国という四つのモデルを析出している。

この機能的等価性に注目する批判の重要な点は、エスピン-アンデルセンの「福祉国家における質的な差異を明らかにする」という問題設定が彼自身の分析枠組では十分に捉えきれないことを示唆していることにある。すなわち、社会的保護の提供という目標を達成する上で、国家は複数の政策選択肢を保持しているため、福祉国家の特徴を捉えるためには、狭義の社会政策だけでなく、経済・社会政策など公共政策一般のあり方にも注目する必要がある。したがって、福祉国家の類型論に関する課題は、福祉レジーム論の知見を踏まえて、福祉国家の多様性を把握するためのよりよい枠組を検討すること、および、その多様性の傾向を捉えていくことにある。

(3) 福祉国家の動態をどう説明するか——動態論に関する蓄積——

福祉国家の動態を説明するという論点に関しては、数多くの理論枠組が提示されている（詳しくは第四章で検討する）。それらは、比較政治経済学の諸潮流をレビューしたホールの整理（Hall 1997）に依拠して、利益中心アプローチ、制度中心アプローチ、および、アイデアへの注目という三潮流に整理することができる。ここでの整理は、各論者が利益・制度・アイデアという各要因のみに注目していることを意味するのではなく、主要な変数としてどの要因を重視するかという点に基づいてなされている。まず、利益中心アプローチは、階級間対立を福祉国家の発展要因と捉える権力資源動員論（Korpi 1983, 1985, Esping-Andersen 1985）、ビジネスの影響力を重視する階級交差連合論（Swenson 1991a, 1997）、および、資本主義の多様性論（Mares 2003, Ebbinghaus and Manow 2001, Estevez-Abe et al. 2001）からなる。前者は、上述のように、階級間対立を福祉国家の発展要因として捉え、政治的党派性や労働勢力の強さ（左派・労働勢力＝福祉国家推進派、右派・ビジネス勢力＝福祉国家抑制派）などによって、差異が説明されると考える。他方、社会政策がビジネス勢力への利益となることを重視する後者は、社会政策が様々な政治連合（階級間連合や階級交差連合）によって推進されていくことを指摘する。これらに対して、制度中心アプローチは、スコッチポルのアメリカ分析（Skocpol 1992）にあるように、政治制度の持つ歴史的固有性が発展パターンを説明することを指摘する。この知見は、諸利益が政治制度を媒介してアウトカムにつながっていくと捉えることによって、利益中心アプローチとの接合が可能となる（cf. Huber and Stephens 2001）。そして、福祉国家の変容分析において、制度中心アプローチを発展させたのが、P・ピアソンの「福祉国家の新しい政治」論（P. Pierson 1994, 1996）である。上述のように、彼は、政策目標の変化および政治的文脈の変化のため、「新しい政治」段階では各国における非難回避戦略が重要になることを指摘し、プログラム構造へ注目する必要性を主張する。

この利益中心アプローチと制度中心アプローチにも、課題が存在している。まず第一に、アクターの選好に関する想定が、現実政治の多様性を説明する上で、十分に適合していない点にある。従来、福祉国家レジーム自体は経路依存的な発展をたどることが予測されてきた[8]（cf. Esping-Andersen 1996, Iversen and Wren 1998）。しかし、実際の比較研究[9]（cf. Bonoli 2000, Ebbinghaus and Hassel 2000, Hemerijck and Schludi 2000, M. Rhodes 1999, Levy 1999, Schwartz 2000）では、経路依存的とはいえない変化を経験した国々、および、困難と考えられていた改革に成功した国々も指摘されている。さらに、これらの国々の一部では、左派政権が労働組合と協調関係を築くことによって、社会政策の縮小と刷新を組み合わせた改革を実現したことが指摘されている。これらの事例は、利益中心アプローチのように、左派・労働勢力を福祉国家維持勢力と想定すること、および、「新しい政治」論のように、縮減政策を政治的に不人気と想定することの不適切さを示唆している。第二に、両アプローチは、アクターの選好を所与とすることによって、再編プロセスにおける利益形成局面の政治性を軽視することにつながっている。福祉国家の再編プロセスでは、諸環境の変化の意味は自明ではなく、不確定性が高いため、政治アクターの利益・選好を諸環境から導き出すことはできない（Hay 2002, Blyth 2002a）。むしろ、どのような利益・選好が形成されたかという点が変容結果を説明する上で重要となる。

そして、第三に、福祉国家の変化（の性格）という点に関する説明が軽視されやすい。「新しい政治」論では、なぜ変化が生じないのかを説明対象とするため、変化を説明することに分析の重点が置かれない。仮に、変化を説明する場合でも、非難回避戦略に成功したためとして、変化の程度については言及するが、その質的差異について検討することは分析の対象外とされてきた。他方、利益中心アプローチでは、上述のような利益・選好の想定を置くことによって、福祉国家の変容を「維持―縮減」という軸で評価する傾向がある。つまり、両アプローチとも、福祉国家の変容を、変化の有無という量的次元で捉えるため、質的に異なる多様な変化パターンを説明[10]することが難しくなっている。これらの問題点を踏まえ、近年では、制度変化（の質的側面）も分析の射程に収めるべく、アイデア的要因に注目が集まり始めている（cf. Béland 2005a, Schmidt 2002a, Taylor-Gooby 2005, 宮本（編）2006, 近藤 2008）。しかし、アイデア的要因は、主に既存アプローチの限界を補完する要因として注目され始めたため、福祉国家分析におけるアイデア中心アプローチ自身の意義については、まだ十分に検討されているとはいえない。

したがって、福祉国家の動態論に関する課題は、多様な発展パターンを説明するべく、まず諸環境の変化に対して、どのような利益・選好が形成されたかを分析し、所与の制度文脈において、その実現のために主体的相互行為が行われる政治プロセスとして福祉国家の再編を捉える理論枠組を構築することである。より抽象的にいえば、各アプローチの知見の限界や接合可能性を踏まえ、福祉国家再編プロセスにおけるアイデア・利益・制度の関係を捉え直す必要がある。

（4）現代福祉国家論の課題――各知見の統合に向けて――

以上のように、福祉国家論の各課題に関しては、論点が残されているものの、様々な知見が蓄積されてきている。これらの蓄積は福祉国家研究が深化していく中で、分業化が進んだことのプラスの側面といえる。しかしながら、この分業化にはマイナスの側面もある。それは、個別論点に関する知見が増える一方で、第一節で紹介した論争が示しているように、福祉国家論全体という観点からは、知見が十分に蓄積されていないことにある。すなわち、「福祉国家の特徴を捉え、その動態を説明する」という福祉国家論の課題（現在の論点でいえば、経済のグローバル化の進展およびポスト産業社会への移行という諸圧力を受けて、福祉国家はどのように変化し、各国における差異および同質性はどの点にあり、そして、これらをもたらした諸要因は何であるのか）に関して、十分な知識を得ることができていないのである。

例えば、「従属変数問題」は、「福祉国家の特徴をどう捉えるか」という論点に関する知見が「動態を説明する」という課題に取り組む論者に共有されていないことを示し、他方、「ビジネス勢力の影響力」の論争は、「段階論」の知見が「動態を説明する」という課題に取り組む論者に共有されていないことを示している。

したがって、両論争は、各次元での研究業績を十分に考慮し、それらの知見を統合した新しい福祉国家論の必要性を示唆している。ここで重要な点は、新たな福祉国家論の形成には、各課題の知見を考慮する幅広い視野と、それらの知見を位置づけるメタ理論的基盤を必要としていることにある。これらを明らかにするため、まず本書と問題関心を共有するハッカーの提案（Hacker 2005）を検討する。彼は、福祉国家研究に関するレビュー論文において、その分業化がもたらすメリット（福祉国家の持つ多面性に関する理解の改善）とその問題点（各知見の統合の失敗とそれに付随した理論的不十分さ）を指摘し、その解決策として「社会政策発展アプローチ」の必要性を説く。これは、社会プロセスのアウトカムかつ原因にもなる政策が、長期にわたって、どのように進化してきたかを分析することを指す。言い換えれば、政策発展の歴史的展開を分析するという点で歴史的制度論の発想に近い。彼の提案は、時間軸を広げ、政策レベルでの権力配置（の変化）に注目することによって、発展プロセスにおける政治性に注目しようとした点で意義があるといえる。

しかし、このハッカーの提案には問題点が残されている。それは、マクロレベルにおける環境変化を前提とすると、福祉国家再編の政治的ダイナミズムを捉える上で、政策レベルに注目するのみでは十分とはいえない点にある。例えば、ある特定の政策レベルの変化の特徴からは、政治経済システム全体としての特徴を十分に把握することはできない。また、諸環境の変化がもたらす意味は自明ではないため、再編プロセスにおける利益形成局面を考慮しなければならない。言い換えれば、段階論と類型論を利用することによって、福祉国家の特徴（の変化）を明確にした上で、

図1−1　福祉国家論の構造（筆者作成）

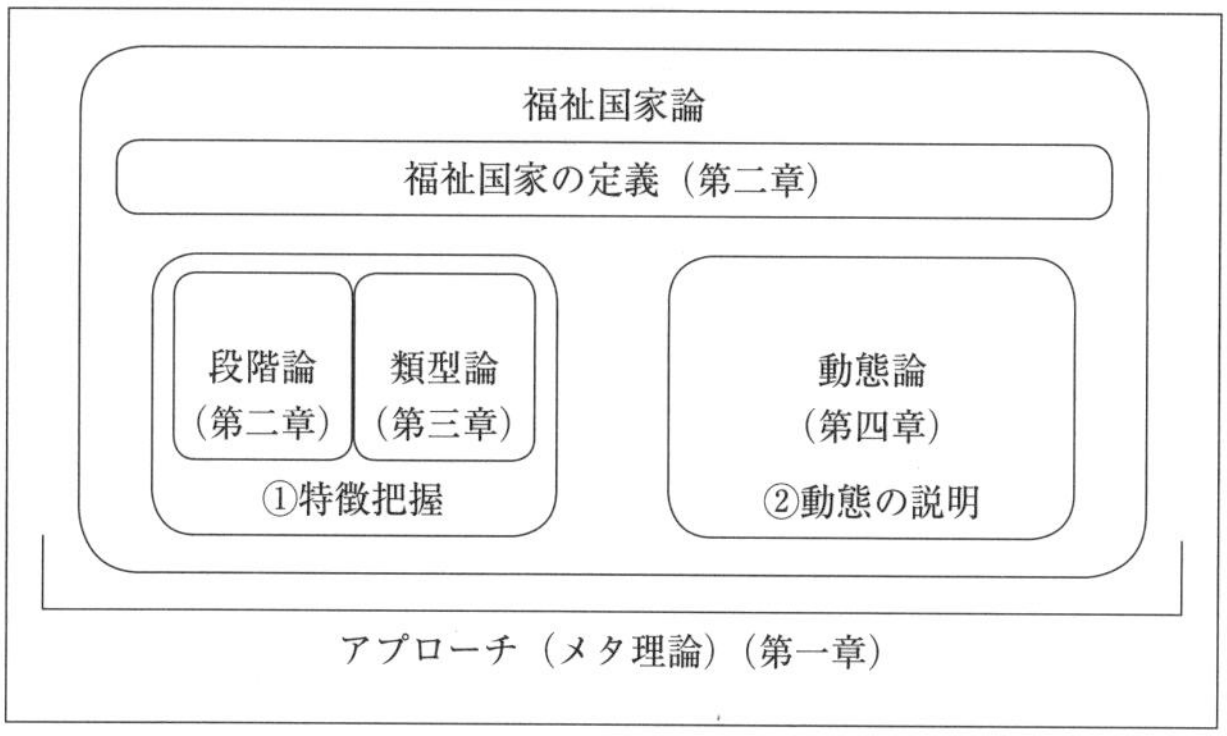

環境変化に主体的な対応を行う政治アクターという視角を組み込んだ動態論によって、変容結果を分析・説明していくことが必要となる。さらに、個別論点の知見を理解するだけでなく、それらを統合した新たな理論枠組として提示するためには、メタ理論的基盤（政治現象に関する基本的視角）が必要となる。もしメタ理論的基盤が欠如すれば、各論点に関する知見を単純に並べただけに止まり、内部に矛盾を含んだ理論枠組に陥りかねない。言い換えれば、新たな福祉国家論の展開には、現代福祉国家論の各知見を位置づけるためのメタ理論的基盤を必要としている。

以上のように、現在の福祉国家論は、分業体制が確立する中で、個別論点に関する知見は多く蓄積される一方で、相互の連関がみえにくくなったため、福祉国家の特質や全体像を十分に理解することができていない。これを克服するためには、第一節で論じたように、「福祉国家とは何か」という定義に立ち戻り、現在の福祉国家の特徴を明らかにするために段階論と類型論を展開し、諸環境の変化に対して、意味を付与することによって利益を形成し、その実現のために主体的な相互行為を行う政治アクターという視角を組み込んだ動態論が必要となる。つまり、新しい福祉国家論は「どのような変化が生じ」「なぜそうなったのか」という二つの課題に応える必要があり、そのためには、本節で確認したような残された個別論点と取り組み、各知見を統合していくことが必要となる。そして、諸知見を統合するためには、その基盤となるメタ理論が必要となる（図1-1）。本書は、アイデアを媒介とした構造と行為主体の相互作用に注目する構成・戦略論的アプローチが、福祉国家の段階論・類型論・動態論を展開し、新たな福祉国家論へと位置づけ直すという課題に対して、理論的な手がかりを与えると考える。次節では、このアプローチの特徴を簡単に整理し、その意義を検討する。

第三節　構成・戦略論的アプローチの概要

本書でいう構成・戦略論的アプローチとは、アイデアの二つの役割（構成的および因果的）に注目し、それを媒介とした構造と行為主体の相互作用（共時的および通時的）を分析する政治学のアプローチを指す。このアプローチは、主に、（国際）政治学における構成主義的視角を理論的背景として、ストラクチャー・エージェンシー問題における構造と行為主体の相互作用に注目する諸議論の批判的検討を知的源泉としている。本書のアプローチは、アイデアの二つの役割（および政治の二面性）を、理論モデルに自覚的に位置づけることによって、既存研究の問題点の克服を目指している。すなわち、共時的側面として、過去の政治的アウトカムである諸環境を、アクターは、過去の影響を含むが一定の自由度を持つアイデアによって主体的に解釈するが、環境と合致する必要があるという点で制約を受けることに注目する（アイデアの構成的役割）。他方で、通時的側面として、利益・選好が形成されたアクターは、目標達成のため、アイデアを戦略的に利用するなど主体的相互行為を行い、その結果はフィードバックされ、それぞれを変容させていくことに注目する（アイデアの因果的役割）。したがって、本アプローチの特徴のひとつは、利益・選好が構造的要因から導き出せず、アイデアをめぐる社会的プロセスによって形成されると想定する点にある。以下では、本書のアプローチの特徴を明確にするため、構成主義的視角の一般的特徴を明示し、ストラクチャー・エージェンシー問題に関する議論状況[11]を簡単に整理し、アイデアの二つの役割を位置づける意義を確認する。

(1) 構成主義的視角

そもそも、福祉国家論および比較政治学では、構成主義という用語はあまり利用されてこなかった。国際政治経済学の領域では、八〇年代以降、ネオリベラリズムやネオリアリズムなど主流派に対して、理論的な挑戦を試みるアプローチとして注目を集めてきた。比較政治学ではこの名称が採用されていないものの、構成主義と問題関心を共有する研究も存在している（Finnemore and Sikkink 2001）。ここでは、国際政治経済学におけるレビュー論文[12]を手がかりに、構成主義的視角の特徴を明らかにする。

構成主義的視角の特徴は、各論者の間で注目する点に差異はあるが、代表的論者のウェント（Wendt 1992, 1994）の主張である「アナーキーとは、相互理解に基づいて、諸国家が自ら作り出すもの」が示すように、構造や利益などを所与とするのではなく、アクターの間主観的な相互作用を通じて形成されると捉える点にある。例えば、ラギーは、構成主義の特徴を「人間の行為の間主観的様相に注目」し、「国際生活における人間の意識やその役割に注目する」点と整理する（Ruggie 1998, p. 856）。そのため、国際社会における現実の基本的構成要素はアイデア的かつ物質的なものとみなされる。彼によれば、構成主義の重要な特徴はその存在論にある。具体的には、利益やアイデンティティは社会的に構成されたものとされ、国際政治における構造は社会的な知識や言説を持つアクターによって構成された社会的構造と捉えられる。したがって、構成主義とは、国際関係の理論ではなく、むしろ理論的なアプローチやパースペクティブとされる。また、フィネモアらは、構成主義が政治におけるアイデア・規範・知識・文化・議論などの役割に注目することを指摘し、以下の三つの点を強調する社会分析のアプローチであることを説く。つまり、「第一に、人間の相互作用は、単に物質的な要素だけではなく、主にアイデア的な要因により形成され、第二に、最も重要なアイデア的な要因は、個人に還元できない広く共有された、もしくは間主観的な信念であり、第三に、これらの共有された信念は目的を持ったアクターの利益やアイデンティティを形成する」(Finnemore and Sikkink 2001, pp. 392–93)。重要な点は、ラギーと同様に、彼女らも、構成主義を、具体的な命題を提示する国際関係の理論というよりも、分析の際のフレームを提供するメタ理論的な基盤と捉えている点にある。彼女らは、構成主義の特徴がこのメタ理論的側面にあることを強調し、リサーチ戦略などは主流アプローチの実証分析と共通していることを指摘し、対話に開かれていることを強調する(同様に、リセ(Risse 2002)も、構成主義がメタ理論的なアプローチであることを指摘し、研究手法に関して共通性があることを主張する)。

以上の各論者の指摘をまとめると、構成主義的視角とは、特定の命題を示す理論ではなく、分析の際のフレームを提供するメタ理論的なアプローチであり、その特徴は、構造と行為主体の相互作用に注目し、物質的な要因だけでなくアイデア的な要因を重視する点にある。そこで、本書では、構成主義的な視角を、構造と主体による行為の相互作用に注目する上で、アイデア的な要因を重視するメタ理論的アプローチとして捉える。

(2) ストラクチャー・エージェンシー問題

それでは、構造と行為主体の相互作用[13]はどのように捉えられているのであろうか。本書のアプローチの特徴を示すために、まずアーチャーの形態生成論アプローチおよびジェソップらの戦略・関係論的アプローチの概要とそれらへの批判を概略的に紹介[14]する。

社会理論家であるアーチャー（Archer 1995）は、構造と行為主体の相互作用に関して、形態生成論アプローチ[15]という把握方法を提示する。このアプローチの特徴は、構造と主体による行為の時間性への注目（時間的側面の強調）およびアイデア的側面の重視にある。前者は、構造と行為主体の相互作用を、時間的に異なる三つの局面（①構造的な条件付け→②社会的相互行為→③構造的な創発）から捉えることを指す（Ibid., chapter 3, 5）。すなわち、第一段階として、過去の行為の産物として社会構造が存在し、アクターがそれらの影響（利益の形成など）を受け、第二段階として、その社会構造のもとで、アクターは自らの目標を達成するために主体的な相互行為を行い、第三段階として、相互行為の結果として、構造が再生産・変容されるというプロセスをとる。そして、この一連のプロセスは、構造と行為主体の新しい相互作用サイクルへとつながっていく。後者のアイデア的側面の重視とは、アーチャーが、物質的構造とは存在論的に異なるものとして、文化の役割を個別に検討している点にある（Ibid., chapter 6）。そのポイントは、文化も、主体に対して、物質的な構造と同様の関係性を持つ点にある。つまり、行為主体と構造の関係と同様に、行為主体と文化の関係も上述の三段階サイクル（①文化的な条件付け→②社会文化的相互行為→③文化的な創発）をたどると考える。つまり、形態生成論的アプローチによれば、物質的構造と非物質的な文化という二つの拘束要因のもと、利益が設定されたアクターは、主体的に相互作用を行い、それらを再生産・変容させていくというプロセスをたどる。

このアプローチの意義は、ストラクチャー・エージェンシー問題に、文化というアイデア的要因を自覚的に取り込んだ点、および、二つの構造的要因と主体による行為の関係性を、三段階の相互作用サイクルとして、通時的なプロセスに位置づけた点にある。しかし、形態生成論アプローチは両者の相互作用を通時的なプロセスに分解するため、構造と行為主体の共時的な関係性が十分に考慮できないこと、および、構造の規定性が強調され、主体の役割が軽視されることなどが指摘されている（例えば、Jessop 2005, p. 48, Hay 2002, pp. 125–126.）。

続いて、ジェソップ[16]（Jessop 1982, 1990, 1996, 2001, 2005, 2008）により提示され、ヘイ（Hay 1995, 2002）によっても展開されている戦略・関係論的アプローチ[17]を整理する。このアプローチの中心概念は、「戦略的選択性」と「構造志向的な戦略的計算」である。前者は「特定の構造や構造的な形態が、特定の形態の行為・戦術・戦略を選択的に強化し、他のそれらを取り除く傾向」を示し、後者は「戦略・戦術を調整するため、戦略的選択性に関して個別・集合アクターが部分的に熟慮する可能性」を示している（Jessop 2005, p. 49）。つまり、構造的な拘束要因は、ある特定のものには有利に働き、それ以外のものには不利に働くというバイアスを持つ一方で、アクターは、反省的であり、一定の範囲内で戦略を主体的に変更しうることを示唆している（Jessop 1996, p. 124）。この前提に基づき、両者の相互作用や関係性を捉えていくことになる。ヘイ[18]は、ジェソップの試みを発展させ、アクターが戦略を通じて文脈を認識することを出発点として、主体的なアクターの行為の結果、構造化されている文脈への直接的な効果（構造の再生産や部分的な変容）とアクターの構造に関する戦略的学習（間接的な効果）が起こることを指摘する（Hay 1995, p. 201）。したがって、このアプローチでは、構造と行為主体の相互作用は、戦略を通じて、特定のバイアスを持った構造を解釈する主体的なアクターが相互行為を行う結果として、次の時点での構造および戦略へとフィードバックされていくと考えられる（Hay 2002, pp. 209–215）。

このアプローチの意義は、「戦略的選択性」と「戦略的計算」という概念を提示することによって、構造とアクターのそれぞれが拘束されつつも独自性を持つという、ある特定の地点における関係性を描き出している点にある。しかし、このアプローチにも問題点が残されている。それは、アイデア的要因の位置づけにある。例えば、マクアヌラは、主体に対して、アイデア的な要因が、物質的な構造と同様の影響を持つことを指摘し、両者を区別して論じる必要性を説く（McAnulla 2002, p. 284）。ここで重要な点は、ジェソップとヘイがすでにアイデア的な要因の重要性を認識していることにある。ジェソップは、社会構造が物質的であり言説的でもあることを主張し（Jessop 2005, p. 44）、ヘイは、既存の言説が特定の戦略・戦術に優位になるようなバイアスを持つことを指す「言説的選択性」という概念を提示し、また上述のように、戦略を媒介とした構造の認識という側面を強調している（Hay 2002）。したがって、マクアヌラとジェソップらの差異は、物質的な構造とは別に、アイデア的な要因をモデルに位置づける意義をどう考えるかという点にある。形態生成論的アプローチを評価するマクアヌラは、物質的構造とアイデア的要因の主体に対する拘束的な効果を強調するが、本書では、以下で述べるように、構造と行為主体の相互作用に、アイデア的な要因を自覚的に位置づけることは、政治プロセスにおける二つのダイナミズム（目標設定および支持調達）を考察する上での理論的な手がかりを提供するという政治学上の積極的意義を持つと考える。

以上のように、構造と行為主体の相互作用に注目する二つのアプローチを概観することによって、この問題をめぐる議論の到達点が明らかになる（表1−1）。重要な点は、形態生成論と戦略・関係論の両アプローチの意義と課題が相互に関連していることにある。前者は、通時的側面およびアイデア的な要

表1−1　ストラクチャー・エージェンシー問題へのアプローチ（筆者作成）

形態生成論的アプローチ	意義：通時的な構造と行為主体の関係性への注目（通時性）およびアイデア的要因の自覚的取り込み 課題：共時的な関係性の軽視
戦略・関係論的アプローチ	意義：ある地点における、構造と行為主体の関係性への注目（共時性） 課題：アイデア的要因の位置づけの曖昧さ
課題	・構造と行為主体の通時的および共時的な相互作用に注目する必要性 ・アイデア的要因を位置づけることの政治学上の意義を明らかにする必要性
構成・戦略論的アプローチ	共時的：アイデアを通じた行為主体による構造の把握（アイデアの構成的役割：政治の目標設定局面）→ただし、構造による制約あり 通時的：ある地点での相互作用が、次の段階へフィードバック（アイデアの因果的役割：政治の支持調達局面） ○アイデアを媒介とした構造の把握による共時性の重視とフィードバック効果による通時性への注目という点で、両者の試みを統合

因を重視するが、共時的側面の把握において不十分であり、後者は共時的側面を重視する一方で、アイデア的な要因の位置づけに関して曖昧さが残っている。したがって、新たなモデルを提示する上では、両者の知見をふまえ、アイデア的な要因を自覚的に組み込むことの政治学上の意義を明らかにした上で、アイデア的要因への注目が、構造と主体による行為の共時的および通時的な相互作用を捉えるための理論的手がかりをもたらすことを示す必要がある。

表1–2　アイデアの二つの役割（筆者作成）

アイデアの二つの役割
①構成的役割（アイデア→アクター）
・機能：アイデアがアクターの利益を形成
・政治とのリンク：目標設定機能
②因果的役割（アクター→アイデア）
・機能：アクターがアイデアを戦略的·主体的に利用
・政治とのリンク：支持調達機能
◯ポイント
・時間軸の導入（構成的→因果的）により統合可能
・政治の二つのダイナミズムとリンク（構成的：目標設定、因果的：支持調達機能）

(3) アイデアの二つの役割への注目

本書の構成・戦略論的アプローチは、既存研究の到達点を踏まえ、アイデアの二つの役割（構成的と因果的）をモデルに明示的に組み込むことによって、共時的および通時的な相互作用を捉えようと試みる。本書のアプローチを「構成・戦略論的」と名付けるのは、構造と行為主体の相互作用プロセスにおけるアイデアの二つの役割の双方を重視していることを示すためである。

現代政治学では、アイデアが政治プロセスにおいて二つの役割を果たすことを明らかにしてきた（Abdelal 2001, Bleich 2002, Blyth 2002a, 2003a, Hay 2002, Parsons 2003など。表1–2を参照）。第一に、アイデアがアクターの利益や選好を特定するのに役立つことを指し、本書では「構成的役割」とする。第二に、アクターが目的を達成するため、既存のアイデアを主体的に利用することを指し、本書では「因果的役割」とする。グローバル化を例として考えてみると、前者は、アクターが特定のグローバル化に関する考え方に基づき、経済・社会現象を解釈・意味づけることを指す

（例、グローバル化はヒト・モノ・カネの流れを高め、国際経済競争を激化させるため、資本の流出を防ぐために減税が必要という考えに依拠して、現状を解釈すること）。後者は、アクターがその政治目標の実現のために、アイデアを戦略的に利用することを通じて支持調達を目指すプロセスを指す（例、政策目標（減税）の実現のため、フレーミング戦略やアジェンダ設定などを利用して、政治的な動員をはかること）。

このアイデアの両役割に関して、重要なことが二点ある。第一に、両役割は、相互に関係しているが必ずしも矛盾せず、時間的側面を考慮することによって、分析的に区別することができ、また知見を統合することができる。たしかに、「アイデア→アクター」を強調する構成的役割と「アクター→アイデア」を強調する因果的役割は、同時に成り立ちうるとは考えにくい。しかし、ブライヒ（Bleich 2002 pp. 25–33）が指摘するように、時間的側面を考慮することにより、両者の知見を接合することができる（Parsons 2003, pp. 3–22, Hay 2002, pp. 209–15 も参照）。つまり、ある特定のアイデアがアクターの利益・選好を構成し、その後、利益の確定したアクターが戦略的にそのアイデアを駆使して目標を達成すると考えることができる。第二に、アイデアの各機能が政治の二つの役割（目標設定と支持調達）と密接に関係している点である。つまり、構成的役割は、漠然とした社会現象を解釈・意味づけることによって達成すべき政治目標を設定するという点で、政治の目標設定機能とリンクしている。因果的役割は、特定のアイデアにより設定された目標に向けて、アイデアなどを主体的に利用することにより支持を調達するという点で、政治の支持調達機能とリンクしている。言い換えれば、構成主義的視角に依拠して、アイデアの二つの役割に注目することは、二つの政治的ダイナミズムを分析の射程に収めることを可能にする。

本書では、アイデアの構成的役割が構造と行為主体の相互作用における共時的側面を捉えることにつながり、因果的役割が通時的側面を捉えることにつながると考える（図1–2）。すなわち、共時的側面として、アクターは、過去

図1-2　構成・戦略論的アプローチの概要（筆者作成）

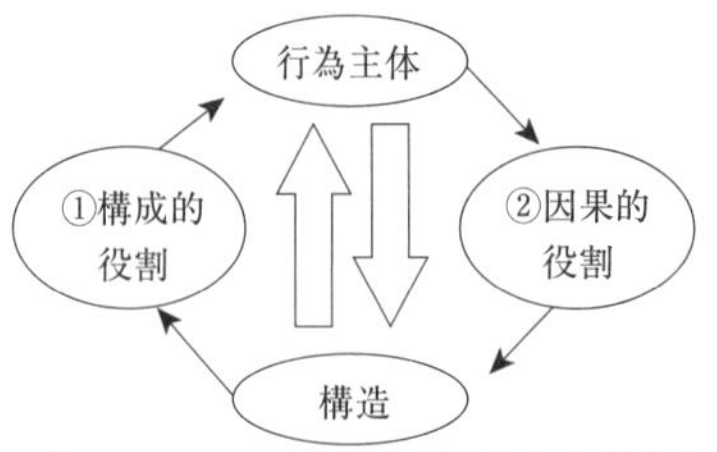

アイデアの二つの役割を媒介とした構造と行為主体の相互作用プロセス
①アイデアによって、アクターの利益や選好が特定される（構成的役割、政治の目標設定局面）
②目的達成のため、アクターがアイデアを主体的に利用し、アウトカムをもたらす（因果的役割、政治の支持調達局面）
※相互作用プロセスの時間的連続が重要（①構成的役割→②因果的役割）

の政治的アウトカムである諸環境を、過去の影響を含むが一定の自由度を持つアイデアによって主体的に解釈するが、環境と合致する必要があるという点で制約を受けることに注目する（アイデアの構成的役割：目標設定）。通時的側面として、利益が形成されたアクターは、目標達成のため、アイデアを戦略的に利用するなど主体的相互行為を行い、その結果はフィードバックされ、それぞれを再生産または変容させていくことに注目する（アイデアの因果的役割：支持調達）。このモデルは、アイデアの二つの役割（構成的と因果的）を、政治プロセスにおける構造と行為主体の相互作用の時間的連続（通時的および共時的）に位置づけることによって、アーチャーおよびジェソップらの知見を踏まえ、両者の統合を試みている。そして、政治学の分析モデルとして重要なことは、アイデアの二つの役割を位置づけることによって、政治プロセスにおける目標設定および支持調達という政治のダイナミズムの二側面を分析の中心に据えている点にある。

（4）構成・戦略論的アプローチの意義

この構成・戦略論的アプローチは、残されている個別論点と取り組み、各知見を統合し、新たな福祉国家論を展開していく上での理論的な手がかりを与えてくれる。まず、福祉国家の特徴を捉えるという論点（段階論と類型論）に関して、このアプローチは、構成主義的視角に依拠しているため、単に制度的・実体的側面（の変化）に注目するだけでなく、理念的な側面（の変化）にも注目することによって、現代福祉国家の特徴把握に貢献する。すなわち、「マクロ需要管理政策および脱商品化政策」から「ミクロ競争力政策および再商品化・脱家族化政策」という諸政策の変化などの制度的・実体的側面の変化だけでなく、それらが「経済成長による豊かさの実現」から「社会的包摂および個人の自律」などの政治アクターのアイデアや言説の変化によって媒介されていることを明らかにすることができる。つまり、福祉国家の経済的・社会的基盤が、政治的言説によって、どのようにまとめ上げられているかという点にも注目することによって、その政治的基盤を明らかにすることができる。続いて、福祉国家の動態を説明するという論点（動態論）に関して、このアプローチは、アイデアの二つの役割（構成的および因果的）に注目することによって、再編プロセスにおける目標設定局面および支持調達局面という二つの政治的ダイナミズムを分析の射程とする。すなわち、福祉国家を取り巻く諸環境の変化に対して、アイデアによって、アクターの利益・選好が形成される側面を分析し、そして、その後の政治アクターの主体的相互作用を分析することによって、従来の理論枠組が注目してきた「なぜ」だけでなく、「どのような」変化が生じたのかという点も射程に収めることを可能にする。以上のように、構成・戦略論的アプローチは、アイデアの二つの役割を重視することによって、「現代福祉国家の特徴を捉え、その動態を説明する」という二つの理論的課題に取り組み、新たな福祉国家論を展開する上で、有効な理論的な基盤となりうるのである（表1−3）。

そして、序で触れたように、福祉国家論の理論的課題が現代政治学における理論的課題と密接に関連している以上、本アプローチは広く政治学一般にも貢献をなすものと考えられる。例えば、アイデアを媒介とした構造と行為主体の通時的および共時的な相互作用に注目するため、制度変化プロセスにおける目標設定局面および支持調達局面という

表1−3　福祉国家論の課題と展望（筆者作成）

福祉国家論の二つの課題 ①福祉国家の特徴把握（What, How） →・通時比較のための段階論（政治経済システムとしての変容） ・共時比較のための類型論（各段階における多様性） ②福祉国家の動態の説明（Why） →多様な再編プロセスのダイナミズムを捉えるための動態論（アイデア・利益・制度の各要因の相互関係の把握）
構成・戦略論的アプローチ 特徴：構成主義的視角に依拠し、アイデアの二つの役割（構成的と因果的）に注目し、アイデアを媒介とした構造と行為主体の相互作用（通時的・共時的）に注目 意義：①実態的・制度的側面だけでなく、理念的側面への注目 ②再編プロセスにおける目標設定局面および支持調達局面という政治的ダイナミズムの二面性に注目

政治のダイナミズムを射程に収めた制度変化モデルを提供することが可能となり、新制度論への理論的貢献が期待できる。また、国家形態の変容という論点に関しても、制度的・実体的変化だけでなく、それらをまとめあげる言説の変化にも注目しうる。さらに、ホール（Hall 1997）が指摘[19]するように、政治が「権力の追求」だけでなく、「利益の解釈」という側面を持つとすれば、前者を含意する支持調達局面だけでなく、後者を含意する目標設定局面という政治の二つのダイナミズムを把握することが、政治学における理論枠組の課題となる。構成・戦略論的アプローチは、両ダイナミズムと関連したアイデアの二つの役割（構成的と因果的）を、構造と行為主体の相互作用に自覚的に位置づけているため、政治分析一般のための有効な理論的基盤（メタ理論）となりうる。

第四節　結論——まとめと展望——

本章では、構成・戦略論的アプローチに基づく新たな福祉国家論を提示するための準備作業として、比較福祉国家論における二つの論争を手がかりに、福祉国家論の理論的課題を明らかにし、現在の到達点と残された課題を示した。

そして、構成主義的視角、ストラクチャー・エージェンシー問題、および、アイデアの役割という三つの観点から構成・戦略論的アプローチの特徴を整理し、このアプローチが現代福祉国家論を展開する手がかりを提供することを論じた。

「従属変数問題」および「ビジネス勢力の影響力」に関する論争が示唆することは、福祉国家の定義を明確にし、段階論と類型論という二つの枠組を用いることによって、現代福祉国家の特徴を把握し、変容結果を明確にした後、環境の変化に主体的に対応する政治アクターという視角を盛り込んだ動態論によって、その現象を説明していく必要性である。つまり、福祉国家論を展開する上では、「特徴把握」という理論的課題に取り組むため、通時比較のための段階論と共時比較のための類型論という二つの理論枠組と、「動態の説明」という理論的課題に取り組むため、動態論という理論枠組が必要となる。さらに、残された個別論点と取り組み、各知見を統合する上では、新たなメタ理論的基盤が必要となる。そこで、本書では、アイデアの二つの役割を媒介とした構造と行為主体の相互作用に注目する構成・戦略論的アプローチが、実体的側面だけでなく理念的側面に注目する点で福祉国家の特徴把握に貢献し、アイデアの構成的・因果的役割に注目する点で再編プロセスにおける二つの政治的ダイナミズム（目標設定および支持調達）の理解に役立つことを確認した。

最後に、本書の構成について触れておく。まず第二章と第三章では、福祉国家の「特徴把握」のために必要となる理論枠組を検討する。第二章では、通時比較のための段階論について検討し、第三章では、共時比較のための類型論について検討する。この二つの理論枠組の検討を通じて、過去の福祉国家と現在のそれの共通性および差異を明らかにし、また両段階における多様性を明らかにする。ここでは、制度的・実体的側面だけでなく、それらがどのようにまとめ上げられているかという理念的側面にも注目し、その政治的基盤を明らかにする。そして、第四章では、「動態の説明」という論点に関して、多様な発展パターンを示す再編プロセスを分析するための動態論を検討する。ここでは、諸環境の変化に対して、アイデアを通じてアクターが利益・選好を刷新し（目標設定局面）、フレーミングなどを通じて主体的な相互作用を行う（支持調達側面）という政治プロセスに注目する。そして、第五章では、理論研究から得られた三つの理論枠組の妥当性を検討するために、オーストラリアにおける福祉国家再編プロセスを分析する。そして、第六章では、本書の結論として、これまでの議論を要約し、残された課題を明らかにした上で、構成・戦略論的アプローチの政治学全体における意義を検討する。

注

（1）　ピアソン（P. Pierson 1994, pp. 14-17）は、削減が複雑な現象であり、社会支出水準の変化のみでは捉えきれないとして、「プログラムレベルの縮減」と「システムレベルの縮減」という重要な区分を提出している。前者はプログラム構造を残余的な方向へ変化させることを意味し、後者は福祉国家を支える諸基盤への間接的な攻撃を指す。具体的には、政府の財政能力の限定、人々の福祉政策への愛着を減らす努力、福祉国家に関する政策決定制度の変更によるインパクト、および、利益集団への攻撃などである。その後の彼の研究では、前者の安定性が強調され、後者の視角は、理論的な重要性にもかかわらず、十分に継承されなかったように思われる。

（2）　プログラム構造を重視するピアソンに対して、彼と前提を共有しつつも、異なる要因を重視する論者もいる。例えば、ボノーリは政治制度の重要性を指摘し、グリーン-ペダーセンは政党システムのあり方を重視する（Bonoli 2000, Green-Pedersen 2002）。縮減・変容期における変化（の有無）を説明する枠組に関しては、第四章で検討する。

（3）　ウェント（Wendt 1998）は、構成的理論と因果的理論の差異を、それらが扱う問いの性格にあることを指摘する。彼によれば、前者は「what」を問い、後者は「why」を問う。

（4）　政治経済システムとしての福祉国家の定義に関しては、以下の諸研究を参照（田口 1989, 小野 2000, Torfing 1998, Mishra 1984）。これらについては、第二章で言及する。

（5）　重要な点は、経済のグローバル化の進展が、直ちに福祉国家の縮減につながるとはいえないことにある。資本移動の流動化や国際貿易の深化は、社会政策を縮小する圧力をもたらすと同時に、国際経済の変動に対する保護など社会政策への要求を強めるという政治的圧力をもたらす可能性もある。また、社会政策は、人的資本を高めたり、社会的な安定性を高めることによって、経済全体にとってプラスの外部性をもたらす可能性もある。したがって、グローバル化は福祉国家に両義的な圧力を持つと考えられる。詳しくは、第二章で検討する。

（6）新しい社会的リスクは、近年の福祉国家研究において注目を集めている概念であり、これをテーマとした論文集（Armingeon and Bonoli 2006, Taylor-Gooby 2004）も刊行されている。詳しくは、第二章で検討するが、新しい社会的リスクとは、「ポスト産業社会への移行に関連する経済・社会変化の結果として、ライフコースにおいて直面するリスク」（Taylor-Gooby 2004, pp. 2-3）を指す。

（7）エスピン-アンデルセン以外では、グディンらによる研究（Goodin et al. 1999）も参照。福祉レジーム論に関する議論については第三章で検討するが、レビューとしては以下の研究が有効である（Abrahamson 1999, Arts and Gelissen 2002）。

（8）例えば、アイヴァーセンらは、「サービス経済のトリレンマ下」で、社民レジームは財政規律を犠牲にし、保守主義レジームは雇用実現を犠牲にし、自由主義レジームは賃金平等を犠牲にするという経路依存的な対応を取ることを示唆する（Iversen and Wren 1998）。エスピン-アンデルセンは、直面する問題が各レジームごとに大きく異なることを確認し、社民レジームは人的資本への投資や積極的労働市場政策を採用し、自由主義レジームは新自由主義路線を採用し、保守主義レジームは労働力削減路線を採用するなど、政策対応が経路依存的になることを示唆する（Esping-Andersen 1996）。

（9）ヘメレイクら（Hemerijck and Schludi 2000）は、各レジーム内で雇用も福祉も高いパフォーマンスを実現した国（オーストラリア、デンマーク、オランダ、スイス）を指摘し、他の論者は、大陸諸国内における福祉改革の成否に差異が生じていること（Bonoli 2000, Levy 1999, Ebbinghaus and Hassel 2000など）やオーストラリアとニュージーランドが分岐していること（Schwartz 2000）を明らかにしている。

（10）例えば、クラッセンは、縮減・拡大に関するペースや範囲などの量的次元である「政策方向」および再編成など質的な次元である「政策プロフィール」の二つの軸から考察していく必要を説いている（Clasen 2005）。

（11）ストラクチャー・エージェンシー問題とは「外在的な諸力によって、どの程度我々の運命が決定されるか」という論点に関する議論である（McAnulla 2002, p.271, Hay 1995, 2002も参照）。つまり、アクターがどの程度環境に影響を与えることができ、他方、環境がどの程度アクターの行為の範囲を制約するかという点が検討される。ストラクチャー・エージェンシー問題は、政治学では正面から扱われることは多くなかったが、社会理論などを中心に、社会科学一般の問題として議論されてきた。近年、政治学の分野でも、イギリス政治学を中心に注目を集めている（McAnulla n / d, 2002, Hay 1995, 2002, Marsh 2009, Sibeon 1999, Lewis 2002 などを参照）。邦語では、以下を参照（田口 1993）。国際政治学の分野でも、多くの議論が蓄積されてきている（例えば、Dessler 1989, O'Neill et al. 2004, Wendt 1987, Wight 2003 Mahoney and Snyder 1999 など）。

（12） 国際政治学における構成主義的アプローチの特徴については、以下のレビュー論文を参照（Abdelal 2009, Checkel 1998, Ruggie 1998, Fearon and Wendt 2002, Finnemore and Sikkink 1998, 2001, Risse 2002, Dessler 1999, Hopf 1998, Wendt 1992, 1994, Widmaier et al. 2007, 石田 2000, 大矢根 2005）。現代政治学における構成主義アプローチの可能性については、小野（2009）を参照。

（13） 構造と行為主体の相互作用に注目する議論は、本文で言及する形態生成論的アプローチおよび戦略・関係論的アプローチのほかにも、ギデンズの構造化論およびビーバーとローズによる解釈アプローチもある。

前者の特徴は、構造と主体による行為の関係を一枚のコインの両側にあるものとして捉えるとして表現されるように、両者の関係を分離された実体ではないと捉える点にある（Hay 2002, McAnulla 2002）。むしろ、両者は、相互に依存しており、内的に関係しているものとされる。これらの特徴を明確にするため、「構造化」と「構造の二重性」という概念を導入する（Giddens 1979, chapter 2, 1993, chapter 3）。前者は、主体による行為の結果として構造が再生産されるという関係性を示し、構造と行為主体の相互依存性および内的関係性を含意している。後者は、構造が、主体の行為によって構成されるだけでなく、同時に、この構成の媒体にもなっていることを指す。ギデンズの試みは、ストラクチャー・エージェンシー問題において、内的連関を持つ相互依存関係という観点から構造と行為主体を捉え直すことによって、構造を重視する構造主義と主体を重視する主意主義という対立を克服しようとした試みであり、その意義は評価されるべきである。しかし、彼のモデルは構造と行為主体を相互構成的に捉えるために、両者の同時性を含意することになり、相互作用や関係性およびそれらの時間的変化という側面が十分に捉えられていないという批判が提示されている（例えば、Archer 1995, chapter 4, Jessop 2005, p. 45を参照）。

また、イギリス政治学におけるガバナンス研究を通じて発展してきたビーバーとローズの解釈アプローチの特徴（Bevir and Rhodes 2002, 2003, 2005, 2006a）は、以下の通りである。彼らは、①信念と行為が相互構成的な関係を持つこと、および、②信念が全体論的であることを理論的前提とした上で、「位置づけられた主体」による相互行為によって、政治現象が形成されていくことを指摘する。つまり、過去から引き継いだ「伝統」を前提として、一定程度の自律性を持つ主体が、伝統の影響を受けつつも、自らの信念に基づいて新たな方法で理由づけを行い、他者と相互作用することによって、部分的にそれらを変更していくのである。

ビーバーらの解釈アプローチについては、政治アクターの個人レベルの信念を重視するため、様々な批判が提示されている（諸批判については、Finlayson et al. 2004, Finlayson 2007, Glynos and Howarth 2008, McAnulla 2006, Smith 2008などを参照。ビーバーらの応答は、例えばBevir and Rhodes 2005, 2006b, 2008）。例えば、アクター中心的な分析に陥る危険性、構造の与える要因を軽視する危険性、権力を軽視する可能性、レトリックなどを駆使するアクターの主体性を軽視する危険性、どのようにアクターのアイデアが形成され、広く受容されるに至ったかという側面を分析する必要性、などが指摘されている。

(14)　アーチャー、ジェソップ、ヘイらなど、ストラクチャー・エージェンシー問題で両者の相互関係に注目するアプローチは、しばしば「批判的実在論（critical realism）」と呼ばれる。批判的実在論の代表的論者としては、バスカーもいる（Bhasker 1975, 1979）。

(15)　形態生成論的アプローチを積極的に評価し、政治学への適応を試みたものとしては、以下の研究がある（Greener 2005）。

(16)　ジェソップは、経済構造の物質的基盤が特定の言説によって歴史的に構築されることによって、固有の資本主義経済システムが成り立っていることに注目して、近年では自らのアプローチを「文化的政治経済学（cultural political economy）」としている（Jessop 2004, 2008, Jessop and Sum 2001, 2006, Jessop and Oosterlynck 2008）。彼は、その特徴を、①歴史・制度の重要性を重視する、②意味と実践の関係の複雑性を重視する、③記号的（semiotic）プロセスと記号外的（extra-semiotic）プロセスの共進化に注目し、資本主義形態の構成とダイナミズムへのそれらのインパクトを重視する、という三つの特徴に整理する。つまり、存在論として、記号作用（semiosis）が、社会的な主体・客体の構成に寄与し、社会関係総体の共構成や共進化に寄与すると捉える。これは、物質的要因が記号実践を通じて接合されていくという、歴史的に特殊な社会的構築に注目することを指す。また、認識論として、主流派の政治経済学のカテゴリーや方法を批判し、知の文脈依存性や歴史性を強調する。これは、記号作用の構成的役割と記号外の創発的特性を認め、それがアクターの行為能力に影響を与えることを指す。そして、方法論として、批判的記号分析と批判的政治経済学の概念と分析ツールを利用する。これは、ある出来事やプロセスが記号作用の観点で説明され、解釈されることを指す。これらを前提として、経済社会現象の物質的基盤を前提として、それが自明性を持つのではなく、記号作用など言説的に構築されていくことによって、固有の経済システムとして形成されるプロセスを分析する。

（17） ジェソップの戦略・関係論的アプローチに示唆を受け、福祉国家再編分析に利用した試みとしては、以下の研究がある（Torfing 1999a, 1999b, 2001）。

（18） ヘイは自らのアプローチを「批判的政治分析」としている。ヘイのアプローチへの批判は、以下の文献を参照（Clarke 2009, McAnulla 2002, 2005, Finlayson 2007, Marsh 2009）。ここでは、アイデア的要因を強調しすぎており、構造の規定性を軽視しているなど、ヘイのアプローチがアイデア的要因と物質的構造の相互作用を十分に捉えていないことが指摘されている。

（19） 例えば、ホールによれば、政治とは「単に権力を求める争いだけではなく、利益の解釈をめぐる争い」でもある（Hall 1997, p. 197）。ここでは、前者が政治の支持調達機能を、後者が目標設定機能を指していると考えることができる。

第二章　政治経済システムとしての福祉国家の再編

本章の目的は、政治経済システムとしての福祉国家の変容を捉えるための理論枠組を提出することにある。すなわち、福祉国家を通時的に比較するための段階論を検討する。第一章で検討してきたように、福祉国家論は、①特徴把握および②動態の説明という二つの理論的課題から構成されている。そして、福祉国家の特徴を把握するためには、「福祉国家とは何か」を定義づけた上で、ある段階における「特徴」と別の段階における「特徴」を比較すること（通時比較）、および、ある共通の段階における各国の「特徴（多様性）」を捉えること（共時比較）が必要となる。本章では、福祉国家とは何かを定義づけた上で、構成・戦略論的アプローチに依拠した通時比較のための分析枠組を提出する。構成・戦略論的アプローチの特徴のひとつは、アイデア的要因を重視する点にある。したがって、福祉国家の特徴把握という論点に関して、その実体的・制度的側面だけでなく理念的側面も重視し、その政治的基盤を考慮した分析枠組を提出することになる。ここで注意すべき点として、本章の課題は政治経済システムとしての福祉国家の変容を捉えるための分析枠組の提示（段階論）にあり、各段階における差異を比較するための分析枠組である類型論は第三章であらためて検討するため、本章では言及しない。段階論に関して検討すべき論点は、福祉国家を取り巻く諸環境・諸基盤の変化の帰結をどう評価するか（すなわち、福祉国家からの「離脱」か、それとも福祉国家の「再編」もしくは「持続」か）というものであり、本章では、この問いに対して説得的な解答を示すことを目指している。

本章の構成は、以下の通りである。まず、福祉国家を政治経済システムとして定義づける（第一節）。そして、戦後の経済成長を支えた福祉国家を「ケインズ主義的福祉国家」として捉え、その特徴を明らかにする（第二節）。続いて、経済のグローバル化の進展およびポスト産業社会への移行というケインズ主義的福祉国家が直面した二つの変容圧力のインパクトを検討する（第三節）。そして、これらの諸環境の変化を受けて変容を遂げた現在における福祉国家を「競争志向の福祉国家」として捉え、その特徴を明らかにする（第四節）。最後に、この政治経済システムとしての福祉国家の変容が、福祉国家の「再編」であったことを確認し、その理論的含意を検討する（第五節）。

第一節　福祉国家とは何か

本節では、福祉国家を政治経済システムと捉える研究を手がかりに、本書における福祉国家の定義を明らかにした上で、その一般的な含意を検討する。

そもそも、エスピン-アンデルセンが指摘する（Esping-Andersen 1990）ように、「福祉国家」という用語が何を意味するかには、大きく分けて二つの考え方が存在する。一方は、国家が提供する狭義の社会政策（所得移転プログラムの整備や社会サービスの提供など）に注目し、他方は、広く政治経済システムを指すものと捉える。本書は、政治学的な観点に基づき、先進諸国の政治経済秩序の特徴を把握し、その動態を説明するための理論枠組を提示するという目的から、後者の視角（政治経済システムとしての福祉国家）を採用する。つまり、福祉国家を、政治（国家）・経済（市場）・社会（市民社会）の固有な編成形態と考える。

次に問題となるのは、政治経済システムとしての福祉国家の特徴は何かということである。これを明らかにするためには、福祉国家ではない政治経済システムとの差異を考えることが有益である。つまり、上記の三領域の相互関係それ自体は、どの歴史的段階にも存在していたのであり、「福祉国家」という段階に固有の編成形態を明らかにしなければならない。この点に関して、研究者の間では、その起源を十九世紀末から二〇世紀初頭と考え、第二次世界大戦後に確立した固有の政治経済システムと捉えることにコンセンサスがある(1)（cf. C. Pierson 1991）。すなわち、「福祉国家」は、普通選挙制の確立により諸要求の表出が可能となった状況下で、レッセフェール的な資本主義経済のもとでは十分な社会的再生産がなされないこと、および、産業化・近代化の進展の結果、家族や市民社会により負担されていた福祉機能が十分に提供されなくなったことを前提として、それらを代替・補完するため、国家が諸領域へ積極的な介入を行うという形態をとる。つまり、福祉国家は、自由民主主義体制を前提として、資本主義経済が発展し、産業化・近代化が進展した段階に特徴的な経済・社会領域への介入形態を指す。

それでは、このような特徴を持つ福祉国家は、どのように定義されているのだろうか。以下では、福祉国家を政治経済システムとして捉える先行研究(2)を手がかりとして、本書の定義を提示する。例えば、田口は、戦後の安定的な政治経済システムである「ケインズ主義的福祉国家」に関する論文集の序文で、「ケインズ主義」と「福祉国家」に分けて以下のように定義する。すなわち、ケインズ主義とは「政府の公共支出による有効需要の創出政策、ないしは政府の総需要管理による、市場関係を通じての、経済生活の政治的コントロールシステム」を意味し、福祉国家とは「労働者階級の政治的、社会的、経済的同権化を中核にして形成され、全国民的な広義の社会保障制度を不可欠の構成要素とする、現在資本主義に特徴的な国家と経済と社会の関係を表現する」ことを意味する（田口 1989, 14–15頁）。ミシュラは、「完全雇用政策や社会福祉サービスなど、市場経済における諸介入を通じて、市民の福祉に責任を持つと考えられる自由主義国家」と定義する(3)（Mishra 1984, p. xi）。トルフィングは、一般的に「社会的な責任ある国家、繁栄する資本主義市場経済、および、統合された市民社会を、高水準の富・福祉・社会的調和によって特徴づけられた歴史的ブロックに接合したもの」と定義し、より具体的には、現代福祉国家を国家・経済・市民社会の特徴的な接合形態という観点から、「ケインズ主義経済的な国家介入、フォード主義的な妥協およびベヴァリッジ的な福祉システムの結合」とする（Torfing 1998, p. 166)。また、小野は、マクロ需要管理政策による経済成長と完全雇用の達成という「経済過程のコントロール」だけでなく、同時にその果実を国家を通じて再分配することにより「国民からの支持調達」を果たすメカニズムとする（小野 2000, 55頁）。

ここで紹介した先行研究に共通していることは、福祉国家が経済・社会領域への介入を伴う政治的メカニズムを指すという点である。本書では、これらを参考にして、以下のように定義する。福祉国家とは、「国家が経済過程に介入し、経済成長と雇用の確保を実現し、公共政策による再分配を通じて、市民に社会的保護を提供することにより統合を図る政治的メカニズム」を指す。この定義は、以下のことを示唆する。第一に、福祉国家は、上述のように、特定の歴史的発展段階に固有のシステムである。つまり、福祉国家は、自由民主主義体制と資本主義経済システムを前提として、国家による経済・社会政策領域への介入によって政治的統合を図るというメカニズムである。第二に、福祉国家は環境依存的であり、様々なタイプが存在する。言い換えれば、経済・社会政策領域への介入が重要な構成要素となるが、経済・社会システムには様々なタイプが存在するため、福祉国家の形態も多様性を示す。よって、ある時点における福祉国家が依拠している具体的な特徴を考察しなければならない。そして、第三に、福祉国家を構成する政策は、単に狭義の社会政策（例えば、老齢年金・医療保険・社会サービスなど）だけでなく、幅広い政策（例えば、経済政策・労働市場政策など）を含む。そのため、第四に、どのような政策ミックスによって、市民に社会的保護を提供したかを総合的に分析する必要がある。諸政策の間にある機能的等価性や代替性を前提とすると、目標達成のための様々なパターンの政策ミックスが存在すると考えられる。つまり、「政府は、目標達成のため多様な手段を持つ」

といえる（Hacker 2005, p135.）。以上のことから、福祉国家は、ある段階と別の段階において差異があり、また共通の段階においても多様性を持つことが示唆される。したがって、第一章で言及したように、福祉国家の特徴を把握するためには、通時比較のための段階論と共時比較のための類型論が必要となる。本章では、前者の論点を検討する。以下では、この「政治経済システムとしての福祉国家」の定義を前提として、戦後の安定的な経済成長を支えた段階の特徴および現代における特徴について検討していく。

第二節　「ケインズ主義的福祉国家」の諸特徴

上記の定義が示唆するように、福祉国家は、特定の歴史的発展段階における経済・社会環境に対応する形で、それぞれ性格が異なるという時間性を有している。それでは、まず第二次世界大戦後の安定的な経済成長を支えた福祉国家の特徴は何であったのだろうか。福祉国家の段階的特徴は、それが依拠する諸基盤および政策形態から整理[4]することができる。前者は国際・一国レベルの経済・社会的基盤および政治的基盤に区分でき、後者は経済政策および社会政策に区分できる。本節では、戦後の安定的な経済成長を支えた福祉国家が、経済レベルでは、ラギーが指摘する「埋め込まれたリベラリズム」やレギュラシオン学派が指摘する「フォーディズム的発展様式」を基礎として、社会レベルでは、性別役割分業に基づく雇用と家族の安定性が確保され、政治レベルでは、階級・政党政治における労使和解を前提とした経済成長へのコンセンサスに依拠していたことを確認する。そして、その政策的特徴は、マクロ需要管理政策（経済）および安定的な雇用・家族形態を前提とした脱商品化政策（社会）に整理できる。本書では、この段階の福祉国家を「ケインズ主義的福祉国家」と捉える。

まず、国際的な経済基盤から検討する。ラギー（Ruggie 1982）は、レッセフェール的な自由放任型市場経済への動向は社会からの反対圧力（国家などを通じた市場へのコントロール圧力を引き起こすなど）に直面するというポランニーの「二重運動」の概念に依拠して、戦間期から第二次世界大戦後の国際経済秩序の変遷を分析する。その中で、彼は、国内レベルにおける国家―社会関係に関するバランスの変化が国際レベルにも反映されていったことを指摘する。つまり、社会保障と経済安定性に対して、政府がより直接的な責任を持つという国内レベルのコンセンサスが、試行錯誤の結果、各国間で広く受容され、一国レベルの介入を可能にする多国間主義に基づく国際経済レジームの形成へとつながったのである。これによって、排他的な経済ナショナリズムと国際自由主義体制という両極の弊害に陥ることなく、多国間の協力に基づく自由貿易体制を形成・維持することによって各国の繁栄を目指し、また国際経済によりもたらされるリスクに対応するため、一国レベルでの社会的保護を可能とする政策介入の余地を与える「埋め込まれたリベラリズム」が生まれたのである。具体的には、国際通貨取引に関してＩＭＦが形成され、国際貿易に関してＧＡＴＴが形成された（いわゆるブレトンウッズ体制の形成）。

この「埋め込まれたリベラリズム」は、固有の経済編成と結びつくことによって、戦後の経済成長に大きく貢献した。ここでレギュラシオン学派は、戦後の経済編成の特徴を考える上で、有益な手がかりを与えてくれる（例えば、山田 1994, 2008, ボワイエ 1990, 2007 など）。市場の安定性や普遍性を前提として、合理的個人による「均衡」に注目する新古典派経済学に対して、レギュラシオン学派は、市場が必ずしも安定的ではなく矛盾を含むことを前提として、諸制度を通じた「調整」によって市場メカニズムの再生産や一時的な安定性がもたらされることを強調する。したがって、ある特定の経済環境における固有の経済社会的な制度関係に埋め込まれたものとして、資本主義の多様性・可変性・時間性・空間性が注目されることになる。まず、レギュラシオン学派は、賃労働関係、貨幣形態、競争形態、国家形態、および、国際体制などの諸制度形態に注目し、これらの諸制度の結びつきから、マクロ経済的連関を示す「蓄積体制」とその蓄積体制が再生産されていくゲームのルールを示す「調整様式」を特定する。そして、この両者の組合せから、固有の経済編成を「発展様式」として特徴づける。彼らは、戦後の経済成長を支えた発展様式を、生産性上昇に依拠した「内包的蓄積体制」と市場外的な調整に依拠した「独占的調整様式」から構成される「フォーディズム」的発展様式とする。

ここで本書にとって重要な点は、フォーディズム固有の経済成長メカニズムとそれを支える諸基盤である。フォーディズム的発展様式は、半熟練労働者による大量生産に基づき、規模の経済による生産性上昇を実現し、それを賃金の上昇という形で労働者に還元し、賃金の上昇した労働者が大量消費を支え、その結果として、投資と需要の拡大をもたらし、経済全体が成長していくという経済成長に関する正の循環の確立に成功した。そして、この循環を可能にした重要な基盤として、まず第一に、ミクロレベルとして、生産性インデックス賃金の導入とテーラー主義の受容という労使間の妥協が挙げられる。第二に、よりマクロなレベルとして、集権的労使交渉メカニズムの存在、および、ブレトンウッズ体制を背景として可能となった福祉国家の諸政策が挙げられる。これらを通じて、経済成長の成果を広く国内全体へと波及させていくことが可能となった。つまり、フォーディズムは、埋め込まれたリベラリズムという国際経済体制を前提として、生産性上昇に関する労使間妥協に依拠し、大量生産・大量消費を基盤とした持続的な経済成長を実現し、国内にその果実を広めるというメカニズムであった。

続いて社会的基盤としては、性別役割分業に基づく雇用形態と家族形態の安定性が挙げられる。ルイス（Lewis 1992）によれば、戦後における先進諸国の社会保障システムは、結婚した女性の労働市場からの排除、社会保障の受給資格に関して夫の地位への依存、公的保育支援がなく家庭での育児、公私領域の明確な区分という特徴を持った

「男性稼得者モデル」と整理できる。このような特徴を持った社会政策を展開できた背景には、男性が、埋め込まれたリベラリズムとフォーディズム的発展様式により確保された安定的な雇用に就き、核家族を養うのに十分な賃金を得る一方で、女性が、主として家庭において家事や育児・介護などのケア労働に従事する（もしくは、ケア労働の負担にならない限りで、労働市場に参加する）という性別役割分業が確立していたことが挙げられる。言い換えれば、フォーディズムを支える諸制度に加えて、雇用形態と家族形態の安定性によって、経済成長の果実は、広く国内に浸透していったといえる。

そして、最後に、より重要な点として、フォーディズムを支えていた政治レベルでの諸基盤を指摘することができる。すなわち、階級政治レベルだけでなく、政党政治レベルでも、経済成長およびその分配へのコンセンサスが形成されたのである。つまり、フォーディズムに基づく正の経済循環を維持するため、労使の利益集団間だけでなく、主要な政党間で、所得再分配や需要管理という争点に関して合意が生まれ、経済成長を実現し、その果実を配分することによる支持調達を実現するという安定的な政治的サイクルが完成したのである。ここにおいて、政治レベルでの対立は、どのような政治経済システムを構築するかという「質」の争点ではなく、経済成長へのコンセンサス内における分配のあり方という「程度」の争点をめぐるものになったといえる。ここにおいて、「財政支出に「所得再分配」と「総需要管理」の機能をもたせることによって、「国民からの支持調達」と「経済過程のコントロール」という二つの機能を同時に達成する」（小野 2000, 31頁）という福祉国家の政治的メカニズムが完成するのである。

以上のように、戦後の安定的な経済成長を支えていた福祉国家は、①埋め込まれたリベラリズムおよびフォーディズム的発展様式、②性別役割分業を前提とした雇用と家族の安定性を前提として、③階級・政党政治レベルにおける労使間の妥協に基づく経済成長およびその分配へのコンセンサスという諸基盤に依拠していたと整理できる（図2-

図2−1　ケインズ主義的福祉国家（筆者作成）

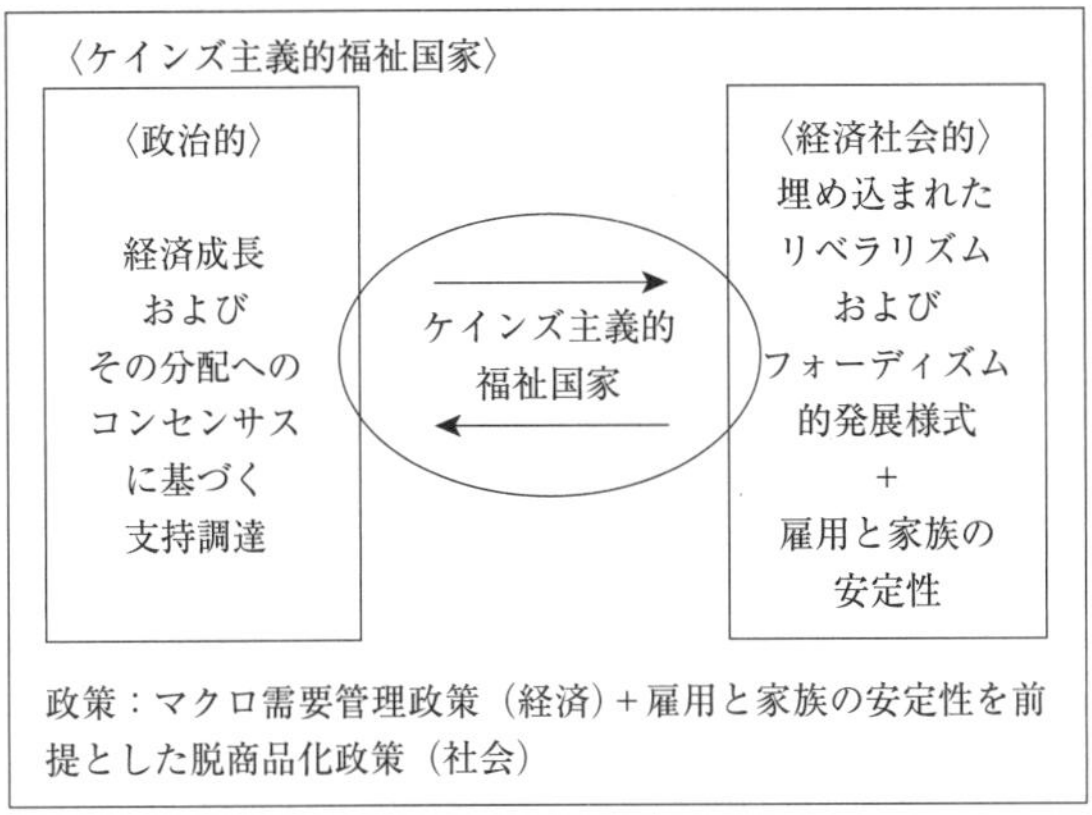

1）。そして、これらの諸基盤を結びつけ、正の循環を確立するため、経済政策の特徴は、経済成長を実現し完全雇用を達成するための総需要管理を中心としたマクロ需要管理政策となり、社会政策の特徴は、経済成長の果実を国内に分配するための諸政策という形態をとることになる。重要な点は、経済政策を通じて実現される雇用の安定性と核家族という家族形態を前提として、狭義の社会政策は、男性稼得者の雇用を通じた経済的保障がなされない（つまり、高齢、失業、疾病など）場合に重点が置かれ、主に所得補償プログラムの充実（脱商品化政策）という形態をとった点にある（福祉国家の黄金時代の社会政策形態の整理[5]に関しては、Jenson and Saint-Martin 2003, Bonoli 2007も参照）。本書では、これらの諸特徴から構成される政治経済システムとしての福祉国家を、先行研究にならい「ケインズ主義的福祉国家」と捉える。

ここで重要な点は、福祉国家が、経済成長の正の循環を実現するという経済的側面を持つだけでなく、公共政策による再分配を通じた平等の実現という正統化言説によって支持調達を図るという政治的側面を持つという点にある。つまり、福祉国家は、経済的な効率性だけではなく、政治的な正統性にも依拠しているのである。また注意すべき点は、本書の整理はケインズ主義段階における各国の差異を否定しないことである。むしろ、上述の定義が示唆しているように、目標達成のための多様な政策手段が存在しており、「ケインズ主義」段階という共通の傾向の中で、各国は多様性を示すと考えられる。これらの共通の段階における差異の把握（類型論）

は、第三章の課題である。

このケインズ主義的福祉国家は、外的環境の変化および自らの成功によって、大きな変容圧力に直面することになる。次節では、二つの変容圧力として、経済のグローバル化の進展とポスト産業社会への移行によるインパクトとその帰結を考える。

第三節　二つの変容圧力
――経済のグローバル化の進展とポスト産業社会への移行――

一九七〇年代以降、政治経済システムとしての福祉国家は様々な変容圧力に直面してきた。本節では、変容圧力を、福祉国家に外生的な要因である経済のグローバル化の進展と内生的な要因であるポスト産業社会への移行に分類した上で、先行研究を手がかりとして、ケインズ主義的福祉国家へのインパクトを考える。経済のグローバル化の進展に関しては、直接のインパクトについて学術的評価が分かれていることを確認した上で、その理念的側面のインパクトの重要性を指摘する。ポスト産業社会への移行に関しては、「新しい社会的リスク」をもたらし、福祉国家の変容の主要因と考えられていることを確認した上で、その政治的含意を検討する。そして、最後に、ケインズ主義的福祉国家の諸特徴が変化していることを確認する。

(1) 変容圧力①――経済のグローバル化の進展――

七〇年代以降、経済のグローバル化が大きく進展してきたと考えられている。グローバル化とは、一般的に、ヒト・モノ・カネ・情報などが、国境を越えて大規模に移動する傾向を指す（cf. Held 2000, Steger 2003）。そのため、経済的側面に限らず、政治・社会・文化的側面などの多面性を持つと考えられる。福祉国家論の中で特に検討されてきたのが、経済のグローバル化の影響である。ブレトンウッズ体制の崩壊以降、先進諸国は、資本移動の自由化、生産体制の国際化、および、国際貿易競争の激化などの新たな国際経済環境に直面することになった。これらは福祉国家にどのようなインパクトをもたらすのであろうか。まず、グローバル化と福祉国家の関係について整理する。例えば、グローバル化の福祉国家に与えるインパクトを比較分析した論文集で、編者のパリエールらは、グローバル化と福祉国家に関する主要なパースペクティブとして、以下の立場を紹介する（Sykes et al. 2001 chapter 1,10）。すなわち、第一に、グローバル化は市場経済の優越を通じて福祉国家一般に大きなインパクトをもたらすと捉える立場、第二に、グローバル化は福祉国家にほとんど影響をもたらさないと捉える立場、第三に、グローバル化は福祉国家にインパクトをもたらすが、それらの効果は制度構造や政策対応により媒介されるとする立場である。これらに対して、彼らは、第四の立場として、グローバル化の多面性（各レジームごとに多様な方法で解釈・構築されるため、そのインパクトは異なる）を主張し、グローバル化と福祉国家の双方向的な関係に注目する必要を説く。

これら多様なパースペクティブの存在は[6]、グローバル化と福祉国家の関係が単純ではないことを示唆している。具体的に考えてみると、各国政府は、資本移動の自由化を背景として、規制緩和や労働コスト削減などを求めるビジネス勢力からの圧力に直面し、また従来型のマクロ需要管理政策の維持が困難となり、緊縮的財政政策の採用を迫られる結果として、福祉国家の縮減に向かわざるを得ないと考えることもできる。いわゆるグローバル化論者の主張にあるように、ネオリベラル化への収斂を予測することができる。

しかし、開放経済は福祉国家を必要とするという別の可能性もあり得る。例えば、開放経済下におけるヨーロッパ諸国でのコーポラティズムの進展に関して、カッツェンシュタイン（Katzenstein 1985）は「国内的補償の政治」という観点から説明する。彼によれば、経済環境への対応コストを外部転化もしくは事前調整することが困難な小国は、まず国際レベルでの経済自由化を推進した上で、変動する国際市場で競争力を確保するために「フレキシブルな調整」に依拠する一方で、その国内的な補償として社会政策や所得政策を充実させてきた。つまり、小国内でも対応に分岐があるものの、民主的コーポラティズム（特徴：社会的パートナーシップという理念、集権化・集中化した利益集団システム、自発的で非公式の対立調整システム）を形成し、それを支える多党制システムを形成してきたのである。彼の研究は、激しい国際競争に直面することは国内での補償の必要性を増大させ、結果として福祉国家の拡大をもたらす可能性があることを示唆している。[7]

さらに、社会政策の持つ一国経済へのプラスの側面も指摘できる。ゴフ（Gough 1996）やヘイ（Hay 2001b）が整理しているように、福祉国家の諸政策は、財政圧力の増大という負の外部効果という側面もあるが、他方で、経済成長に不可欠なインフラの整備、人的資本への投資および社会的安定の提供という側面もあり、これらは経済成長や競争力に対して、正の外部効果を持つ。彼らの研究は、社会政策と効率性をゼロサム的に捉えることの不十分性を指摘し、社会政策の持つ多面性を考慮する必要性を示唆している。したがって、グローバル化の進展は、一律の削減ではなく、むしろ、経済的にプラスの側面を持つ社会政策の維持・拡充をもたらす可能性もあるといえる。[8]

また、フリーデンら（Frieden and Rogowski 1996）は、国際経済の自由化が国内アクターの選好に与えるインパクトを検討した論文で、採用する経済学のモデルにより、そのインパクトの評価が分かれることを指摘する。つまり、各経済学モデルは、各国経済の比較優位が依拠する要素や経済セクターの特徴の差異によって、諸アクターの国際化に対する選好が異なることを予測するのである。言い換えれば、グローバル化のインパクトは画一的とはいえず、アクターが占める経済社会的位置に依存すると考えられる。また、ギャレットらが指摘する（Garrett and Lange 1996）よ[9]

うに、たとえグローバル化が諸アクターの選好を同じように変容させたとしても、社会経済的制度および政治制度の媒介を経て、政策アウトカムへ転換されるため、これらの差異[10]によって、異なるアウトカムが生じることも予測される。

ここで紹介した諸研究がもたらす知見は、経済のグローバル化の進展は福祉国家に縮減圧力および拡大圧力の双方をもたらし、そのインパクトは、経済社会的基盤の差異を前提として諸制度・諸アクターに媒介された上でアウトカムにつながるため、グローバル化と福祉国家の関係は一義的とはいえないという点にある。

そして、この知見を裏づけるように、実証研究[11]では多様な知見がもたらされている。実証研究の多くはネオリベラル化への収斂を否定する点では概ね共通するが、そのインパクトの大小に関しては評価が分かれる。インパクトを重視する論者として、例えば、完全雇用、普遍的な社会サービス、および、セーフティネットから福祉国家が構成されると考えるミシュラは、マクロ経済政策における自律性の喪失を重視し、雇用・賃金保障に関してマイナスの影響がもたらされていることを強調する（Mishra 1999）。エリソンは、経済のグローバル化と政治の相互作用に注目し、市場適合的な改革という選択肢が政治的議論の中心を占めていることを強調し、差異はあるものの、各国がネオリベラル・ドリフトを経験していることを主張する（Ellison 2006）。またポンツソンは、不平等が拡大する中での社会支出の構成割合の変化、および、公的セクターの規模縮小に注目し、縮減を説いている（Pontusson 2005, Clayton and Pontusson 1998）。

他方で、グローバル化のインパクトを重視しない論者もいる。スワンクは、グローバル化と課税の関係を分析した論文の中で、資本の流動化が減税圧力をもたらす一方で、収支バランスを維持する必要性から、単純に課税水準全体の削減につながらないことを指摘する（Swank 1998）。つまり、法人税率の引き下げと同時に、従来存在していた税控除が廃止されるなど市場適合型の税制レジームへ移行しているため、グローバル化のもたらす税負担への全体的な影響は少ないと結論づける。ギャレットは、グローバル化の公共支出および課税水準へ与える影響を検討した一連の研究で、グローバル化が福祉国家にマイナスのインパクトを与えているとはいえないと主張する。彼は、グローバル化が再分配要求を高めるという政治的理由だけでなく、特定の条件下では福祉国家が経済成長に役立つという経済的理由が存在するため、縮減へのインパクトが大きくないことを挙げている（Garrett 1998a, 1998b, Garrett and Mitchell 2001）。

また、諸アクターや諸制度などの媒介要因によって、インパクトが異なることを指摘する論者もいる。例えば、コルピら（Korpi and Palme 2003）やアランら（Allan and Scruggs 2004）は、グローバル化などによる福祉国家へのインパクトは、所得代替率などプログラムレベルの寛容性の変化を指標とすると、政権の党派ごとに大きく異なることを指摘する。また、スワンクは、別の研究（Swank 2001, 2002, 2003）で、各国の政治経済の諸制度（利益代表システム、選挙制度、福祉国家プログラム、市場経済モデルなど）が、諸アクターの政治的機会の提供などの直接的・短期的な側面だけでなく、構造的バイアスや価値・規範の提供などの間接的・長期的な側面にも影響力を持つため、各国でグローバル化への対応が異なることを指摘し、統計分析によって、政策対応の差異を確認している。また、ロスステインは、諸制度がインセンティブを付与することで利益・選好を決定するだけでなく、信頼の提供や規範の設定という機能も持つ点に注目し、福祉国家のプログラム構造のタイプ（選別主義もしくは普遍主義）によって、削減圧力への対応が異なることを指摘している（Rothstein 1998, 2005）。

以上のように、グローバル化が実際にもたらしたインパクトに関して、第一章で言及した「従属変数問題」が示唆していたように、各論者は、注目する従属変数によって、大きく評価が分かれる。しかし、現在の福祉国家が直面している経済環境がケインズ主義時代のそれと大きく異なるという基本的認識に相違はない。つまり、「ケインズ主義的福祉国家」を国際的レベルで支えていたブレトンウッズ体制は崩壊し、資本移動の自由化に伴い、従来型の総需要管理に基づくマクロ経済政策の維持は困難となっている。さらにヨーロッパ諸国ではＥＵ統合の進展による影響（ＥＭＵの収斂基準など）にも直面している。ここで注意が必要な点として、マクロ経済政策における自律性の喪失は、政策選択肢一般の喪失を意味しない。なぜならば、ヘメレイクらが指摘するように、国際市場からの影響を受けにくい政策領域が残されているからである[12]（Hemerijck and Schludi 2000, p. 225）。例えば、上述のように、社会政策は一国経済に対して正負の両インパクトを持つため、新たな経済環境下でも、各国の政府は、経済的な効率性を確保するために、経済全体に悪影響を与える面の抑制からプラス面の促進まで多様な選択肢を保持していると考えられる。

そして、グローバル化に関して注目すべき点は、グローバル化に関するアイデアや言説などの理念的側面（の変化）がもたらすインパクトである（Blyth 2003b, 2005, Evans 1997, Hay and Rosmond 2002, Hay 2002, 2006c, Watson and Hay 2003 など）。つまり、グローバル化の福祉国家へのマイナスの影響力が十分に確認されなかったとしても、それが政治アリーナで主張され続けることは政治的に大きな帰結をもたらすのである。例えば、ヘイら（Hay and Rosmond 2002）は、グローバル化に関する特定の理念が理論的に正しいか否かにかかわらず、政治アクターがそれを信念として採用するならば、実際に政策アウトカムに影響が生じることを指摘する。また、ブライス（Blyth 2003b, 2005）やヘイ（Hay 2006c）は、グローバル化によって一国レベルでの政策対応が困難になるという言説を利用することによって、主要政党間で、政治的期待の縮小を目指すコンセンサスが生じていること、および、中央銀行の独立など政策的コミットメントの外部化などが生じていることを確認している。そして、理念的側面に関して重要となるのは、これらの政策レベルへの帰結だけでなく、正統化言説のレベルで生じる変化である。以下で言及するように、福祉国家を取り巻く諸環境の変化に伴い、社会政策のコスト面が強調されることによって、社会的シティズンシップにおける義務的側面や人的資本への投資という側面が注目され、また社会的包摂や個人の自律など新たな理念に注目が集まっている。したがって、グローバル化の影響力を考える上では、アイデアとしてのグローバル化が広く受け入れられることによって生じる、政策レベルおよび正統化言説レベルのインパクトも考慮する必要がある。

まとめると、グローバル化による圧力は、そのインパクトに関して評価が分かれるが、社会政策などの持つ多面性および各国における媒介要因の差異が存在するため、福祉国家の縮減へと収斂させるものではない。そして、グローバル化の進展に関して重要な点として、ケインズ主義的福祉国家が依拠してきた制度的・実体的側面の変化だけでなく、理念的側面の変化にも注目しなければならない。

(2) 変容圧力②――ポスト産業社会への移行――

上述のように、グローバル化のもたらすインパクトは明確でなく、アクターが直面する環境の変化として間接的な要因にとどまるものと考えられるため、研究者の多くは、ポスト産業社会への移行を、より直接的な変容圧力として考えている（Esping-Andersen 1999, Jæger and Kvist 2003, P. Pierson 2001など）。そして、近年注目を集めている概念である「新しい社会的リスク（New Social Risk：以下ではＮＳＲ）」も、以下でみるように、ポスト産業社会への移行と密接に関連している。

まず、ポスト産業社会への移行とは何を意味し、どのような影響をもたらすのであろうか。Ｐ・ピアソンは、以下の四点に整理する（P. Pierson 2001a）。まず第一に、製造業中心の経済からサービス産業中心の経済への移行が挙げられる。例えば、サービス産業は一般的に製造業に比べて生産性が低いため、以前に比べて経済成長率が低くなることが予想され、結果として、福祉国家を支える財政的基盤の弱体化が示唆される。さらに、雇用の不安定化も予測される。すなわち、サービス産業（特に低賃金サービスセクター）は、製造業に比べて雇用保障が弱く、景気変動の影響を受けやすいため、失業の可能性が高い。つまり、サービス経済化は、製造業セクターの縮小をもたらし、生産性上昇が低く失業リスクの高いサービス産業セクターへの依存が高まる結果として、財政基盤の弱体化および失業手当などの受給者増加をもたらすことが予測される。第二に、人口構造の変化が挙げられる。例えば、高齢化は、老齢年金などの受給者の増加、受給期間の延長、および、介護などの新しい社会サービスの必要性をもたらし、財政的基盤を脅かす。また、少子化の進展による生産人口の減少も財政問題に拍車をかける。そして、第三に、福祉国家の成熟化が挙げられる。戦後期を通じて、社会政策コミットメントを充実・拡大させてきたことにより、政府の財政的な負担は限界に達しつつある。第四に、最も重要なインパクトとして、女性の社会進出の増大がある。価値観の変化や経済的な必要性などから、女性の社会進出が高まってきた。これに伴い、家庭により負担されてきた福祉生産・供給の役割を、社会政策によって代替・補完する必要性が高まっている。とりわけ、保育や介護などの社会サービスの充実が求められる。以上のように、ポスト産業社会への移行は、福祉国家の財政基盤を脅かす一方で、新たな社会政策のニーズを高めるという点で、既存の福祉国家への潜在的な変容圧力になると考えられる。

このポスト産業社会への移行が、政策レベルにおける変化へとつながる関係を理解する上で重要となる概念が、「新しい社会的リスク[13]」である。ここでＮＳＲとは、「ポスト産業社会への移行に関連する経済・社会変化の結果として、ライフコースにおいて直面するリスク」（Taylor-Gooby 2004, pp. 2-3）を指す。ボノーリは、その特徴を、①ポスト産業社会に固有であり、②女性や若年層など特定の集団に集中し、③従来型の社会政策では十分にカバーされていないという三点にまとめる（Bonoli 2005, 2006）。つまり、ＮＳＲは従来の社会政策が想定していたリスクとは異なるため、それらではうまく対応することができないのである。したがって、NSRの特徴を把握するためには、ケインズ主義的段階におけるリスクの想定を確認することが有益となる。そもそも、ケインズ主義的福祉国家は、安定的な核家族と雇用保障に基づき、男性稼得者が労働によって家族を養うのに十分な所得を得る一方で、子供や高齢者のケアに関しては家庭が負担することを前提としてきた。そのため、社会政策は、男性稼得者が雇用から所得を得られなくなった場合の所得補償プログラム（年金・失業給付など）に重点を置いていた。それに対して、ポスト産業社会では、労働市場および家族構造の変化を前提とする。つまり、女性の労働市場への進出が高まる一方で、サービス経済化に伴う雇用構造の変化により、失業のリスクが高まり、また若年者を中心に労働市場への参入が難しくなるという現象が生じるなど、従来のような男性稼得者の安定的な雇用保障を前提とすることはできない。他方、家族形態も多様化し、家族による福祉供給を前提とすることも難しくなっている。

したがって、NSRに対応するため、新たな諸環境や諸基盤を前提とした政策の導入が必要（Taylor-Gooby 2004, Bonoli 2005, 2006）となっている。例えば、第一に、家族形態の変化に対応するため、保育や介護などの社会サービスの拡充や家庭と労働のバランスをとりやすくするための諸政策の導入が求められる。第二に、雇用構造の変化に対応するため、スキル形成の支援や社会保険のカバーメカニズムを改革する必要がある。

このNSRの台頭は、政策対応の必要性というだけでなく、福祉国家を支える政治的基盤にもたらすインパクトという点からも重要となる（cf. Bonoli 2005）。政治的基盤へのインパクトという点も、ケインズ主義的段階と比べることによって明らかになる。前節で確認したように、ケインズ主義的福祉国家は、共通した利益を持つと想定される階級をベースとした集団による階級・政党政治レベルの和解・妥協という政治的基盤に依拠していた。それに対して、NSRに直面する集団が福祉国家を支える安定的な政治的基盤になるためには、様々な困難が存在している。(14) まず第一に、ケインズ主義段階での労働者とは異なり、NSR集団は、利益が多様であり、かつ、権力資源を十分に持っていない。そのため、彼らのニーズを満たす政策を実現するため、利益を表出し、政治的動員を行うことが困難であると予測される。第二に、上述のように、従来と比べて財政的制約が大きいという条件の下、社会政策の充実に対して反対する利益集団（例えば、ビジネス勢力）からの抵抗を受けるだけでなく、少なくなったパイの分配を求めて、既存政策に利益を持つ集団（例えば、受益者団体）と対抗しなければならない。以上から、NSR集団は、自らの政治力のみによって政策目標を達成することが困難であり、その他の政治アクターとの同盟形成がカギとなることが示唆される。

以上のように、ポスト産業社会への移行に伴いケインズ主義的福祉国家は、大きな変容圧力に直面している。厳しい財政状況の下、雇用形態の流動化および家族形態の多様化を前提とした社会政策形態へと転換する必要に迫られている。重要な点は、NSRに直面する集団の特徴がもたらす政治的含意である。彼らは、多様な利益を持ち、かつ十分な権力資源を持たないという特徴を持ち、さらに、既存の利益集団と対抗する必要に直面するため、福祉国家改革の安定的な政治的基盤となることが難しい。

(3) 変容圧力のインパクト

まとめると、経済のグローバル化の進展およびポスト産業社会への移行という二つの変容圧力によって、ケインズ主義的福祉国家を特徴づけてきた諸基盤や諸政策に大きな変化が生じていることが分かる。つまり、埋め込まれたリベラリズムおよびフォーディズム的発展様式、性別役割分業に基づく雇用と家族の安定性、経済成長とその分配へのコンセンサスという諸基盤、そしてマクロ需要管理政策および脱商品化政策という諸政策は、大きく変化している。

例えば、ブレトンウッズ体制の崩壊および経済のグローバル化によって、マクロ経済政策に関する選択肢は大幅に制限され、従来型の国内的補償政策の採用が難しくなった。また、ポスト産業社会への移行に伴い、製造業中心の大量生産・大量消費に依拠したフォーディズム的な発展様式の維持は困難となり、雇用形態の流動化への対応やスキル形成への投資を促進するための新たな政策対応が必要となった。また、家族形態の多様化により、安定的な核家族を前提とすることもできなくなっている。政治的基盤に関しても、経済のグローバル化を背景として、労働と資本の間の権力バランスが変化しており、また安定的な経済成長が困難になるという経済環境を前提として、階級および政党政治レベルでの労使和解にも動揺が生じている。ここでは、既存政策に利益を持つ集団と持たない集団の対立が顕在化するという側面が強くっている。さらに、グローバル化の理念的側面の重要性が示唆するように、言説レベルでのシフト（国際競争の不可避性による社会政策のコスト面の強調、社会的包摂への注目や個人の自律性の強調など）も福祉国家の政治的基盤を脅かしている。

以上のように、政策遺産によって直面する課題が異なり、諸制度や諸アクターなどの媒介要因も異なるため、各国間で差異があるものの、ケインズ主義的福祉国家は、二つの変容圧力により、その経済社会的基盤のみならず、政治的基盤も動揺することになり、結果として、その政策的特徴も大きく変化しているといえる。次節では、新たな福祉国家の特徴を整理した上で、この変容の性格を検討する。

第四節　「競争志向の福祉国家」の諸特徴

前節で確認したように、ケインズ主義的福祉国家は、二つの変容圧力に直面し、大きく変容しつつある。本節では、現段階の福祉国家を支えている諸基盤や諸政策の特徴を確認する。つまり、福祉国家を取り巻く諸環境の変化により、現在では、経済的基盤に関して、経済的自由主義優位の国際経済体制およびポストフォーディズム的発展様式に依拠し、社会的基盤に関して、雇用と家族形態の流動化を前提とし、政治的基盤に関して、国際競争力の確保と個人の自律性の重視や社会的包摂の強調へと正統化言説も変化している。また、政策的特徴も、ミクロ競争力政策および再商品化・脱家族化政策となっている。本節では、これらの諸基盤・諸政策から整理できる現在の段階を「競争志向の福祉国家」と捉える。

まず、新しく生まれつつある経済基盤を確認する。前節で確認したように、ブレトンウッズ体制が崩壊し、資本移動の自由化、貿易競争の激化、生産体制の国際化などの経済のグローバル化が大きく進展している。しかし、ラギー（Ruggie 1982）が強調していたように、国際経済システムを支える諸レジームは、経済的な効率性や大国のパワーだけでなく、その社会目的の正統性にも依拠していた。したがって、重要となるのは、正統性の根拠を提供するアイデア的・言説的側面における変化である。つまり、ケインズ主義段階を支えていた国際経済システムの動揺の中で、どのようなグローバル化が進展しているかが重要となる。この点に関して、エヴァンスは、グローバル化のイデオロギー的側面に注目しつつ、アングロサクソン的なイデオロギーがゲームのルールとして成立していることを主張している（Evans 1997）。つまり、「埋め込まれたリベラリズム」が内包していた経済的不安定性への政治的配慮から部分的に解放された経済自由主義が優位を占めているのである。言い換えれば、経済のグローバル化の進展に伴い、埋め込まれたリベラリズムが再び自由主義化されたといえる。ただし、前節で確認したように、これはネオリベラル化への収斂を意味しない。例えばマクロ経済政策に関する選択肢が制限されたとしても、その他の経済・社会政策領域での選択肢は依然として残されている（Hemerijck and Schludi 2000）。重要な点は、従来の埋め込まれたリベラリズムよりも、経済自由主義が優位に立つ文脈で、それに適合的な形での政策選択が迫られているということである。

さらに、上述のレギュラシオン学派（ボワイエ 1990, 2007, 山田 1994, 2008）が指摘しているように、サービス経済化、情報経済化、知識経済化、金融経済化の進展などを背景として、新たな発展様式を目指す諸動向も重要となる。例えば、ポスト産業社会における経済成長の新たな基軸として、金融セクターを中心とした発展様式が注目を集めている。また、製造業セクターでは、大量生産・大量消費に基づいたフォーディズム的発展様式からの転換が模索されている。例えば、国際競争を勝ち抜き、経済成長を実現するために、高いスキルを持った労働者の確保、フレキシブルな労働編成、技術革新の達成と利用、ネットワーク型の調整などに依拠した新しいビジネスモデルの構築が目指されている。これらの新しい発展様式を構築するためには、規制緩和や自由化の促進、投資インセンティブの付与、市場親和的な政策への転換、および、積極的労働市場政策の拡大などの新たな形態の政策介入が必要となる。

そして、経済のグローバル化の進展およびポスト産業社会への移行に伴い、男性稼得者モデルを支えてきた性別役割分業に基づく雇用と家族の安定性は大きく揺らいでいる。すなわち、雇用形態は流動化し、家族を支えるのに十分な賃金を得られる安定的な雇用は縮小している。また家族形態が多様化して、女性によるケア労働の負担に依存することは難しくなっている。したがって、前節で確認したように、先進諸国は、ＮＳＲの台頭に対応するだけでなく、経済的潜勢力を積極的に利用し、経済全体を活性化するため、介護や保育などの社会サービスの充実や労働市場への参加を促すための積極的労働市場政策など、新しい社会政策の実施も必要となっている。

また、二つの変容圧力による政治的基盤における変化も重要となる。第一に、経済のグローバル化の実体的側面および理念的側面のインパクトを背景として、ビジネス勢力が発言力を強めている。第二に、経済社会環境の変化に伴い、経済成長とその分配への政治的コンセンサスも揺らいでいる。まず、階級政治レベルでは、従来の労使妥協を重荷と感じ始めたビジネス団体や競争セクター労働者が、既存の制度基盤から離脱していく傾向が確認されている（Pontusson and Swenson 1996）。また、政党政治レベルでも、主要な既存政党の衰退、新しい社会運動の台頭、および「新しい政治」を担う政党の登場などが指摘されている（小野 2000）。つまり、階級・政党政治レベルにおける経済成長およびその分配へのコンセンサスに依拠した支持調達という「ケインズ主義」段階の政治的基盤は限界に直面している。むしろ、現在では、ビジネス勢力の優位という一般的な条件のもとで、経済セクター間での分断や階級交差連合の進展、既存の社会政策に既得権益を持つ人々とそれを持たない人々との対立など、多様な対立軸が顕在化している。そして、この文脈において重要となるのが、グローバル化のアイデア的・言説的インパクトである。上述のブライス（Blyth 2003b, 2005）やヘイ（Hay 2006c）が指摘しているように、グローバル化という文脈の中で、経済自由主義的な対応の不可避性や従来型の対応の困難性を強調することによって、政治的期待を縮小しようとする動きが生じている。また、従来型の福祉国家とネオリベラリズムへの対抗として「第三の道」を提案したギデンズ（Giddens 1998, 2001）が指摘しているように、平等の概念に変化（現段階での平等からライフコース全体を通じた平等）がもたらされ、新たな正統化言説として、社会的包摂や個人の自律が強調されている。

そして、この三つの基盤の変化に伴い、諸政策の特徴には大きな変化がもたらされたといえる。経済政策では、埋め込まれたリベラリズムおよびフォーディズム的発展様式を前提とした、マクロ需要管理政策を通じた経済成長の実現が困難となり、経済自由主義優位のもとで、諸政策介入を通じて、新たな発展様式の確立が模索されている。現在では、国際競争力の確保が主要な目標となり、経済政策の重点は、規制緩和・自由化や戦略的な介入政策などミクロレベルのサプライサイド中心の経済政策に置かれている。他方、社会政策[15]は、雇用形態および家族形態の流動化が進展するポスト産業社会という文脈で、コストの削減などの福祉の切り下げが目指される一方で、スキル投資の支援や

図2-2　競争志向の福祉国家（筆者作成）

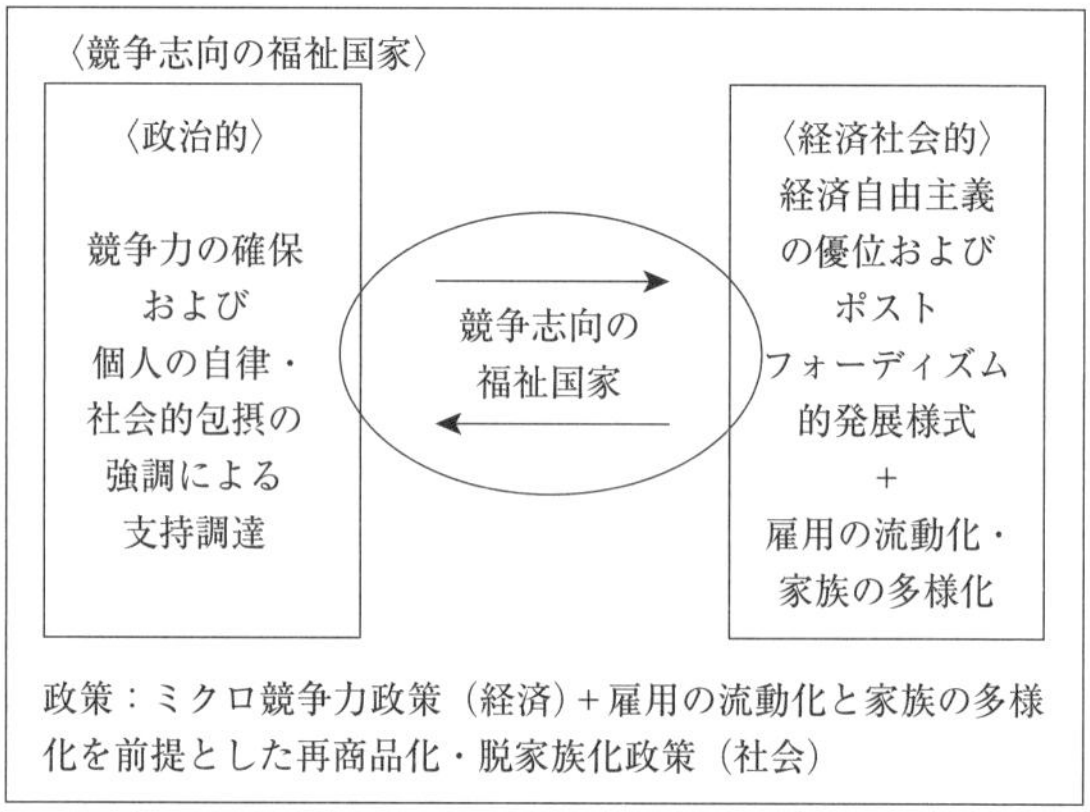

社会サービスの充実によるＮＳＲ集団の社会的包摂を積極的に促すことも目標とされている。つまり、社会政策のコスト面の強調や社会的シティズンシップにおける義務的側面への注目を通じて、福祉受給権と就労を結びつける狭義のワークフェア化が注目[16]される一方で（cf. Goodin 2001b, 2002, White 2000, Theodore and Peck 2000, Peck and Theodore 2000a, 2000b, 宮本 2002）、同時に、社会的包摂のためのアクティベーションや社会的投資という側面も強調されている（cf. Jenson and Saint-Martin 2003, Esping-Andersen 2002）。そして、政治的基盤も変化し、階級・政党政治レベルにおける経済成長とその分配へのコンセンサスは揺らぎ、個人の自律性が強調され、新たな統合のシンボルとして社会的包摂が注目されている。

これらの変化は、諸政策領域における経済的側面の重視[17]や経済政策の優位をもたらし、政策全体として、グローバル化の中で競争力をいかに確保するかということに重点が置かれているため、「競争志向」段階への変容と位置づけられる。したがって、本書では、①経済自由主義優位の国際経済体制およびポスト・フォーディズム的発展様式、②雇用形態の流動化と家族形態の多様化、③競争力の確保および個人の自律や社会的包摂という正統化言説に依拠し、これらの諸基盤を結びつけるための政策として、ミクロ競争力政策および再商品化・脱家族化政策によって特徴づけられる福祉国家を「競争志向の福祉国家」と捉える（図2-2）。

ここで注意すべき点が三点ある。第一に、現在の段階を「競争志向」と捉えることは、「ケインズ主義」段階で競争が存在しなかったことを意味しない。これらの名称は両段階における諸政策の特徴に由来している。第二に、「競争志向」の福祉国家は、「ケインズ主義」段階における政策の放棄を意味しない。ここでの整理は理念型的なものであり、実際には、新たな環境に適応するため、ケインズ主義段階の諸特徴を修正する一方で、新たな政策を導入していくことが予測される。第三に、段階の移行は収斂をもたらすとはいえない。すなわち、上述のように、各国ごとに政策遺産および諸制度が異なり、諸アクターの行為によってアウトカムに結びつくため、収斂に至るとは考えにくく、また、福祉国家の定義が示唆するように、目標達成のためには複数の選択肢が存在している。したがって、類型論によって、新たな段階における共通性と差異を把握する必要があるが、これは第三章の課題である。次節では、「ケインズ主義」段階から「競争志向」段階への変容を、どのように捉えるべきかという論点に対する解答を明らかにし、本章の主張の理論的含意を検討する。

第五節　結論——福祉国家の「再編」とその理論的含意——

本節では、諸環境の変化に伴う「ケインズ主義的」福祉国家の段階から「競争志向」の福祉国家の段階への移行がどのような性格であったかを検討した上で、本章の主張の持つ理論的含意を明らかにする。上述のように、諸基盤および諸政策などが変化する一方で、経済過程への介入および公共政策を通じた統合という福祉国家のコアは維持されていることを前提とすると、福祉国家からの「離脱」や福祉国家の「持続」ではなく、福祉国家の「再編」であったことを論じる。そして、最後に、本章の主張を整理し直した上で、政治学および現代福祉国家論における理論的含意を確認する。

（1）政治経済システムとしての福祉国家の「再編」

本章で整理してきた「ケインズ主義」的段階から「競争志向」の段階への変容は、福祉国家から別の形態への「移行」を意味するのか、それとも、福祉国家の「再編」もしくは「持続」を意味するのであろうか。別の国家形態への移行を説く論者[18]として、ジェソップやサーニーらがおり、福祉国家の持続を説く論者として、P・ピアソンらの「福祉国家の新しい政治」論がある。ここでは、まず、各立場の代表的な論者の主張を確認する。例えば、ジェソップ[19]（Jessop 1993, 2002）は、近年の福祉国家の動向を、経済政策および社会政策の介入パターン、政策が実施される規模や単位、および、経済社会問題への調整形態という四つの観点から、「ケインズ主義的福祉国民国家」から「シュンペーター主義的ワークフェアポスト国民的レジーム」（Jessop 2002）への移行と捉える。つまり、経済政策において、マクロ経済管理から競争力促進政策へと重点が変化し、社会政策において、団体交渉に基づく賃金決定や社会権の拡大から経済政策への従属化という傾向が顕著となり、福祉受給権と就労をリンクさせるワークフェア化が進展していることを意味する。また、規模に関して、単位としての国民国家の優位が弱まり、上方（国際機関）・下方（国内の自治体）・横方向（国家間協調の必要性）という三方向へと権力が分散しつつあり、調整形態に関しては、政府および市場の失敗に対応するため、諸アクターの協調によるガバナンスメカニズムが重要となっていることを意味する。他方、サーニー（Cerny 1990, 1995, 1997）は、国民国家が作動する文脈の変化に注目して、「福祉国家」から「競争国家」への移行とみなす。つまり、経済のグローバル化の進展により国際競争が激化した結果、国家は、例えば、「国際資本に好都合な条件を作り出すことに国家の行為を限定する」傾向（Cerny 1995, p. 611）や「各領域内に位置する経済活動をより競争的にするため市場化を追求する」傾向（Cerny 1997, p. 259）を持つのである。言い換えれば、「国家介入の焦点が、国家により追求される活動を脱商品化する形態から、国家の経済活動および国家構造のその他の要素を再商品化もしくは市場化する形態へと移っている」のである（Cerny 1990, p. 53）。両者の議論[20]に基づくと、上述した近年の政治経済システムとしての福祉国家の変容は、福祉国家から別の形態への移行を意味することになる。

他方、福祉国家の持続性を説く論者として、Ｐ・ピアソンに代表される「福祉国家の新しい政治」論者がある（特に初期の研究としてP. Pierson 1994, 1996）。第四章で確認するが、彼の主張のポイントは、政策決定者の政治的目標および福祉国家の政治的文脈に大きな変化があるため、福祉国家の拡大期と削減期の政治が質的に異なるというものである。つまり、新しい政治の下では、①削減という不人気な目標および②福祉国家の政策フィードバック効果（既存政策へのロックインや受益者団体の台頭など）により、福祉国家の改革は困難になる。この視角をもとに、プログラム構造の持続性および公共支出の安定性を根拠に、福祉国家の持続性を前提として、プログラム構造の重要性に注目した理論枠組によって分析を行う。ここで注意が必要な点は、「福祉国家の新しい政治論」の強調点にある。彼らの主要な課題は、福祉国家の持続性を前提として、それらを「説明」することにある。言い換えれば、福祉国家論の二つの理論的課題の中で、「特徴把握」というよりも「動態の説明」に力点を置いたものとなっている。しかし、「特徴把握」という論点に関する主張も、分析の前提として「新しい政治」論の一部を構成しているため、彼らを持続性論者として整理することは妥当と考えられる。

それでは、これらの論者の主張をどのように評価するべきであろうか。まず確認しておくべき点として、比較福祉国家研究者の多くは、ケインズ主義的福祉国家を支えてきた諸基盤や諸政策の特徴に何らかの変化が生じていることに概ねの合意がある。したがって、論点は、その帰結をどう評価するかである。まず、別の形態への「移行」を説く論者のように、現在の特徴を、単純に福祉国家からの撤退を含意するワークフェアレジーム化や競争国家化と評価することは一面的であり、以下のような近年の社会政策の変化の持つ積極面や革新性を見落とすことになりかねない。

例えば、イエンソンらは、NSRへの対応の必要性から、「社会的投資」レジームという新しい市民権レジームが生起しつつあることを主張する。このレジームは、市場親和的で起業家的な国家を強調する点ではネオリベラリズムと共通するが、単に社会政策の縮減を目指すのではなく、社会的凝集の持つ重要性を考慮し、未来志向で社会的投資という側面に適合的な政策を実現していくことを目指している[21](Jenson and Saint-Martin 2003, pp. 83-89, 2006)。具体的には、積極的な国家、アクティベーションへのコミット、および、社会政策の生産性などが注目される。また、クラッセン（Clasen 2005）は、保育などの社会サービス領域では、「社会的投資」や「モダナイゼーション」という傾向が存在することを指摘している。つまり、近年の福祉国家改革で導入された社会政策は、福祉国家の縮小を含意するワークフェア化や競争国家化という傾向のみによっては捉えきれない「福祉国家の刷新」という側面を持つといえる。言い換えれば、これらの試みは、新たな経済・社会環境下における、新たな公正のあり方や連帯の基盤を模索する動きとも考えられる。

他方、「持続性」を説く論者のように、ある政策プログラムの持続性や公共支出の安定性に注目することは、上述のような福祉国家を特徴づける諸基盤および諸政策における質的転換を軽視することにつながりやすい。第一に、特定の政策プログラムの持続は、必ずしも政治経済システムとしての福祉国家の持続を含意しない。例えば、ある政策を維持しながらも、新たな政策を導入することによって、福祉国家全体の性格に大きな変容が生じることがありうる。第二に、特定のプログラムや公共支出（の動向）は、政治経済システムとしての福祉国家（の変容）を評価するための指標にすぎない。したがって、その指標が有効性を持つためには、福祉国家に変容が生じているか否かを判断するための理論的視角が確立していることが必要となる。そのためには、第一章で示したように、まず「福祉国家とは何であるか、そして、どのような諸基盤や諸政策に依拠しているのか」という論点を再検討する必要がある。つまり、福祉国家の概念を定義し、その特徴を把握するための枠組を提示した上で、それらを捉える指標を設定し、実際に測定するという手続きが必要となる。しかし、「持続性」を説く論者は、「福祉国家の従属変数問題」の原因のひとつとして指摘されていた（cf. Green-Pedersen 2004, Clasen and Siegel 2007）ように、福祉国家に関する十分な理論的検討をしていない。

ここで「移行」および「持続性」を説く論者の議論が示していることは、両者における福祉国家の定義の特殊性や曖昧さである。例えば、「移行」を主張する論者は、ケインズ主義段階と現在の差異を強調するため、ケインズ主義段階に固有な経済・社会システムと国家の関係という観点から福祉国家を定義づけている。つまり、彼らは、福祉国家をケインズ主義的なものと捉えている。言い換えれば、福祉国家を、自由民主主義と資本主義経済を前提とした抽象的な国家—経済・社会関係の総体として定義づけていない。もし福祉国家がケインズ主義的なものでしかないのならば、そもそも「ケインズ主義」という接頭語は必要ない。接頭語の存在は、少なくとも別の形態の存在を含意している。他方で、「持続性」を説く論者は、福祉国家とは何かを明示的に論ずることなく、その持続性を前提として、なぜそうなったかを説明する。つまり、両者に共通する問題点とは、福祉国家の概念に関する不十分な検討である。福祉国家の変容を評価する上では、上述のように、定義の有効性が前提となる。もし福祉国家の定義が明確かつ妥当なものでなければ、適切な評価軸が存在しないことを含意し、その主張は説得的なものとはならない。

したがって、もう一度福祉国家の定義に立ち戻る必要がある。第一節で定義したように、福祉国家は、自由民主主義の確立と資本主義の進展および産業化の進展という段階における、経済・社会システムと国家の抽象的な関係を指すものであり、必ずしもケインズ主義段階など具体的な経済・社会システムを前提とするものではない。つまり、福祉国家とは、国家が経済過程に介入し、経済成長と雇用の確保を実現し、公共政策による再分配を通じて、市民に社

表 2-1　福祉国家の二つの段階（筆者作成）

	ケインズ主義的福祉国家	二つの変容圧力（①経済のグローバル化の進展と②ポスト産業社会への移行）	競争志向の福祉国家
福祉国家：国家が経済過程に介入し、経済成長と雇用の確保を実現し、公共政策による再分配を通じて、市民に社会的保護を提供することにより統合を図る政治的メカニズム →・前提：①自由民主主義体制の確立、②資本主義経済の進展、③産業化の進展 ・含意：多様性あり（依拠する諸基盤の多様性、目的達成のために利用可能な政策の多様性）			
基盤	①埋め込まれたリベラリズムおよびフォーディズム的発展様式、②性別役割分業に基づく雇用と家族の安定性、③経済成長とその分配を通じた平等の実現へのコンセンサス	→ケインズ主義段階を支えた制度的・理念的な諸基盤を侵蝕 ○経済・社会：ブレトンウッズ体制の崩壊、発展様式の揺らぎ、社会政策の前提の変化（家族と雇用の流動化）、NSR の発生 ○政治：戦後コンセンサス（階級・政党）の動揺、正統化言説の変化	①経済自由主義の優位およびポストフォーディズム的発展様式、②雇用の流動化と家族形態の多様化、③競争力の実現と社会的包摂や個人の自律の強調など、新しい政治言説に基づく支持調達
政策	経済：マクロ需要管理政策 社会：脱商品化政策（安定的な家族形態および雇用形態が前提）		経済：ミクロ競争力政策（自由化・規制緩和、戦略的介入など）　社会：再商品化・脱家族化政策（アクティベーションやワークフェア化、コスト削減や競争性の強調など）

会的保護を提供することにより統合を図る政治的メカニズムである。この定義を前提とすると、第二節から第四節で確認してきた現在の諸変化が示唆することは、福祉国家の諸基盤および諸政策に大きな変化は生じているが、経済過程への介入と公共政策を通じた政治的統合の実現という福祉国家の重要な構成要素は維持されているということである。つまり、「ケインズ主義的」段階から「競争志向」段階への変容は、別の形態への「移行」や福祉国家の「持続」ではなく、福祉国家の「再編」[22]であったと考えられる。言い換えれば、政治経済システムとしての福祉国家は、経済のグローバル化の進展およびポスト産業社会への移行を受け、「ケインズ主義的」段階から「競争志向」の段階へと質的に大きく転換し、その諸基盤および政策的特徴を変化させているのである。

(2) 理論的含意

本章では、政治経済システムとしての福祉国家の変容を捉えるための分析枠組（段階論）について検討してきた。第一章で示したように、まず福祉国家の定義に立ち戻った上で、国家が経済過程に介入し、経済成長と雇用の確保を実現し、公共政策による再分配を通じて、市民に社会的保護を提供することにより統合を図る政治的メカニズムと定義づけた。そして、戦後の経済成長を支えた段階を、埋め込まれたリベラリズムおよびフォーディズム的発展様式、性別役割分業を前提とした雇用と家族の安定性、経済成長とその分配による平等の実現というコンセンサスに依拠し、マクロ需要管理政策および脱商品化政策から特徴づけられる「ケインズ主義的福祉国家」と捉えた。そして、先行研究をもとに、グローバル化の進展およびポスト産業社会への移行に伴い、福祉国家が変容を遂げつつあることを確認した。その上で、現在の段階を、経済自由主義優位の国際経済レジームおよびポストフォーディズム的発展様式、雇用の流動化と家族形態の多様化、競争力の確保と社会的包摂や個人の自律という正統化言説に依拠し、ミクロ競争力政策および再商品化・脱家族化政策から特徴づけられる「競争志向の福祉国家」とした。重要な点は、諸基盤および諸政策に大きな変化はみられるものの、経済過程への介入および公共政策を通じた政治的統合という福祉国家のコアは維持されているため、これらの変容は福祉国家の「再編」として理解できることにある。

それでは、以上の議論の持つ理論的含意を検討していこう。まず本章の議論は、グローバル化の進展やポスト産業社会への移行によって国家能力が衰退するという主張[23]（cf. Strange 1996）とは一線を画する。これらの議論は、ある政策領域における選択肢の喪失（例、マクロ経済政策）を国家能力一般の衰退とみなす点で不十分である。例えば、国家は、目標達成のための多様な政策手段を保持しており、ある政策領域で自律性を失ったとしても、別の政策領域への介入によって、同等のアウトカムを達成しうる。また、アクター間の相互依存・協調関係が強まる中で、国家は、その関係の中心的位置を占めることにより、直接的な権力行使と引き替えに、間接的な目標達成能力[24]を獲得することもありうる（Mann 1984, R. Rhodes 1997, Schmidt 2002a, Weiss 1997, 2003など）。したがって、グローバル化の進展と国家能力の関係について検討されるべき論点は、国家能力の衰退の有無ではなく、国家による影響力行使における形態の変化である。

さらに、より重要な問題点として、国家能力の衰退という想定が、変容圧力に対して、受動的な対応しか採用されないことを含意してしまうことにある。このように想定することは、環境変化へのアクターの主体的・戦略的な対応という観点を軽視しかねない。上述したように、グローバル化の進展において見落とすことができない点は、アイデア的・言説的なインパクトの持つ重要性であった。政治アクターは、自らの政治目標のため、経済のグローバル化の進展という現象に対して異なる意味を主体的に付与し、その実現を目指すという側面がある。政治学はこの政治的ダイナミズムを捉える必要がある。

また、本章の議論は、福祉国家からの「移行」や福祉国家の「持続性」を説く論者とも異なる。上述のように、両論者の問題点のひとつは、福祉国家の不十分な概念化にあった。「移行」を説く論者は、現在の特殊性を強調するため、ケインズ主義的段階に固有な経済・社会システムに引きつける形で、福祉国家を定義づける傾向がある。また、「持続性」を説く論者は、プログラム構造の持続性や公共支出の安定性を根拠に、福祉国家の持続性を前提とすることによって、福祉国家の概念に戻り、その特徴把握を行うという理論的課題を回避する傾向がある。しかし、福祉国家概念は福祉国家研究の基礎であり、「特徴把握」および「動態の説明」という二つの理論的課題に取り組むための出発点であるため、「福祉国家とは何か」を理論化しておかなければならない。

さらに、重要な点として、福祉国家の不十分な概念化は、理論的な問題点を含んでいる。それは、福祉国家の政治的ダイナミズムを見落としかねない点にある。つまり、「移行」論者のように、福祉国家を固有の経済・社会システムと結びつけ、その経済的・社会的な機能性を強調することによって、もしくは「持続性」論者のように、福祉国家とは何かの理論化を先送りすることによって、福祉国家が、経済社会的基盤だけでなく、諸アクター間での対立や妥協を含みつつも、固有の正統化言説による支持調達によって統合を実現しているという政治的側面を軽視することにつながりやすい。言い換えれば、福祉国家（そして、政治経済システムとしての国家一般）は、経済的社会的な機能性に依拠しているだけでなく、固有の政治的基盤と特定の正統化言説にも依拠しているのである。

したがって、本章の議論が示唆することは、福祉国家の再編（そして、政治経済システムとしての国家の変容）を分析・考察する上では、第一に、諸環境の変容に対する受動的な対応という側面だけでなく、政治アクターの主体的対応という側面を考慮する必要があり、第二に、その際には、制度的・実体的側面だけでなく、それを支える正統化言説などの理念的側面にも注目する必要があるということである。つまり、福祉国家の政治性を考慮しなければならない。構成・戦略論的アプローチは、アイデアの二つの役割を媒介とした構造と行為主体の相互作用に注目する点で政治アクターの主体性を重視し、また実体的側面だけでなく理念的側面も考慮することによって政治的基盤も分析の射程に入れる。本章で提示した理論枠組では、各段階における経済社会的基盤だけでなく政治的基盤も重視し、その正統化言説の変化にも注目している（「ケインズ主義」段階における階級・政党政治レベルにおける経済成長へのコンセンサスから、「競争志向」段階における競争力の確保および個人の自律や社会的包摂の強調への変化）。

最後に、本章の議論が、現代福祉国家論における特徴把握という理論的課題に与える含意を確認しよう。第一に、福祉国家の段階が変化しているため、支出水準や税水準などで変化が十分に確認できないとしても、質的な変化が生じている可能性が高い。現代福祉国家論は、この質的転換を捉えなければならない。そのためには福祉国家の定義に立ち返り、政治経済システムとしての諸基盤を確認することが必要である。この作業によって、「福祉国家の従属変数問題」の回避につながる。第二に、ケインズ主義段階から競争志向段階への再編は、前者の段階を特徴づける諸政策の放棄を意味しない。上述のように、両段階における政策の特徴はあくまでも理念型的なものであり、実際の福祉国家は、新たな環境に直面し、従来型の諸政策を修正する一方で、新たな課題に対応するための新しい政策を導入するのである。そして、第三に、繰り返し強調してきたように、福祉国家の段階の変化は必ずしも収斂を意味しない。つまり、段階の変化は各国に共通した傾向を表現しているにすぎないため、各段階における多様性の存在を排除するものではない。上述してきたように、各国で直面していた問題の性格は異なり、また諸制度・諸アクターに媒介されてアウトカムがもたらされるため、収斂が生ずるとは考えにくく、さらにある目標を達成する政策手段は複数存在するため、多様性が存在することが予測される。つまり、段階的特徴の把握（通時比較）と各段階における多様性の把握（共時比較）は別次元の問いであるため、それぞれ異なる分析枠組で検討されなければならない。各段階における多様性を考察すること（類型論の再考）は、第三章の課題となる。

本章では、構成・戦略論的アプローチに依拠した政治経済システムとしての福祉国家の変容を捉えるための分析枠組（段階論）を検討してきた。政治経済メカニズムとしての福祉国家が、経済のグローバル化の進展およびポスト産業社会への移行という二つの変容圧力を受けて、「ケインズ主義的」段階から「競争志向」の段階へと「再編」していることを論じた。つまり、それぞれは、異なる諸基盤および異なる諸政策により特徴づけられるが、福祉国家の定義の中核である経済過程への介入および公共政策を通じた政治的統合という契機は維持しているといえる。また上述のように、福祉国家の段階の移行は必ずしも収斂を含意せず、各段階における多様性の存在を排除しない。したがって、第三章では、まず各段階における福祉国家の多様性を考察するための分析枠組である類型論を検討する。その上で、通時比較のための段階論および共時比較のための類型論の検討を通じて得られた知見をもとに、福祉国家の特徴把握という理論的課題への解答を示す。

注

（1）C・ピアソンは、福祉国家段階においては、最低限の生活保障が国家の義務となり、社会保障は救貧法に基づく緊急避難ではなく、社会権とみなされるようになったことを指摘する（C. Pierson 1991）。そして、社会保険の導入、市民権の拡大と公共の福祉の脱救貧化、社会支出の拡大という観点を、福祉国家成立のメルクマールと考えることができることを主張している。

（2）本文中で言及した以外では、セルボーン（Therborn 1987）は、福祉国家を、人類の再生産に関する社会システムとして定義づけ、その理論化には経済学と政治社会学の知見が必要であることを主張する。

（3）ミシュラ（Mishra 1984）は、経済政策領域と社会政策領域の連関の強さから、福祉国家を、「分化した福祉国家」と「統合された福祉国家」へと類型化する。前者は社会政策領域と経済・産業政策領域の関連が希薄とみなされている福祉国家を指し、後者は密接にリンクした福祉国家を指す。

（4）福祉国家を諸基盤や諸政策から特徴づける試みは、本書に限られたものではない。上述の政治経済システムとして福祉国家を位置づける論者の他にも、例えば、ポンツソン（Pontusson 2005）は、社会経済モデルを、①ビジネス調整の形態、②労働勢力のあり方および賃金決定システム、③社会政策の形態という三点から整理する。また宮本（2008）は、福祉政治を、社会保障と雇用保障から構成される生活保障に関する政治と捉える。したがって、各国の特徴は、福祉レジームと雇用レジームのあり方によって整理される。一方、武川（2007）は、福祉国家を、資本制（生産レジーム）と家父長制（再生産レジーム）から特徴づける。

（5）イエンソンらは、社会的シティズンシップの二つの理念型として、福祉国家の黄金時代を特徴づける「社会権レジーム」と現代の段階を特徴づける「社会的投資レジーム」に整理する（Jenson and Saint-Martin 2003）。前者の特徴として、（人的資本への投資ではなく所得補償プログラムを通じた）国家による社会的保護の提供および分配・消費志向の政策を挙げる。彼らの新しい社会政策の特徴づけは、本章の後半部分で触れる。ボノーリ（Bonoli 2007）は、黄金時代の社会政策を「産業主義的社会政策」とした上で、その特徴を、賃金稼得者の所得の代替を目的とした諸政策と整理する。他方、彼は、近年の社会政策を「新しい社会的リスク政策」とした上で、その特徴を、ポスト産業化に伴う社会的変容に由来するリスクに対応する諸政策とする。

(6) その他の論者として、ボノーリらは、グローバル化に対する適切な福祉国家の対応に関して、四つの考え方が存在していることを指摘する(Bonoli et al. 2000, chapter 3)。第一の立場は、社会政策による補償と人的資本への投資の必要性から、福祉国家の拡大が適切な対応と考え、第二の立場は、社会政策の経済的コストが与える負の側面を重視し、福祉国家の縮減が適切な対応と考える。それに対して、第三の立場は、第一と第二の折衷であり、拡大と縮減を組み合わせた福祉国家の刷新を説く。この第一から第三までの立場はグローバル化を拘束要因として捉え、調整の必要性を認める点で共通する。それに対して、第四の立場は、経済のグローバル化を拘束要因と捉えない点で、他の立場とは異なると整理する。

(7) カッツェンシュタイン(Katzenstein 1985)によると、小国内での分岐の差異は、リベラル・コーポラティズム(例:スイス)とソーシャル・コーポラティズム(例:オーストリア)に整理される。前者はビジネス組織が強く、グローバルな調整と私的補償が特徴であり、後者は労働組織が強く、国内調整と公的補償が特徴である。

(8) ゴフ(Gough 1996)は、社会政策の競争力へ与えるインパクトに関して、矛盾関係、両立性、条件依存的という三つのテーゼに分けて検討している。その中で、社会政策(支出・課税、社会プログラム、福祉アウトカム)の持つ競争性(資本供給、労働供給、労働と資本の生産性)へのインパクトに関して、プラス・マイナスの効果がそれぞれ存在していることを確認する。ヘイ(Hay 2001b)は、ゴフの整理をさらに発展させている。

(9) フリーデンら(Frieden and Rogowski 1996)は、各国の生産要素一般に基づく比較優位に注目する場合(ヘクシャー・オーリンモデル)、セクター特殊の生産要素に基づく比較優位に注目する場合(リカード・ヴィーナモデル)、および、規模の経済性や全体要素生産性に注目する場合で、諸アクターの選好へのインパクトはそれぞれ異なることを指摘する。

(10) 諸制度の持つインパクトに関して、ワイス(Weiss 2003, chapter 1,14)は、グローバル化が政治アクターの政策選択肢を狭める拘束要因として作用するだけでなく、社会政策や産業政策における補償的な政策対応を促す促進要因にもなることを指摘する。

(11) 近年の各国の動向に関する研究として、本文中で言及したもの、および、「序」の注1で言及したものも参照。

(12) ヘメレイクらは、国際市場から政治的に保護されており、国家間の多様性が大きい順に、各政策領域をランク付けしている(Hemerijck and Schludi 2000, p. 225)。彼らは、国際市場からの政治的保護が高く、多様性が大きい順に、社会政策、労働市場規制、租税政策、賃金政策および労使関係、産業政策、そしてマクロ経済政策としている。

(13)　近年の福祉国家研究で、「新しい社会的リスク」という概念は注目を集め始めている。最近ではNSRをキータームとした論文集が公刊されている（Taylor-Gooby 2004, Armigeon and Bonoli 2006, 邦語文献では宮本 2006などを参照）。これらの共同研究では、NSRの台頭自体が先進諸国に共通した傾向といえるが、各国や各福祉レジームごとに問題状況が大きく異なることが指摘されている。貧困リスクと家族関係のリスクという観点から考えると、例えば、公的社会サービスが充実し、社会政策のジェンダーバイアスが少なく、女性の社会進出が促され、賃金平等度が高い北欧諸国では、最も対応が進んでいる。それに対して、賃金の平等度が相対的に高く、男性稼得者の所得保障に重点を置き、公的・私的社会サービスが充実しておらず、女性の社会進出にマイナスのインセンティブを提供する社会政策体系を形成してきた大陸諸国は、家族関係リスクに関して、困難に直面している。自由主義レジームでは、私的社会サービスの利用可能性が高いものの、社会政策一般が十分発展せず、市場に委ねられており、賃金分散も大きいため、貧困の罠に陥る可能性が高い。

(14)　例えば、キッチェルトらは、NSR集団が直面するリスク状況の多様性から、NSR集団内の社会政策に関する選好の多様性を確認し、相異なる修正策を選好する傾向があり、政治連合の形成が難しいことを指摘する（Kitschelt and Rehm 2006）。他方、ホイザマンは、女性の社会進出の促進が柔軟な労働力の提供というプラスの側面も持つため、NSR政策を単に経済的コストとみなすことができず、また、社会進出による自己実現という価値的な側面も持つことを指摘する。そのため、NSR政策の実現は、労使間の階級対立とは異なり、階級交差連合と価値連合の成立に支えられることを指摘し、ドイツとスイスの事例分析を通じて、自身の議論の妥当性を確認している（Häusermann 2006）。

NSRへの対応の差異に関して、ボノーリは、NSR向けの社会政策の導入に迫られた時期の重要性を指摘する。彼によれば、福祉国家の成熟以前の段階から、女性の社会進出が進んでいた北欧諸国では、財政的に余裕のある段階で社会サービスの充実を図っていたため、従来型の集団とNSR集団がゼロサム的な対立に陥ることなく、政策対応が容易であったことを指摘する。それに対して、福祉国家の成熟以後に政策対応に迫られた大陸諸国はゼロサム的な対立に陥りやすいため、政策対応が困難であることが指摘される（Bonoli 2007）。他方、フーバーらは、NSR対策は究極的には貧困防止・緩和策へとつながるため、古い社会的リスクへの対応と同じく、NSRへの対応の差異は党派性によって説明できることを指摘する（Huber and Stephens 2006）。アーミンジョンは、左派は古い社会的リスクとNSRのそれぞれ向けの社会政策を目指すものの、両者に存在する利害対立のため、大規模な公共セクターが存在する場合のみ、NSRのカバーが実現することを指摘している（Armingeon 2006）。

(15) 政治経済システムとしての福祉国家の再編に関連して、近年、福祉国家からワークフェアへと転換しているのかというイシューを、より具体的なレベルで分析する試みもなされている。例えば、以下の研究を参照（Vis 2007, Dingeldey 2007）。近年の雇用親和的な社会政策の展開など新しい福祉政治の展開に関するレビューとして、以下の研究も参照（Häusermann and Palier 2008）。

(16) 社会権における義務的側面を強調する近年の傾向に関して、政治理論の観点から批判的に考察したものとして、以下を参照（Goodin 2001b, 2002, White 2000）。ワークフェアの類型化に関しては、以下を参照（Peck and Theodore 2000a, 2000b, Theodore and Peck 2000, 宮本 2002、孫 2006 など）。ワークフェアの類型やミクロ経済政策の類型など新たな段階における多様性のあり方に関しては、第三章であらためて検討する。

(17) 例えば、社会政策では、コスト面の強調や競争力への貢献など経済的側面が重視されている。競争力への貢献に関しては、EUレベルを中心として注目を浴びている（例えば、Ferrera et al. 2000, 2001）。

(18) 別の国家形態への移行を説く他の論者として、ヒルシュ（1998）もいる。彼は、国家と資本の関係の変化に注目し、フォーディズム的な「安全保障国家」から「国民的競争国家」への移行を説く。ヒルシュの国家論の概要については、（ヒルシュ 1997, 2009）も参照。

(19) ジェソップは、九三年段階では、経済・社会政策領域における介入パターンの変化を重視して、シュンペータリアンワークフェア「国家」への移行としていた（Jessop 1993）。しかし、〇二年の段階では、主要な規模と調整メカニズムにおける変化を重視し、シュンペーター主義的ワークフェア「ポスト国民的レジーム」とする（Jessop 2002）。ジェソップは、国家を、代表、内的編成、介入の諸形態からなる制度的総体と捉える。彼の国家論に関しては、以下を参照（Jessop 1982, 1990）。

(20) ジェソップとサーニーの議論の関係を検討した論文としては、ホールデン（Holden 2003）がある。両者の共通点として、国家が労働力を再商品化するために積極的な役割を担っていることが指摘され、また、このプロセスは「行政的な再商品化」という概念により整理できることが指摘されている。つまり、国家の退場ではなく、国家介入の増大によって実現したことが強調されている。また、ジェソップの移行テーゼを経験的分析に適応したものとして、トルフィング（Torfing 1999a）によるデンマークの福祉政策分析がある。

(21) 彼らは、後の論文で、社会政策の新しい動向を「レゴ・パラダイム」への転換（より具体的には、ライフコースに対する学習の強調、未来志向性、および、社会における活動が個人だけでなく社会全体にとってプラスになることの強調という三つの特徴から構成）として整理する（Jenson and Saint-Martin 2006）。

（22）本書以外で、福祉国家の「再編」と捉える代表的な研究は、ＮＳＲの台頭に注目する論者である（cf. Armingeon and Bonoli 2006）。彼らは、従来の福祉国家を、雇用の安定性と核家族を前提とした「産業主義的な福祉国家」として捉え、現在の段階における福祉国家を、雇用の流動性および家族形態の多様性を前提とした「ポスト産業主義的な福祉国家」とする。彼らの立場と本書の差異は、本書が福祉国家を明示的に政治経済システムとして位置づけ、政策（の前提および諸特徴）だけでなく経済社会的基盤および政治的基盤などにも注目し、幅広い観点から特徴づける点にある。

（23）ストレンジは、安全保障、富、自由、公正という基本的な価値観の組合せから構成される構造的権力に注目して国家―市場関係を分析してきた（Strange 1994）が、九六年の『国家の退場』と題される著書の中で、近年の傾向として、主権国家間での非対称性の増大、国家権威の一般的な衰退、国際政治経済の中枢における非統治や非権威の増大という三点を指摘している（Strange 1996）。ここで注意が必要な点は、彼女が、国家の「消滅」ではなく、諸環境の変化の結果、従来果たしていた役割の多くを国家が放棄せざるを得なくなったこと（すなわち、国家の「退場」）を主張している点にある。

（24）例えば、マン（Mann 1984）は、国家の二つの権力として、「専制的パワー」と「インフラストラクチャーパワー」を提示する。前者は、市民社会集団と交渉することなくエリートが実施しうる行為の範囲を指し、後者は、国家が市民社会に浸透しその領域で政治的決定を実施しうる能力を指す。この区分が含意することは、国家は、「専制的パワー」を喪失しても「インフラストラクチャーパワー」を獲得することによって、従来以上の影響力を行使しうるという点である。ワイス（Weiss 2003, p. 308）は、国家の変容に関して、「グローバル市場の主要な制度的インパクトは、支配のステイティスト的形態を弱め、管理された相互依存の諸形態の増大をもたらす傾向がある」としている。シュミット（Schmidt 2002a, chapter 1,2）は、ＥＵ加盟によって、一国レベルで喪失してしまった政策実現能力を、メンバー国がＥＵレベルで回復していることを指摘する。同様に、ガバナンス論の文脈において、ローズ（R. Rhodes 1997）は、直接的な介入能力と引き替えに、中央政府が相互依存関係を形成することによって目標達成能力を高めていることを指摘する。

第三章　福祉国家の多様性・再考

本章の目的は、福祉国家の多様性を捉えるための理論枠組を提出することにある。すなわち、福祉国家を共時的に比較するための類型論を検討する。第一章で論じたように、福祉国家の特徴を把握するためには、ある段階と現在における共通性と差異を明らかにする（段階論）だけでなく、各段階における多様性を明らかにする必要がある（類型論）。本章では、第二章で提示した段階論（「ケインズ主義的段階」から「競争志向段階」への再編）を前提として、各段階における多様性を把握するための構成・戦略論的アプローチに依拠した類型論を提示する。本アプローチの特徴のひとつは、アイデア的要因を重視する点にある。したがって、類型論を提示する上でも、実体的・制度的側面だけでなく、理念的側面にも注目した分析枠組を提出する。類型論に関して検討すべき論点は、どのような分析枠組ならば、より適切に福祉国家の多様性を捉えることができるかという点にある。本章では、先行研究の知見を踏まえ、多様性を捉えるための新たな類型論として、経済社会問題に関する調整メカニズム（国家と社会パートナーの関与度から類型化）に注目した各段階の類型論を提示する。

本章の構成は、以下の通りである。まず、福祉国家の多様性という論点に関する到達点であるエスピン－アンデルセンの福祉レジーム論の概要を確認し、その意義を明らかにする（第一節）。続いて、福祉レジーム論に関する諸議論をレビューし、エスピン－アンデルセンの分析枠組では福祉国家の多様性が十分に捉えきれないことを確認する（第二節）。そこで本稿では、新たな分析枠組として、経済社会問題に関する調整メカニズムに注目した類型論を提示する。まず、資本主義の多様性論などの知見を参考にして、類型論を展開するための新たな分析視角として、調整メカニズムの四つの理念型を提示する（第三節）。その後、この理念型を踏まえて、各段階における類型論を示す（第四節）。まず、ケインズ主義段階として、先行研究を参考にすることで、四類型を提示し、競争志向段階として、経済・社会政策領域における補完性・親近性に注目することで、二類型を提示する。そして、この両段階における類型論が示唆する理論的含意を検討する。最後に、本章の主張を整理した上で、段階論と類型論がもたらす知見を明らかにする（第五節）。

第一節　福祉国家レジーム論再訪

本節では、類型論に関する議論の到達点を把握するため、エスピン−アンデルセンの福祉レジーム論の特徴および意義を簡単に振り返る。彼の福祉レジーム論は、比較福祉国家研究において最も言及される研究のひとつである。九〇年の『福祉資本主義の三つの世界』の刊行以降、多くの賛辞とともに様々な批判がなされ、九九年にはこれらの批判へ応答する形で『ポスト工業経済の社会的基盤』が刊行された（Esping-Andersen 1990, 1999）。次節で検討するように、類型論に関する議論[1]は、彼の福祉レジーム論を中心に、現在もなお続いている。したがって、議論の到達点を理解するためには、まずエスピン−アンデルセンの問題設定および分析枠組の特徴を捉えておく必要がある。

そもそも、彼は、福祉国家を社会政策のみから捉える狭義のアプローチを批判し、福祉国家の質的差異を把握するため、現代資本主義社会において福祉生産・供給が国家・市場・家族という三者の間で、どのように分配されているかに注目し、福祉国家「レジーム」という用語を採用する。彼は、権力資源動員論を批判的に発展させ、政治的な階級連合の歴史的な形成の差異（具体的には、労働者階級の階級動員、階級政治的な同盟のあり方、レジームの制度化に関する歴史的遺産の三要因）により、質的に異なる三つの福祉国家レジームが作られたことを指摘する。それらは、主導してきた政治的アクターの差異から、自由主義レジーム、社会民主主義レジーム、保守主義レジームと名付けられる（Esping-Andersen 1990, chapter 1）。彼の議論のポイントは、各レジームの質的な差異が、労働市場から自由に離脱できる程度を示す「脱商品化」および福祉政策がもたらす階層化の程度を示す「社会的階層化」という二つの指標から把握できるという点にある。しかし、この脱商品化指標は、労働力の「商品化」が前提とされているため、商品化されていない女性による福祉負担という観点を見落とし、福祉生産・供給における家庭の果たす役割を軽視しているとして、次節で紹介するジェンダーの視点に立つ論者から批判を受けた。彼は、その批判を受け『ポスト工業経済の社会的基盤』において、家庭が福祉生産・供給から解放されている程度を示す「脱家族化」指標を導入して、三類型の妥当性を再検討し、その有効性を確認している（Esping-Andersen 1999）。

表3-1　福祉レジームの特徴（Esping-Andersen 1999 をもとに著者作成）

	自由主義	社会民主主義	保守主義
家族	周辺的	周辺的	中心的
市場	中心的	周辺的	周辺的
国家	周辺的	中心的	補完的
脱商品化	低	高	相対的に高い
階層化	大	小	大
脱家族化	中程度	高	低

各レジームの特徴をまとめると以下のようになる。自由主義レジーム（代表：アメリカ）は、福祉生産において、市場が支配的な役割を占め、国家や家族の役割は二次的にとどまる。福祉政策は主に貧困層に限定され、一般税を財政ベースとした所得・資産調査による低水準の画一給付という形態をとるため、脱商品化は低い。また、市場で福祉を調達できる富裕層とそうでない貧困層の間のギャップを再生産するため、社会的階層化も高い。その一方で、低コストの私的社会サービス市場が

存在するために、相対的に脱家族化は高い。一方、社会民主主義レジーム（代表：スウェーデン）は、福祉生産において、国家の役割が大きく、市場や家族の役割は小さい。ここでは、シティズンシップに基づき、寛大で普遍主義的な福祉政策が整備されているため、脱商品化は高く、社会的階層化が低くなる。さらに、公的な社会サービスが充実しているために脱家族化が進展している。保守主義レジーム（代表：ドイツ）では、福祉生産において、家族が中心的な役割を占め、補完性原理に基づき国家は補完的役割を果たし、市場は限定的な役割を果たすにとどまる。福祉政策では職域ベースの社会保険に基づく給付が発達しているため、社会的階層化が高く、また所得比例的であるため、脱商品化は相対的に高くなる。しかし、公的社会サービスは限定的であり、私的社会サービス市場も発達していないため、福祉供給を家族に依存する傾向がある。

ここで「福祉国家の特徴把握」という理論的課題を検討する本章との関連における福祉レジーム論の最も重要な意義[2]は、産業化テーゼ（Wilensky 1975）や初期の権力資源動員論（Korpi 1983, Esping-Andersen 1985）の単線的な発展イメージを批判し、ある共通の段階における福祉国家の多様性の存在を明確にした点にある。例えば、産業化論は、国家が家族および地域社会により果たされてきた福祉供給機能を代替する必要性から社会政策が発展してきたと捉えるため、産業化・近代化の進展によって各国が収斂することを含意する。他方、初期の権力資源動員論は、資本主義社会における階級間の対立が福祉国家の発展をもたらすと捉え、労働権力の動員の成否が福祉国家の発展（の差異）を説明すると考えるが、その差異は残余的な福祉国家と制度化された福祉国家という一元的な軸に位置づけられることになる。両者は、特定の変数と福祉国家の発展の関係を単線的に捉えることで、福祉国家の差異を、あるモデルの量的な差異とみなす点で共通している。そのため、両者において、福祉国家の差異は発展段階の差異として把握されやすい。言い換えれば、この単線的な発展イメージでは、福祉国家の質的差異は十分に捉えきれないのである。これらに対して、福祉レジーム論は、量的差異に解消することができない（つまり収斂しない）、共通の段階における福祉国家の質的差異を発見し、比較福祉国家研究の重要な論点として位置づけることに成功した。次節で触れるように、福祉レジーム論をめぐる議論は現在もなお続いており、この新たな論点の提示という研究史上の意義は大きい。つまり、「特徴把握」という理論的課題への福祉レジーム論の貢献は、ある共通の段階における福祉国家の質的な多様性という論点（類型論）を明確にし、国家・市場・家族における福祉生産・供給のあり方の差異という福祉国家の質的差異を、「脱商品化」、「社会的階層化」および「脱家族化」という指標を用いて把握するという分析枠組を提示した点にある。次節では、福祉レジーム論に対して提出された諸批判の検討を通して、福祉国家類型論の現状と課題を検討する。

第二節　福祉国家類型論の現状と課題

本節では、エスピン-アンデルセンの福祉レジーム論への批判を検討することを通じて、福祉国家類型論の現状と課題を考える。彼の類型論には様々な批判が提示されているが、特に、ジェンダーの視点の軽視、福祉レジーム概念の有効性への疑問、三つのレジーム類型への疑問という三種類の批判に注目する。(3) これらの諸批判の検討を通して、福祉国家の質的差異を明らかにするというエスピン-アンデルセンの当初の問題設定に答えるためには、新たな類型論が必要とされていることを確認する。

まず第一の批判として、ジェンダーの視角(4)を重視する論者によるものがある。この立場に立つ論者は、「脱商品化」という概念がすでに労働力として商品化されていることが前提となっており、そもそも社会進出への諸障害に直面している女性の置かれた状況の困難さや不平等さ、福祉国家がそれに与えるインパクトなどを捉え切れていないことを批判する。つまり、エスピン－アンデルセンの福祉国家概念に含まれるジェンダーバイアスを指摘するのである。そこで、福祉国家のジェンダー的側面を捉えるため、新たな類型の提示が試みられている。例えば、ルイス（Lewis 1992）は、どの戦後福祉レジームも理念型としての「男性稼得者モデル」[5]という共通の傾向を持つことを指摘し、その中での差異を明らかにするため、イギリスなどの「強い」モデル、フランスに代表される「修正された」モデル、スウェーデンに代表される「弱い」モデルに分類する。また、近年のスウェーデンが「二人稼ぎ手モデル」という別の理念型へ接近していることを主張している。コルピ（Korpi 2000）は、核家族にサポートを与える「一般的な家族支援モデル」、女性の労働市場への参加や賃労働と家庭のバランスの再考を促す「共稼ぎ支援モデル」、および、ジェンダー関係を一般的に市場に委ねる「市場志向モデル」という三類型を提示している。

他方、福祉レジーム論が依拠する権力資源動員論の知見にジェンダーの視角を統合する試みもなされている。例えば、オコンナーは、政治的動員における階級アクター以外の政治アクターの重要性を指摘し、脱商品化指標を、個人が家族や国家に従属する程度を示す「個人の自律性」指標により補完する必要を説く（O'Connor 1993）。他方、オルロフは、福祉供給主体としての家族の重要性を指摘し、階級的階層化だけでなくジェンダー階層化に注目する必要を説き、さらに市民権・脱商品化概念のジェンダーバイアスを指摘し、社会政策がジェンダー関係に与える影響を捉えるため、新たに、女性の賃労働へのアクセス能力および自律的な家計を維持する能力という二つの側面を付け加える（Orloff 1993）。

これらの問題提起を受けて、エスピン－アンデルセンは、上述のように、九九年の『ポスト工業経済の社会的基盤』において、ジェンダーの視角を分析に取り込むため、家族が福祉生産から解放されている程度を示す「脱家族化」指標を導入し、自らの類型論の妥当性を確認している（Esping-Andersen 1999）。この試みはジェンダーの視角が主流派の分析枠組に組み込まれたことを示しており、福祉レジーム論が自らへの内在的な批判を吸収することによって、新たな段階へ到達したことを示唆している。

第二の批判として、福祉レジーム概念の有効性への疑問を提示するものがある。例えば、スカラグスら（Scruggs and Allan 2006a, 2008）は、福祉レジームの差異を把握するための「脱商品化」や「社会的階層化」という指標を形成する上で、エスピン-アンデルセンにより用いられているデータが一般的に利用可能でないことを批判し⑹、公的に利用可能なデータを利用して両指標を再構成し、その主張の妥当性を再検討している。その結果、彼らは、福祉「レジーム」を論ずることの妥当性に疑問を提示している。彼らによれば、新たなデータを用いて脱商品化（Scruggs and Allan 2006a）および社会的階層化（Scruggs and Allan 2008）の再評価を行うと、第一に、各国が十分な差異を示さず（レジーム論が示唆する「まとまり」が発見できない）、第二に、ある国における諸政策間に十分な共通の特徴がないことが発見される。つまり、レジーム論の想定とは異なり、脱商品化および社会的階層化という指標は、各国における諸政策の特徴を類型化するには十分とはいえないのである。言い換えれば、彼らの研究は、ある共通の段階における各国の差異を捉えるための新たな分析枠組の必要性を示唆している。

福祉レジームを前提にした分析への疑問は、変化のダイナミズムを重視する論者からも提示されている。例えば、カザ（Kasza 2002, 2006 chapter 6）は、社会政策の政策決定の諸特徴（累積性、個別政策ごとの歴史性、多様なアクターの関与、多様な決定プロセス、および、諸外国のモデルの影響など）から、レジーム概念が示唆する政策間の一貫性が十分にみられないことを指摘し、個別のプログラムごとの比較が有効であることを主張する。また、バニンクら（Bannink and Hoogenboom 2007）は、ある社会問題に対して各国で採用されるアプローチや対処法が複合的な特徴を持つことを指摘する。つまり、社会政策の各領域において、ひとつのプログラムで対応されることはまれであり、資産・所得調査による画一的な給付から所得比例型給付や職域保険および私的保険まで多様なプログラムによって対処されるのである。彼らは、この複合性が諸問題の発生と対処の繰り返しという一連の政治的ダイナミズムから生じることを主張する。そのため、近年の変化を分析する上では、諸問題への固有の対処法の採用を含意する「レジーム」に注目するのではなく、プログラムレベルの動態に視点を移す必要があると指摘する。また、クーンナー（Kühner 2007）は、近年のマクロデータに基づく類型論の成果を検討した論文において、特定の国の位置づけが一貫していないこと、変化のダイナミズムが捉えられていないこと、および、ケーススタディの成果と一致しないことなどを指摘する(7)。重要なポイントは、社会政策の変化を支出データの変動から捉えることには限界があるため、近年の変化を捉える上では、福祉「レジーム」などの複合的な要素ではなく、個別の社会政策領域ごとに分解する必要があるという点にある。これらの諸議論は、福祉国家の近年の変化を把握するためには、福祉「レジーム」とは異なる視角が必要となることを示唆している。

まとめると、ここで紹介したレジーム概念の有効性に疑問を示す研究が示唆することは、第一に、脱商品化や社会階層化に基づく類型化は、福祉国家の特徴を把握する上では十分とはいえず、第二に、とりわけ近年の福祉国家の変化のダイナミズムを捉える上では新たな分析視角が必要になるということである。つまり、これらの研究は、福祉国家の定義に戻った上で、変化のダイナミズムを射程に収めた、ある共通の段階における多様性を把握するための新たな分析枠組の必要性を示している。

第三の批判として、南欧モデルやオセアニアモデルなどの四つ目のレジームの存在が主張される(8)。例えば、フェレーラは、福祉政策の受給権、給付形態、ファイナンス形態および組織運営形態の差異に注目して、南欧モデルの特殊性を主張する（Ferrera 1996, 1998）。つまり、南欧モデルは、雇用ベースの拠出に基づく分断化されているが寛大な所得保障システムと一般財政による普遍的医療から構成される福祉ミックスに加え、国家の福祉領域への浸透が相対的に低く、さらに恩顧主義的な政策の利用という特徴を有する。また、ボノーリは、「どれだけ多く（社会支出の大小）」だけではなく「どのように（一般財政と社会保険拠出の割合）」支出されているかという点から、四つのレジーム[9]に類型化し、南欧モデルを「支出が少なく、社会保険拠出への依存が高い」特徴を持つものとして提示する（Bonoli 1997）。

他方、キャッスルズは、オセアニアモデルの特殊性を強調する。例えば、彼は、オセアニア諸国の特徴を、①高関税などの保護主義的な経済政策、②高賃金の波及をもたらす強制仲裁制度を通じた賃金政策、③限定的な社会政策、④労働力供給を制限するための移民政策という四つの特徴から構成される「賃金稼得者型福祉国家」とする（Castles 1985, 1988）。すなわち、オーストラリアは、移民政策により労働力をコントロールし、高関税政策により競争力のない国内製造業を維持することで、完全雇用を実現し、強制仲裁制度を通じて相対的に高い賃金を労働者に広く提供することで、社会政策の対象を就労できない人に限定し、小規模な福祉国家でも効果的な再分配を行ってきたのである。ここで重要な点は、賃金稼得者モデルが社会民主主義的な北欧諸国の政治経済システムと機能的に等価であるという彼の指摘にある。すなわち、市民に社会的保護を提供するという共通の目標に対して、北欧では狭義の社会政策の拡充による事後的な補償が選択されたのに対して、オセアニア諸国では雇用・所得政策を通じた補償が選択されたので[10]ある。つまり、社会支出の増大が再分配の唯一の効果的な手段とは限らず、労働市場で得られる賃金の平等性を高め、社会政策をターゲット化することによっても、十分な再分配が達成しうるのである（Castles and Mitchell 1993）。「福祉国家の特徴把握」という論点に関するキャッスルズの分析の持つ意義は、雇用政策と社会政策が特定の条件下において代替的な機能を果たすことを示唆している点にある。

このキャッスルズの知見は、ボノーリによって「労働市場を通じた社会保障」という視角に拡大され、引き継がれていく。彼は、経済的保障を実現する上で、①労働法による規制、②集団的な賃金設定および③再分配的な所得移転プログラムという三つの労働市場政策の持つ機能的等価性に注目し、ヨーロッパ諸国での政策ミックスを検討する（Bonoli 2003）。彼は、それぞれの手段が果たす役割から、アングロサクソン諸国（主に所得移転プログラムを利用し、他の二つはあまり役割を果たさない）、北欧諸国（労働市場の規制は低いが、集合的賃金設定および再分配的な所得移転プログラムの両者が発展する）、大陸諸国（中程度の労働市場規制および発展した集合的賃金設定という性格を持つが、再分配的な所得移転プログラムは相対的に弱い）、および、ラテン諸国（高い労働市場規制を設ける一方で、他の二つはあまり利用しない）という四つのモデルを析出する。

ここで重要な点として、南欧モデルやオセアニアモデルの固有性を強調する研究の意義は、第四のレジームの存在を指摘している点にのみあるのではない。むしろ、「福祉国家における質的な差異を明らかにする」というエスピン－アンデルセンの問題提起が、機能的等価性や代替性を軽視することにより、彼自身の分析枠組では十分に捉えきれないことを示唆している点にこそ意義がある。つまり、第二章で示した福祉国家の定義（国家が経済過程に介入し、経済成長と雇用の確保を実現し、公共政策による再分配を通じて、市民に社会的保護を提供することにより統合を図る政治的メカニズム）が示唆するように、国家は目標達成のための複数の政策選択肢を保持しているため、福祉国家の特徴を捉えるためには、狭義の社会政策だけでなく、経済・社会政策など公共政策一般のあり方にも注目する必要がある。

以上のように、福祉レジーム論に関する諸批判の検討を通して、ある共通の段階における福祉国家の多様性を把握するためには、エスピン－アンデルセンの分析枠組では十分とはいえず、政策領域間の機能的等価性や代替性などを考慮して、狭義の社会政策だけでなく、政治経済システムにおける公共政策のあり方に注目した新たな分析枠組が必要となっていることが明らかとなった。また、近年における変化のダイナミズムを把握するという点でも、福祉レジーム論は限界を抱えていることが示唆された。本書では、変化のダイナミズムも考慮した新たな類型論として、経済社会問題への調整メカニズムに注目した分析枠組を提示する。次節では、まず先行研究を手がかりに、調整メカニズムの理念型を検討する。

第三節　調整メカニズムの四つの理念型

本節では、各国の特徴に基づくアドホックな類型化を避け、また近年の変化のダイナミズムを射程に収める類型論を展開するための分析視角として、資本主義の多様性論に関する諸議論の知見を参考にして、調整メカニズムの四つの理念型を提示する。

福祉レジーム論の意義のひとつは、上述のように、福祉国家の多様性を把握するために、社会政策の働きを、市場・国家・家族の関連の中に位置づけた点にある。また、キャッスルズやボノーリの研究は、政策領域間の機能的等価性や代替性に注目することで、社会政策の働きを、政治経済システムにおけるその他の諸政策との関係性の中で把握しようと試みている。このように、現在の比較福祉国家研究では、社会政策をより広い観点から捉え直す試みが広がってきている。

このような研究動向の中で注目を集めているのが、生産レジームと社会政策の制度的補完性[(11)]である。すなわち、政治経済システムを構成する「経済」政策領域と「社会」政策領域という二つの領域のリンクの形態という観点から、各国の特徴を把握する試みがなされている。例えば、エビングハウス（Ebbinghaus 1999）は、四つの制度領域（経済ガバナンス、労使関係、雇用レジームおよび福祉国家）に注目し、北欧型、大陸型、南欧型およびアングロサクソン型という四つの社会モデル[12]を提示する。ポンツソン（Pontusson 2005）は、社会経済モデルを、①ビジネス調整の形態、②労働勢力のあり方および賃金決定システム、③社会政策の形態という三点から整理し、アングロサクソン諸国から構成される「リベラル市場経済」とヨーロッパ諸国からなる「社会市場経済」を提示する。そして、フーバーらはマクロなレジームレベルでの補完性の存在を指摘（Huber and Stephens 2001）し、エビングハウスらが編集した共同研究は主にミクロ・メゾレベルでの補完性について考察している（Ebbinghaus and Manow 2001）。シュローダーは、生産レジームと福祉レジームの両領域に補完性があることを確認し、資本主義の多様性論と比較福祉国家論の知見を統合した新たな類型論を提示することを試みている（Schröder 2008）。資本主義の多様性論[13]では、社会政策がスキル形成への投資に果たす役割に注目が集まっている（cf. Estevez-Abe et al. 2001, Mares 2003, Swank and Martin 2001, Wood 2001a, 2001b など）。また三浦（2001）は、制度的補完性や機能代替性に注目する研究を批判的に継承し、雇用と福祉のリンケージの四類型[14]を提示する。

同様に、労使関係と福祉国家の補完性に注目する研究もある。例えば、トランプッシュ（Trampusch 2006, 2007a, 2007b）は、労使間の集合的合意に基づく諸給付が社会政策全体で果たす役割に注目する。社会パートナー間の合意が重要な役割を果たす諸国では、社会パートナーへの権限委譲と財政負担の削減策を引き替えることにより、市場化路線とは異なる福祉国家再編プロセスがみられることを指摘する。つまり、福祉縮減という文脈において、労使関係が社会政策や社会的連帯の新たな源泉となりうるのである。また、ハッセル（Hassel 2003, Ebbinghaus and Hassel 2000）やM・ローズ（M. Rhodes 1998, 2001, Molina and Rhodes 2003）らの研究は、労使間の協調メカニズムとそれを支える積極的な国家の役割が、緊縮財政下における賃金抑制と社会政策改革のリンクを実現するための制度的条件となったことを指摘している（その他の論者として、Siegel 2005）。

まとめると、これらの諸研究は、第二章で示した福祉国家の定義が示唆するように、新たな類型論を考える上では、狭義の社会政策だけでなく、政治経済システムにおける公共政策一般のあり方に注目する必要があることを示している。さらに、重要な点として、これらの研究は、各国の公共政策の諸形態を把握する上で、関与するアクター（社会パートナーや国家など）の相互作用パターンの差異が重要となることを示唆している。

しかし、これらの研究にも問題点[15]が残されている。それは、比較のための類型化が各国の諸特徴からアドホックになされることが多いという点にある（cf. Amable 2003）[16]。この手続に基づく類型論は、各国の特殊性を強調することで、共通性と差異の把握という類型化の意義を失わせかねないだけでなく、差異の持続を含意することになりかねない。これらを避けるためには、各国の差異から直接に類型化を試みるのではなく、新たな分析視角に基づいた類型化が必要となる。つまり、類型論を展開するための新たなパースペクティブが必要とされているのである。

そこで本書では、新たな分析視角として経済社会問題に関する調整メカニズムに注目し、変化のダイナミズムを射程に収めるため、調整メカニズムに注目した各段階の類型論を展開する。本節では、まず資本主義の多様性論に関する諸議論を参考にして、国家および社会パートナーという調整主体の関与度のあり方から析出される調整メカニズムの四つの理念型を提示する。

近年広く注目を集めている資本主義の多様性（varieties of capitalism：以下ではＶＯＣ）論は、新古典派経済学を批判するレギュラシオン理論や新制度派経済学および制度に注目する比較政治経済学などを理論的背景として発展してきた。効率性を持つ資本主義システムとして唯一の市場均衡モデルを想定するのではなく、多様なモデルの存在を認め、それを論理的に説明し、そのモデルの意義や含意を明らかにすることを目的とする。その際に注目されるのが、資本主義システム内に存在する制度形態の差異である。具体的には、コーポレートガバナンスのための金融システム、労使関係、教育・トレーニングシステム、および、企業間関係などである。これらの制度形態の差異がビジネスアクターの調整能力を規定し、特定の経済システムをもたらすとされる。

特に、政治経済学で注目を集めている研究は、ホールとソスキス（Hall and Soskice 2001）[17]によるものである。彼らは、『資本主義の多様性』という論文集の序論で、上記の諸領域で生じる調整問題を解決するメカニズムとして、企業アクターが依拠する制度構造の差異から、ドイツに代表される戦略的調整などの非市場メカニズムに依拠する「調整市場経済（coordinated market economy）：ＣＭＥ」とアメリカに代表される市場メカニズムに依拠する「自由市場経済（liberal market economy）：ＬＭＥ」という資本主義システムの二つの理念型[18]を提出する。

このホールらの類型化に対しては、様々な批判（例えば、類型数の問題、その静態的傾向（変化の軽視、権力の側面の軽視など）、依拠する方法論など[19]）が提出されている。その中でも、調整メカニズムという点で注目に値するのが、シュミットによる批判である。シュミットは、調整問題を解決する上で、「アクターとしての国家」の役割が軽視されていることを批判する（Schmidt 2002, 2006b, 2009）。すなわち、ＬＭＥのような市場メカニズムによる調整、ＣＭＥのような非市場メカニズムによる調整だけでなく、国家による調整も重要なメカニズムとして存在するのである。彼女は、国家が主導的な役割を果たしている資本主義システムの理念型として、フランスに代表される「国家資本主義」を提示する[20]。シュミットの議論は、ホールらの分析枠組では軽視されていたアクターとしての国家を分析枠組に呼び戻すことで、位置づけが曖昧とされてきたフランスなどの特殊性を明らかにした点で重要な貢献をなしている。

ホールらおよびシュミットの議論は、経済・社会問題の調整メカニズムとして、市場メカニズムおよび非市場メカニズム（戦略的調整および国家主導）があり、調整主体として、国家および社会パートナーが存在することを示唆している。しかし、ここで重要な点は、どの国においても、国家および社会パートナーは多かれ少なかれ経済社会問題の調整に関与するのであり、各国の特徴を把握するためには、各アクターの果たす役割の差異に注目する必要があるという点にある（同様の指摘として、Hancké et al. 2007）。つまり、重要なのは、調整主体それ自身ではなく、調整主体の果たす役割である。

そこで本章では、ＶＯＣ論による調整主体に関する知見に加えて、両アクターの関与度の大小という視角[21]を加える。国家の関与度は、国家がアクターとして経済社会問題の調整に積極的に関与するか、それとも市場メカニズムの円滑な作用や社会パートナー間の協調の促進という間接的な役割にとどまるかという軸で整理できる。他方、社会パートナーの関与度は、労使の各アクター内の調整および労使間の協調が実現することで経済社会問題の調整に主体的に関与するか、もしくは労使内・間で協調が実現しないために調整に関与しないかという軸で整理できる。この二つの軸から調整メカニズムに関する四つの理念型を考えることができる（図3–1）。すなわち、第一に、両アクターの関与が低いため、市場メカニズムを通じた調整に依拠する「自発的交換」型、第二に、社会パートナーが十分に組織化されていないため、国家が調整主体となる「国家主導」型、第三に、社会パートナー間の自主的調整に依拠し、国家は副次的な役割を担う「自主的調整」型、第四に、両アクターが積極的に調整問題に関与する「三者協調」型である。この理念型は、特定の国における調整メカニズムから析出したものではなく、調整主体の関与度から論理的に導かれており、アドホックな類型化を避けるという点で意味がある。また、次節で確認

図3–1　調整メカニズムの四つの理念型
（著者作成）

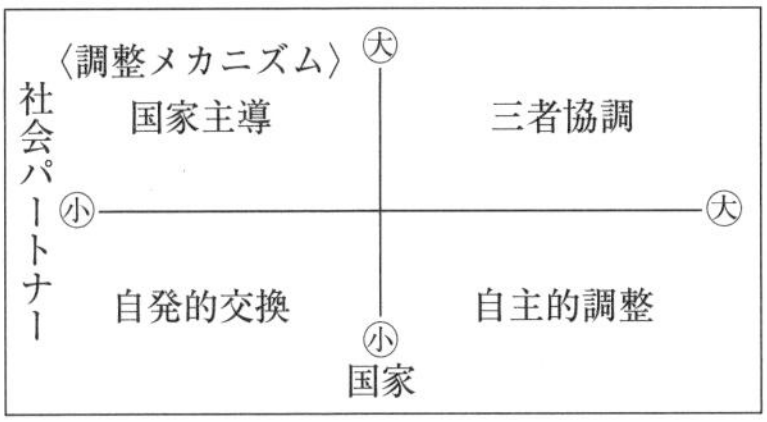

するように、この分析視角としての調整メカニズムに注目した各段階の類型論を展開することで、ケインズ主義的段階から競争志向段階への移行という再編プロセスにおける変化パターンに関して重要な知見を得ることができる。

第四節　「ケインズ主義」段階における四類型から「競争志向」段階における二類型へ

本節では、前節で析出した調整メカニズムの理念型をもとに、各段階における類型を考察する。まず先行研究の知見を参考にして、ケインズ主義的段階に関して、四類型（市場リベラル、社会的市場経済、社民コーポラティズム、および、国家主導経済の各モデル）を提示する。そして、競争志向段階に関して、政策領域間における親近性に注目することで、二つの再編戦略（市場化戦略および戦略的介入戦略）を析出し、調整メカニズムに注目することで、二つの政治経済モデル（交換モデルおよび協調モデル）を提出する。その上で、各段階における類型論がもたらす理論的知見を明らかにする。

（1）ケインズ主義段階における四類型

まず、調整メカニズムに注目することで、ケインズ主義段階においてどのような類型が析出できるであろうか。第二章で論じたように、ケインズ主義的段階は、①埋め込まれたリベラリズムおよびフォーディズム的発展様式、②性別役割分業を前提とした雇用と家族の安定性、③経済成長およびその分配へのコンセンサス、④マクロ需要管理政策、および、⑤脱商品化政策という諸基盤および諸政策によって特徴づけられた。上述のように、エスピン-アンデルセンの福祉レジーム論およびキャッスルズやボノーリらの批判は、市民に社会的保護を提供するという共通の目標に対して、各国が質的に異なる対応戦略を採用したことを明らかにしている。これらの諸研究は、自由主義レジーム、保守主義レジーム、および、社会民主主義レジームという質的に異なる三つのレジームの存在に加え、第四のレジームとして南欧モデルやオセアニアモデルの存在を指摘している。

これらの研究成果は、その基礎にある調整メカニズムという点に注目することによって、以下のように整理することができる（図3−2）。自由主義レジームは、賃金決定や社会保険の管理などに関する労使協調のメカニズムが十分に発達せず、また国家の役割が貧困除去のための限定的な社会政策の実施や市場を円滑に機能させることに限定されるなど、主に市場メカニズムによる調整に依拠するという点で「自発的交換」型に依拠している。保守主義レジームは、集合的な賃金決定システムの制度化が進み、職域ベースの所得比例型の社会保険原理を採用し、社会パートナーによる自主的な管理を重視する一方で、国家は労使の自主的管理を補完する役割を担う点で「自主的調整」型に依拠している。他方、社会民主主義レジームは、シティズンシップに基づく寛大な社会政策の整備や積極的労働市場政策の導入など国家が積極的な役割を担う一方で、集合的な賃金決定システムを発展させるなど高い調整能力を持つ社会パートナーが公共政策の形成・執行にも関与するという三者協議制（コーポラティズム）を発達させてきたという点で「三者協調」型に依拠している。そして、それ以外のタイプは、社会パートナーの組織力が低いため、積極的な調整主体としての役割を担っていない一方で、国家を中心とした狭義の社会政策領域以外における調整を重視してきた（例、オセアニア：高関税政策や移民政策などの保護主義的政策および仲裁制度による賃金設定の活用など、南欧：高いレベルの労働市場規制による雇用保護の実現など）点で「国家主導」型に依拠してい

図3−2　ケインズ主義的段階の四類型
（著者作成）

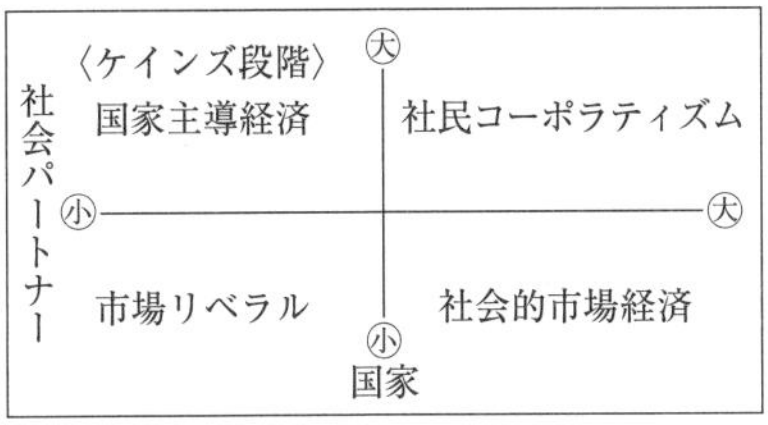

表 3–2　ケインズ主義的段階の四類型　（Goodin et al. 1999 を手がかりに筆者作成）

	市場リベラル（自由主義レジーム）	社会的市場経済（保守主義レジーム）	社民コーポラティズム（社会民主主義レジーム）	国家主導経済（第四のレジーム）
調整メカニズム	自発的交換	自主的調整	三者協調	国家主導
重視する価値	経済的効率性の促進＋貧困の除去	経済的効率性の促進＋社会的統合や社会的安定（地位保全）の促進	経済的効率性の促進＋社会的平等の促進	経済的効率性の促進＋社会的統合の促進
特徴例	・貧困除去のための限定的な社会政策 ・労使協調が発展しない ・市場メカニズムを機能させることに国家の役割を限定	・職域ベースの社会保険の確立 ・労使協調のメカニズムが発達（賃金決定システム、自主管理など） ・国家は社会パートナーを補完する役割	・寛大な公的社会政策や積極的労働市場政策 ・高い組織率を誇る、調整力を持った社会パートナー ・国家の積極的な関与 ・コーポラティズムによる政策形成	・狭義の社会政策以外の利用 ・社会パートナーの組織化が進まない ・国家が調整主体としての役割を担う

る。本書では、調整メカニズムを重視するという観点から、自由主義レジームを「市場リベラル」モデル、保守主義レジームを「社会的市場経済」モデル、社会民主主義レジームを「社民コーポラティズム」モデル、その他のタイプを「国家主導経済」モデルとする。

そして、各政治経済モデルは、異なる調整メカニズムに依拠することで、重視する価値や政策目標が異なることが予測される。グディンらの研究は、この点に関して有効な手がかりを与えてくれる（Goodin et al. 1999, Heady et al. 2000）。彼らは、各レジームが福祉を提供する共通の理由（①経済的効率性の促進、②貧困の除去、③社会的平等の促進、④社会的統合の促進と社会的排除の回避、⑤社会的安定性（地位の保全）の促進、および⑥自律性の促進）を持つ一方で、異なる優先順位を持つことを指摘する。すなわち、自由主義レジームは、経済的効率性の促進および貧困の除去を重視し、コーポラティストレジーム（保守主義レジーム）は、経済的効率性だけでなく、社会的統合や社会的安定性の促進に重点を置き、同様に、社民レジームは、経済的効率性だけでなく、社会的平等の促進に重点を置くのである。彼らの研究は、各国が市民へ社会的保護を提供することを通じて政治的統合を図るという共通目標のもと、諸価値を反映した固有の政策対応をとることを示唆している。

ここで注意すべき点がある。それは、グディンらの研究がエスピン-アンデルセンの三類型を踏襲している点にある。本書は、調整メカニズムに注目して四類型を析出したため、彼らの知見に修正を加える必要がある。すなわち、「国家主導経済」モデルが重視する価値や政策目標を特定する必要がある。国家主導経済モデルの特徴は、経済成長の達成による豊かさの実現というケインズ主義的段階の共通目標のもと、社会パートナーのみによる調整や市場メカニズムでは十分な成果が得られないという想定に基づき、国家が諸領域に主体的に介入を行うという点にある。したがって、グディンらの整理を借りれば、「国家主導経済」モデルでは、経済的効率性の促進に加えて、社会的統合の促進が重視されていると考えられる（表3-2）。

以上のように、調整メカニズムに注目することで、ケインズ主義的段階においては、異なる四つのモデル（市場リベラル、社会的市場経済、社民コーポラティズム、および、国家主導経済）を析出することができる。(22) それぞれは、埋め込まれたリベラリズムおよびフォーディズム的発展様式、性別役割分業に基づく雇用と家族の安定性、経済成長の実現へのコンセンサス、マクロ需要管理政策および脱商品化政策という共通の諸基盤・諸特徴を持つ一方で、利用する調整メカニズムが異なるため、政策形態だけでなく、重視する価値や政策目標も異なることが予測される。

(2) 競争志向段階における二類型

続いて、競争志向段階における類型はどのようになるだろうか。第二章で指摘したように、「競争志向の福祉国家」とは、経済のグローバル化の進展およびポスト産業社会への移行という変容圧力に直面し、①経済自由主義優位という国際経済体制およびポスト・フォーディズム的発展様式に依拠し、②雇用形態の流動化と家族の多様性を前提とし、③競争力の確保や個人の自律性および社会的包摂の強調という正統化言説に依拠している。経済政策は④ミクロレベルの競争力政策が中心となり、社会政策は⑤再商品化・脱家族化政策が特徴となる。ここで重要な点は、以上のような共通の特徴がある一方で、各領域には多様な選択肢が残されていることにある。

まず、経済政策の多様性について検討する。ここで手がかりとなるのが、ヘイ(Hay 1996a)によるイギリス国家の変容に関する分析である。ヘイは、サッチャリズムを、ケインズ主義的福祉国家に変わる新しい政治経済システムと捉え、国家と経済再編に関する異なった二つの考え方が並存していることを指摘する(Hay 1996a, chapter 7, 8)。彼は、自由放任経済と最小国家に特徴づけられる「ネオリベラルプロジェクト」と、国際経済での競争力確保のため、経済的・社会的調整を通じた積極的な国家介入に特徴づけられる「シュンペーター主義プロジェクト」と名付ける。前者から導かれる経済政策は、規制緩和、市場メカニズムの導入、および、民営化の促進などであり、後者から導かれる経済政策は、イノベーションの促進のためのインセンティブ付与や構造的競争力のための戦略的介入などである。ヘイの整理を手がかりとすれば、国際競争力を確保するための経済政策は、(A)自由化促進政策と(B)戦略的介入政策があると考えられる。

続いて、社会政策の多様性について検討する。ヘイの整理は、社会政策の再商品化戦略に関しても、知見をもたらしてくれる。つまり、ネオリベラルプロジェクトは、社会政策の縮減や私的セクターによる供給の促進を示唆し、シユンペーター主義プロジェクトは、社会政策の経済政策への従属化やワークフェア化が示唆される。しかし、彼の整理では、近年の社会政策の刷新という側面を捉える上では不十分な点が残る。ここで注目すべきは、ワークフェアの類型論[23]である。近年の研究は、ワークフェアに諸類型が存在することを明らかにしている。様々な整理が行われているが、少なくとも労働市場拘束モデル（labour force attachment：ＬＦＡ）と人的資本開発モデル（human capital development：ＨＣＤ）の二つの形態が存在することには異論が少ない。ペックら（Peck and Theodore 2000a, 2000b, Theodore and Peck 2000）の整理によれば、両モデルは、福祉受給者を労働市場へと統合することを目指すサプライサイド戦略という点で共通するが、その達成手段・目標・理念は大きく異なる。すなわち、ＬＦＡは、負のインセンティブを提供し、労働市場への参加を強いることにより、できるだけ早期に雇用へ移行することを目標とするのに対して、ＨＣＤは、持続可能な労働への移行には教育やスキル形成が不可欠であるとの認識の下、トレーニングや職業教育など人的資本への投資を重視することになる。前者はまず就労を求める点でワークファーストモデル、後者は就労支援サービスを重視する点でサービスインテンシブモデルとも整理される（cf. 宮本 2002）。そして、第二章で指摘したように、経済のグローバル化の進展およびポスト産業社会への移行に伴って生じている「新しい社会的リスク（ＮＳＲ）」に対応するための新しい政策という観点からは、アクティベーションという視角が重要となる。イエンソンら（Jenson and Saint-Martin 2003, 2006）が指摘するように、ＮＳＲへの対応の中で、「社会的投資」という側面に重点を置いた新しい社会政策のパラダイムが生じつつある。これは、ＨＣＤモデルの既存の失業者の人的資本開発という側面に加えて、女性や若者などＮＳＲ集団も主要な対象に加え、積極的に社会進出・参加できるようにするための諸条件を整備する諸政策（例、スキル形成や教育・訓練の支援、社会サービスの充実、フレキシブルでセキュリティ（フレキシュリティ）の高い雇用の創出、および、雇用形態の変化に応じた保険原理の導入など）を含むと考えられる。したがって、社会的包摂を目指すための社会政策（再商品化戦略）は、(a)狭義のワークフェアと(b)アクティベーションがあると考えられる。

続いて、社会政策の脱家族化戦略の多様性について検討する。ここで注目すべきは、第二節で言及したコルピ（Korpi 2000, pp. 139-48）の整理である。彼は、家族政策に関して、核家族にサポートを与える「一般的な家族支援モデル」、女性の労働市場への参加や労働と家庭のバランスの再考を促す「共稼ぎ支援モデル」、および、ジェンダー関係を一般的に市場に委ねる「市場志向モデル」という三類型を提示している。重視する政策の例として、「一般家族支援モデル」では、児童手当、家族税給付、三歳から就学前までの公的ケアサービスの整備が挙げられ、「共稼ぎ支援モデル」では、〇歳から二歳児向けの公的ケアサービス、所得保障のある出産・育児休暇、老齢者介護のための公的介護制度の整備が挙げられる。ここで戦後の社会保障システムが性別役割分業を前提として、家庭における女性のケア労働に依存していたことを考慮すると、脱家族化を進める戦略として、(i)保育や介護などの社会サービスの拡充や労働と家庭のバランスの再考を促す諸政策の導入など、女性の社会進出を促進する政策（社会進出促進政策）、(ii)家族手当や児童手当の整備に代表される家族政策における現金給付の拡充など、それのみでは必ずしも女性の社会進出に直接的な影響を与えない政策（社会進出中立政策）があると考えられる。ここで注意すべきは、両政策の関係性である。社会サービスを利用するためには金銭的支援が必要な場合もあるため、女性の社会進出促進政策は、家族手当や児童手当などの現金給付の整備などを伴う形で実施されることが多い。言い換えれば、家族政策における現金給付の拡充に加えて、社会サービスの整備・拡充が実施されるかが両者の分岐点といえる。

再商品化政策と脱家族化政策には、それぞれ多様性があることを確認したが、両政策の間に関係性はあるのであろうか。両政策の特徴に注目すると、一定の関係性が予測される。まず、女性の労働市場への進出を促す諸条件を整備

表3-3　二つの再編戦略の諸特徴（著者作成）

	市場化戦略	戦略的介入戦略
政策の特徴	経済：自由化促進 社会：再商品化に関して、狭義のワークフェア戦略 脱家族化に関して、不確定（ただし女性の社会進出中立的政策が生じやすいと思われる）	経済：戦略的介入政策 社会：再商品化に関して、アクティベーション戦略 脱家族化に関して、女性の社会進出促進政策
国家の役割	市場メカニズムが円滑に作用するような政策介入に限定	調整主体として、積極的に政策介入
社会パートナーの役割	市場メカニズムを利用した自発的交換に従事	調整主体として、国家と協調のもと積極的に関与
言説	・経済社会問題に関して、個人の責任を重視 ・市場メカニズムの効率性を強調	・経済社会問題に関して、構造的要因も考慮 ・参加や協調の重視
調整メカニズムとアウトカム	メカニズム：自発的交換 アウトカム：交換モデル	メカニズム：三者協調 アウトカム：協調モデル

する（社会サービスや教育・トレーニングの拡充など）という点で、アクティベーション戦略と女性の社会進出促進戦略の間には親近性があるといえる。他方で、狭義のワークフェア戦略は、受給資格の厳格化や受給期間の短縮などにより、労働市場への参加を強いるという特徴を持つ。そのため、狭義のワークフェア戦略は、社会サービスの拡充を目指す女性の社会進出促進政策や現金給付の充実を目指す女性の社会進出中立政策と、直接的な関係性がないように思われる。しかし、ある国が、再商品化に関して、狭義のワークフェア戦略を採用した場合を考えてみよう。この場合に、脱家族化という課題への対応として女性の社会進出促進政策を採用すると考えると、狭義のワークフェア戦略という再商品化政策の特徴と合致しない（社会進出促進政策はアクティベーション戦略とより親近性を持つため）。したがって、狭義のワークフェア戦略を採用した場合には、より矛盾が少ないと思われる女性の社会進出中立的な政策が採用されやすいと考えられる。

以上のように、経済・社会政策の各領域には、競争志向段階においても選択肢が残されていることが確認できたが、両者の

図3-3　競争志向段階の二種類（著者作成）

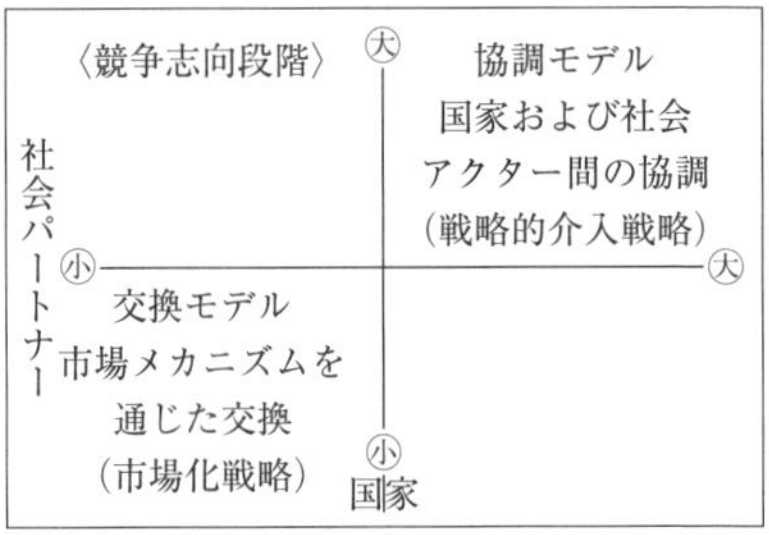

間に関連性をみつけることはできるであろうか。ここで重要となるのが、調整メカニズムである。つまり、調整メカニズムに注目することで、両政策領域における選択肢に親近性を発見することができる。まず、経済社会問題の調整を主に市場メカニズムに委ね、国家は市場メカニズムの円滑な作用を実現する機能を担うにとどまる戦略（Ⓐ自由化＋ⓐ狭義のワークフェア（および女性の社会進出中立政策）→市場化戦略）がある。ここでは、社会的パートナーは積極的な役割を担うことは期待されていない。そのため、市場化戦略は、「自発的交換」メカニズムに依拠していると考えられる。他方、両政策領域に積極的に介入するなど、国家が調整主体として積極的な役割を担い続ける戦略（Ⓑ戦略的介入＋ⓑアクティベーションおよび女性の社会進出促進政策→戦略的介入戦略）も存在する。ここでは、経済社会問題およびその処方箋が自明とはいえない流動化した状況において、諸問題を発見し、公正かつ効率的な政策の策定・採用・実施のためには、社会パートナーの協力が必要になることが前提とされる。そのため、戦略的介入戦略は、「三者協調」メカニズムに依拠していると考えられる。この両戦略に基づいてもたらされる競争志向段階における二つの政治経済システムを、調整メカニズムに注目して、自発的交換メカニズムに依拠した「交換モデル」と三者協調メカニズムに依拠した「協調モデル」とする（表3-3、図3-3）。

さらに、両モデルでは、ミクロ競争力政策および再商品化、脱家族化政策という共通の特徴内で、政策形態に差異がもたらされるだけでなく、競争力の実現や社会的包摂の促進のために利用される正統化言説においても、差異が生じることが予測される。政策形態に関しては、上述のように、「交換モデル」はⒶ自由化＋ⓐワークフェア（および女性の社会進出中立政策）が採用され、「協調モデル」は(B)戦略的介入＋(b)アクティベーションおよび女性の社会進出促進政策が採用されると予測される。正統化言説に関しては、例えば、「交換モデル」では、市場メカニズムの効率性が強調され、社会政策のコスト面に注目が集まり、その縮減こそが競争力の確保に不可欠であることが強調される。そのため、モラルハザードや福祉依存が強調され、貧困などの諸問題の責任を個人に転嫁する傾向などが予想される。それに対して、「協調モデル」では、競争力を確保する上で諸アクター間の協調がもたらす効率性が強調され、各アクターの参加や社会的多様性の持つメリットに注目が集まると考えられる。また社会問題の原因として、個人的な要因だけでなく、構造的要因にも注目が集まることが予測される。

以上のように、経済自由主義優位の国際経済体制およびポストフォーディズム的発展様式、雇用形態の流動化および家族形態の多様化、競争力の確保および個人の自律性や社会的包摂の強調、ミクロ競争力政策および再商品化・脱家族化政策という共通の諸基盤・諸特徴を持つ「競争志向段階」では、調整メカニズムという分析視角から政策領域における親近性に注目することで、それぞれ固有の政策形態および正統化言説を持つ二類型（交換モデルと協調モデル）を析出することができる。[24]

(3) モデルの理論的含意

本章では、新たな類型論として、国家と社会パートナーの関与度から類型化される調整メカニズムの理念型を析出し、これに注目することで、ケインズ主義段階における四類型および競争志向段階における二類型を提示した。それでは、この各段階における類型論がもたらす理論的含意を検討する。

重要な点として、この二つの類型論を組み合わせることにより、段階の移行という再編プロセスにおける変化パターンに関する知見を得ることができる。つまり、福祉国家の動態を考察する上で、ヒューリスティックな価値を持つのである。従来、福祉国家レジーム自体は経路依存的な発展をたどることが予測されていた。例えば、アイヴァーセンらは、雇用実現・賃金平等・財政規律という三つの目標が同時に実現できないという「サービス経済のトリレンマ下」で、各レジームは経路依存的な対応を取ることを示唆する（Iversen and Wren 1998）。つまり、社民レジームは財政規律を犠牲にし、保守主義レジームは雇用実現を犠牲にし、自由主義レジームは賃金平等を犠牲にする。同様に、エスピン-アンデルセンも、ポスト産業化に伴う問題がレジームごとに大きく異なることを確認し、社民レジームは人的資本への投資や積極的労働市場政策を採用し、自由主義レジームは新自由主義路線を採用し、保守主義レジームは労働力削減路線を採用するなど、政策対応が経路依存的になることを指摘する（Esping-Andersen 1996, chapter 1）。

これらの研究に対して、実際の比較研究では、経路依存的とはいえない変化を経験した国々や困難と考えられていた改革に成功した国々も指摘されている。例えば、ヘメレイクら（Hemerijck and Schludi 2000）は、先進諸国の政治経済システムの変容を比較分析した研究において、各レジーム内で雇用も福祉も高いパフォーマンスを実現した国（オーストラリア、デンマーク、オランダ、スイスなど）を指摘している。さらに、上述のように、競争的コーポラティズム[25]（M. Rhodes 1998, 2001, Molina and Rhodes 2003）など、効率性と公正を両立させるための政労使の新たな協調メカニズムの出現が注目され、一部の大陸諸国では、政労協調のもと社会政策の拡充と縮小をミックスさせた福祉国家の刷新と考えられる諸改革の実現が指摘されている（Bonoli 2000, Ebbinghaus and Hassel 2000, Levy 1999, Regini 2000, Menz 2005など）。またオーストラリアでは、アコードと呼ばれる政労間の協調メカニズムを形成することによって、保護主義的な賃金稼得者モデルからの転換が実施された（Bell 1997a Castles et al. 1996, Schwartz 2000, Ramia and Wailes 2006など）。つまり、比較研究は、経路依存的な漸進的な対応だけでなく、抜本的な転換に成功した諸国の存在を明らかにしており、後者の国々では国家と社会パートナー間の新たな協調メカニズムの形成[26]が政策転換の重要なカギとなっていることを示唆している。

それでは、なぜ一部の国々では、国家と社会パートナーの協調に基づく抜本的な変化を経験したのであろうか。この論点に対して、本章の提示したモデルは、大規模変化の背景要因として、各国の依拠していた調整メカニズムの重要性を示唆する。つまり、福祉国家の段階の移行に際して、ケインズ主義段階における調整メカニズムが競争志向段階において利用できない諸国（国家主導経済および社会的市場経済）では、調整メカニズムの変容を伴う抜本的な改革

図 3-4　福祉国家の段階の再編（筆者作成）

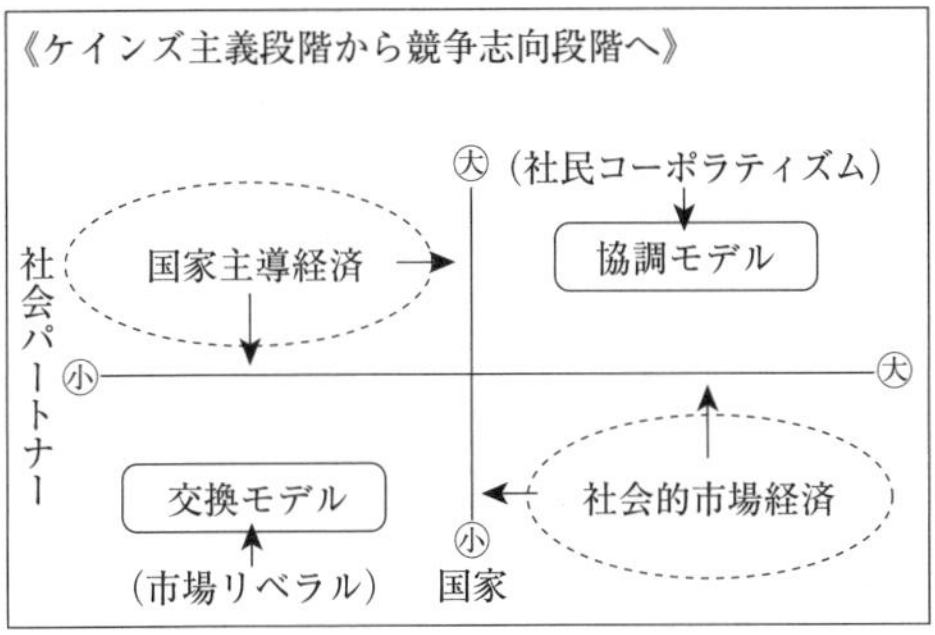

に向かいやすく、他方、競争志向段階でも利用可能な諸国（市場リベラルおよび社民コーポラ）では、従来型の調整メカニズムを維持した漸進的な変化にとどまりやすいと予測できる。したがって、政労使の協調に基づく抜本的な改革の実現という比較研究の知見は、以下のように解釈することができる。抜本的な改革を経験した国々は、ケインズ主義段階における「国家主導経済」モデル（オセアニア諸国や南欧諸国）および「社会的市場経済」モデル（大陸ヨーロッパ諸国）に属している。依拠する調整メカニズム（「国家主導」および「自発的交換」）が競争志向段階において有効ではないため、これらの諸国は、新たな経済社会問題の対応を調整する上で大きな困難に直面したと考えられる。様々な試行錯誤の結果、これらの諸国は、依拠していた調整メカニズムを転換し、「戦略的介入」戦略を採用し、国家と社会パートナーの協調（「三者協調」）に基づく「協調モデル」へと接近することで、結果的に、抜本的な転換に結びついたと考えられる。このよう

に、調整メカニズムに注目した各段階の類型論を組み合わせることで、再編プロセスの変化パターンに関する理論的知見を得ることができる。

ここで注意すべき点が二点ある。第一に、調整メカニズムは変化に影響を与える背景的な要因であり、変化の方向や速さなどは政治アクターの行為に依存している。ここで興味深い事例として、一九八〇年代のオーストラリアとニュージーランドの分岐が挙げられる（第五章を参照）。ニュージーランドは、オーストラリアと同じ賃金稼得者モデルに依拠していたが、政労協調に基づく自由化が進められたオーストラリアとは異なり、政府主導のもとで一方的な新自由主義的改革が採用された。その結果として、ニュージーランドではラディカルな新自由主義化が進む一方で、オーストラリアでは自由化の促進だけでなく、社会政策の拡充や戦略的産業政策の導入など、諸政策領域で自由化への補償がなされた。つまり、両国の再編アウトカムは大きく分岐することになったのである（両国の比較分析として、Castles and Pierson 1997, Castles et al. 1996, Cox 2006, Goldfinch 2000, Quiggin 1998, Ramia and Wailes 2006, Schwartz 2000, Saunders 1999, Shaver 1999など）。このオセアニア両国の分岐は、調整メカニズムはあくまでも福祉国家の段階の移行に伴う変化の規模を規定する要因にすぎず、複数の再編戦略が存在するため、実際の変化の方向や速さなどは政治アクターによる行為に依存するということを示唆している。言い換えれば、過去の制度的・政策的遺産である調整メカニズムのみでは再編プロセスの多様性を説明することができず、政治アクターの行為に注目しなければならない。

そして、第二に、ケインズ主義的段階から競争志向段階への再編に伴う諸改革は既存利益集団の利益と対立する可能性を持つため、協調モデルもしくは交換モデルへ接近せず、従来型の対応が持続する可能性も残されている。つまり、ケインズ主義段階から競争志向段階への再編が順調に進むとは限らず、調整メカニズムが有効性を持たない「国家主導経済」モデルや「社会的市場経済」モデルにおいても、経路依存的な対応が採用され続ける可能性がある。つまり、福祉国家の再編プロセスでは、ケインズ主義段階における諸問題の発生と諸改革の採用・実施の間に、時間的なギャップが存在することが示唆される。

第五節　結論――福祉国家の特徴把握に関する段階論と類型論の知見――

本節では、これまでの議論を整理し、各段階における調整メカニズムに注目した類型論をまとめた上で、「福祉国家の特徴把握」という福祉国家論の理論的課題に関して、第二章および本章で検討してきた段階論と類型論がもたらす知見を明らかにする。

(1) 調整メカニズムに注目した類型論

本章の課題は、ある段階における福祉国家の多様性を把握するための分析枠組(類型論)を提示することにあった。まず、比較福祉国家研究における類型論の到達点であるエスピン-アンデルセンの福祉レジーム論の概要を簡単に振り返り、その意義を明らかにした。つまり、彼の議論は、発展段階の差異に解消できない「福祉国家の質的な多様性」という論点を、比較福祉国家研究の重要な課題として位置づけた点にある。その上で、福祉レジーム論に関する近年の議論を検討することで、エスピン-アンデルセンの分析枠組では彼自身の問題設定に十分に答えられないことを確認した。そこで、福祉国家の定義に戻り、目的達成のための多様な選択肢の存在を前提として、政策領域間の機能的代替性や補完性などに注目した新しい分析枠組が必要となることを導いた。

本章では、新たな分析枠組として、調整メカニズムに注目した各段階の類型論を提示した。まず、アドホックな類型化を防ぎ、また変化のダイナミズムも考慮するために、新たな類型論の基礎となる分析視角として、資本主義の多様性論をめぐる諸議論を手がかりに国家と社会パートナーという両調整主体の関与度から、四つの調整メカニズムの理念型（国家主導、自発的交換、自主的調整、および三者協調）を導いた。その上で、ケインズ主義段階に関して、先行研究の知見を参考にして、四類型（国家主導経済、市場リベラル、社会的市場経済、および、社民コーポラティズム）を導いた。他方、競争志向段階に関して、調整メカニズムに注目することで、政策領域間における親近性を発見し、二つの再編戦略（市場化戦略および戦略的介入戦略）および二つの政治経済モデル（交換モデルおよび協調モデル）を導いた。そして、このケインズ主義段階における四類型から競争志向段階における二類型というモデルが、再編プロセスにおける変化パターンを捉える上でヒューリスティックな価値を持つことを確認した。つまり、依拠する調整メカニズムの利用可能性が、変化パターン（経路依存的で漸進的な対応、もしくは抜本的な転換）を規定づけるという仮説が得られるのである。

(2) 福祉国家の特徴把握

第一章では、比較福祉国家論が「特徴の把握」および「動態の説明」という二つの理論的課題から構成されていることを明らかにした。その上で、「特徴把握」を行うためには、福祉国家の定義に戻り、ある段階と別の段階における共通性と差異を比較するための分析枠組（通時比較のための段階論）、および、ある共通の段階における多様性を把握するための分析枠組（共時比較のための類型論）が必要となることを主張した。第二章では、まず福祉国家を「国家が経済過程に介入し、経済成長と雇用の確保を実現し、公共政策による再分配を通じて、市民に社会的保護を提供することにより統合を図る政治的メカニズム」と定義づけた。その上で、戦後の安定的な経済成長を支えた福祉国家を、

①埋め込まれたリベラリズムおよびフォーディズム的発展様式、②性別役割分業を前提とした雇用と家族の安定性、③経済成長とその分配へのコンセンサスに依拠し、④マクロ需要管理政策および⑤脱商品化政策から特徴づけられる「ケインズ主義的福祉国家」と捉えた。そして、経済のグローバル化の進展およびポスト産業社会への移行という変容圧力に直面した現在の段階を、①経済自由主義優位の国際経済体制およびポストフォーディズム的発展様式、②雇用形態の流動化および家族形態の多様化、③競争力の確保と社会的包摂や個人の自律性の強調という正統化言説に依拠し、④ミクロ競争力政策および⑤再商品化・脱家族化政策から特徴づけられる「競争志向の福祉国家」とした。本章では、類型論を展開するための分析視角として、まず国家と社会パートナーという両調整主体の関与度から四つの調整メカニズムの理念型（国家主導、自発的交換、自主的調整、および、三者協調）を析出した。その上で、ケインズ主義的段階に関して四類型（国家主導経済、市場リベラル、社会的市場経済、および、社民コーポラティズム）を提示し、競争志向段階に関して二類型（交換モデルおよび協調モデル）を提示した。

これらの議論を通じて、「福祉国家の特徴把握」という論点に関して、上述の議論は、経済社会的基盤および政治的基盤と政策領域の特徴に注目することで、政治経済システムとしての福祉国家が「ケインズ主義的段階」から「競争志向の段階」へと質的に変化していることが把握でき、また調整メカニズムに注目することで、各段階の多様性を把握することができることを示している（図3-5参照）。さらに重要な点として、これらの議論は、再編プロセスの特徴に関する諸知見をもたらすだけでなく、「動態の説明」という比較福祉国家論のもう一つの理論的課題を考察する上でも重要な知見をもたらす。再編プロセスの特徴として、例えば、多様性の持続、各国における変化の規模の差異、および、時間的ギャップの存在などが示唆され、その結果として、「動態の説明」のためには、再編プロセスを政治アクターの主体的な対応を含む政治的プロセスと捉える必要性が示唆される。以下では、それぞれの点について

図3-5　福祉国家の特徴把握のまとめ（筆者作成）

○福祉国家の定義

・国家が経済過程に介入し、経済成長と雇用の確保を実現し、公共政策による再分配を通じて、市民に社会的保護を提供することにより統合を図る政治的メカニズム

○福祉国家再編プロセス

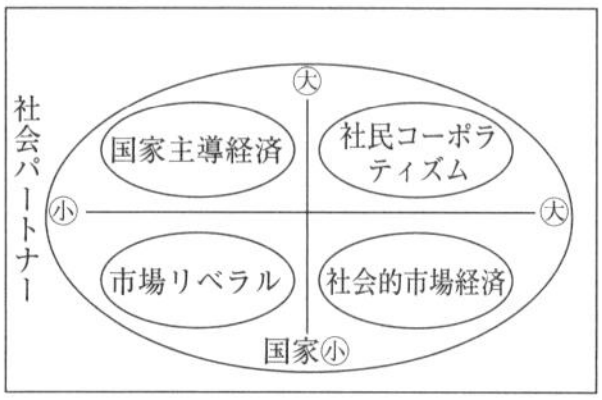

〈ケインズ主義段階〉

①経済：埋め込まれたリベラリズムおよびフォーディズム的発展様式

②社会：性別役割分業を前提とした雇用と家族の安定性

③政治：階級・政党政治レベルにおける、経済成長とその分配へのコンセンサス

→・経済政策：マクロ需要管理政策

・社会政策：脱商品化政策

⇩ ・経済のグローバル化の進展
＋
・ポスト産業社会への移行

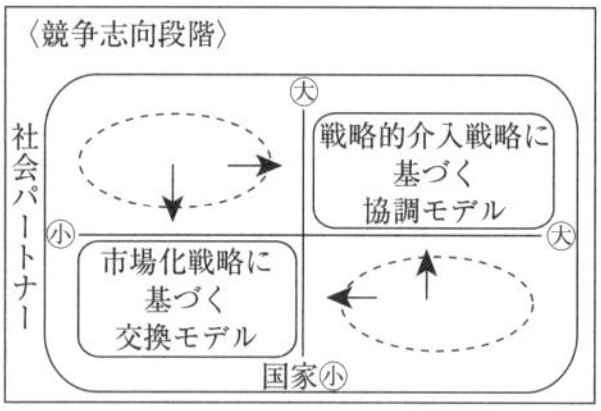

〈競争志向段階〉

①経済:経済自由主義の優位およびポスト・フォーディズム的発展様式

②社会：雇用形態の流動化と家族形態の多様化

③政治：競争力の実現および個人の自律性や社会的包摂の強調

→・経済政策：ミクロレベル競争力政策

・社会政策：再商品化・脱家族化政策

○ポイント

・政治経済システムとしての福祉国家は、多様性を保持する形で、「ケインズ主義的段階」から「競争志向の段階」へと質的に大きく変化している

・異なる政策遺産（依拠する調整メカニズムの利用可能性の差異）および複数の再編戦略（市場化戦略および戦略的介入戦略）のため、変化の規模は各国で異なり、また再編プロセスは収斂をもたらさない

・「ケインズ主義段階」の諸政策へ利益を持つ利益集団と対立するため、諸問題の発生と「競争志向段階」に向かう諸改革の実現の間に時間的ギャップが生じやすい

整理する。

まず、政治経済システムとしての福祉国家は、戦後の安定的な経済成長を支えた「ケインズ主義的」段階から、経済のグローバル化の進展およびポスト産業社会への移行に伴い、「競争志向」段階へと再編している一方で、各段階の内部では多様性を保持している。福祉国家は、マクロレベルの環境の変

化に伴い、経済・社会的基盤だけでなく政治的基盤も変化しており、結果として、政策的な特徴も変化しており、全体として大きく質的に変化しているといえる。ここで重要な点として、福祉国家の定義が示唆するように、目標達成のためには多様な政策手段が存在するため、各段階の福祉国家は諸基盤および諸政策に共通の傾向を持つ一方で、その内部には多様性が存在している。この各段階における多様性は、採用される政策手段や再編戦略を規定する調整メカニズムに注目することで把握することができる。また、比較福祉国家論の論点として、この段階の変化は、福祉国家の「移行」や「持続」ではなく、福祉国家の「再編」と評価できる。つまり、福祉国家の定義の中心的な要素である「経済過程への介入」および「公共政策を通じた政治的統合」という側面は維持されている。また、アクティベーションなどの近年の変化の一部は、新たな公正のあり方や連帯の基盤を模索する積極的な試み（福祉国家の刷新）と考えられる。つまり、政治経済システムとしての福祉国家は多様性を保持する形で質的に大きく変化しているが、それは依然として福祉国家の中心的要素を引き継いでいるため、福祉国家の「再編」と評価できる。

そして、この段階論と類型論の知見は、再編プロセスの特徴に関して、様々な知見をもたらす。まず第一に、この再編プロセスは、各国で変化の規模が大きく異なり、またあるモデルへの収斂を導くとは限らない（多様性の持続）という性格を持つ。この性格を理解する上での手がかりとなるのが調整メカニズムである。調整メカニズムは、異なる政策遺産および複数の再編戦略という二つの点で、再編プロセスの性格に影響を与える。まず、段階移行の際に政治的アクターが直面する政策遺産である、ケインズ主義段階における調整メカニズムは、複雑性が増大し、流動化する状況で諸問題への迅速な対応が求められるという競争志向段階において利用可能性が大きく異なる。すなわち、利用可能性が劣る「国家主導」および「自主的調整」の両調整メカニズムに依拠していた諸国（国家主導経済および社会的市場経済）は、それ以外の国々に比べて、環境の変化に由来する新たな経済社会問題への効果的な調整が困難な状況に直面したと考えられる。これらの国々では、従来型の調整メカニズムに依拠したモデルからの転換が必要となるため、より抜本的な改革に向かいやすい。他方、依拠してきた調整メカニズムが有効性を持つ諸国（市場リベラルおよび社民コーポラティズム）では、経路依存的で漸進的な政策対応が取られることが予測される。そのため、異なる調整メカニズムという政策遺産から、各国で変化の規模が異なり、また競争志向段階でも多様性が持続することが予測される。この異なる政策遺産に加え、複数の再編戦略の存在という点からも、多様性がもたらされることが予測される。上述のように競争志向段階への再編に関して、政策領域間の親近性（そして、諸政策を規定する調整メカニズム）に注目することで、経済社会問題の調整を市場メカニズムに委ねる市場化戦略、および、国家と社会パートナーの協調に基づく調整を目指す戦略的介入戦略という二つの再編戦略を導くことができる。つまり、政治アクターには再編プロセスに関する複数の選択肢が残されており、どちらが選択されるかは政治アクターの選択に依存している。そのため、複数の再編戦略の存在という点からも、収斂が起こるとは考えにくい。

第二に、この再編プロセスは、環境の変化に伴う諸問題の発生と実際の政策対応の実現の間には時間的ギャップが存在しやすいという性格を持つ。これは、ケインズ主義段階から競争志向段階への再編が、多かれ少なかれ、既存の政策形態における諸変化を含むために生じる。すなわち、どの国においても、ケインズ主義段階の諸政策に利益を持つ利益集団による再編への抵抗に直面する可能性があるため、競争志向段階への移行がスムーズに進行するとは限らないのである。これは、再編プロセスが政治的対立や諸改革への障害の克服を含む政治的プロセスであることを示唆する。さらに、この再編プロセスの時間性は、経路依存的な政策対応に、政治的性格の差異が存在することを含意する。この点についても、調整メカニズムへの注目が手がかりを与えてくれる。すなわち、ケインズ主義的段階における調整メカニズムが競争志向段階においても利用可能な諸国（市場リベラルおよび社民コーポラティズム）における経路依存的対応と、そうでない諸国（国家主導経済および社会的市場経済）における経路依存的対応は質的に異なると考えられる。つまり、生じている諸変化が漸進的で経路依存的という共通性を示したとしても、前者では、調整メカニズムの変化が不必要なため、変化の規模が小さいのに対して、後者は、調整メカニズムの改革への抵抗や新たな調整メカニズムを模索する試行錯誤のために、抜本的な変化が生じていない状態といえる。

したがって、第三に、上述のような再編プロセスの性格は、比較福祉国家論のもう一つの理論的課題である「動態を説明」するための理論枠組を形成する上での知見をもたらす。つまり、再編プロセスは、ある特定のパターンの採用が予測される諸環境の変化への受動的な対応ではなく、政治的対立および改革の諸障害の克服や複数の再編戦略からの政治的選択などを含む、政治アクターの主体的・積極的な対応に基づく政治的プロセスとして理解されなければならない。ここで再編プロセスにおける政治的ダイナミズムは、目標設定および支持調達という両局面において発揮される。つまり、ケインズ主義段階の問題が蓄積するという文脈で、政治的アクターがどのように問題を設定し再編戦略の選択を行い（目標設定）、その実現に向けてフレーミングなどを駆使して支持調達を目指したか（支持調達）を分析する必要がある。構成・戦略論的アプローチは、アイデアの二つの役割（構成的および因果的）を重視することによって、政治的ダイナミズムの両側面を分析の射程に収めることができる。

以上のように、比較福祉国家論の理論的課題である「特徴把握」に関して、段階論および各段階の類型論を再検討することで、政治経済システムとしての福祉国家が変容圧力に直面する中で大きく再編していることが明らかとなり、異なる政策遺産および複数の再編戦略という点から、この再編プロセスの中でも引き続き多様性が示されることが明らかとなった。そのため、「動態の説明」というもう一つの理論的課題を検討する上では、再編プロセスを、政治的アクターの主体的・積極的な対応を含む政治的プロセスとして捉え、そのダイナミズムを把握しうる理論枠組を形成することが必要となる。ここで、構成・戦略論的アプローチは、アイデアの二つの役割を重視することによって、目標設定および支持調達という二つの政治的ダイナミズムを射程に収めることを可能にする。第四章では、「動態の説明」に関する既存の理論枠組を批判的に検討し、その問題点を明らかにした上で、再編プロセスの政治的ダイナミズムを捉えるための新たな枠組として、構成・戦略論的アプローチに依拠したモデルを提示する。

注

（1）本章で取り上げる研究の他に、福祉レジーム論自体に関する最近の研究に関しては、以下の文献も参照（Abrahamson 1999, Arts and Gelissen 2002, Powell and Barrientos 2004, Bambra 2007, Hicks and Kenworthy 2003など）。包括的なレビュー論文としてはアブラハムソンとアーツほかによるものが優れている。アブラハムソンのレビューでは、エスピン-アンデルセン以前の福祉国家類型論の伝統についても紹介されている。アーツほかでは、エスピン-アンデルセン以後の類型論の展開が詳しく紹介されている。それ以外の研究は、福祉レジームの類型を批判的に検討している。パウエルほかは、積極的労働市場政策を変数に加えても、レジーム論の有効性が確認されることを指摘し、バンブラは、福祉レジームの二面的なアプローチ（「どれだけ多く」と「どのように」支出するかという点から分類する）の重要性を説き、ヒックスらは社民・リベラル軸と保守軸の二つの軸から福祉国家レジームの政治的アイデンティティを検討している。また、邦語論文では、以下の研究を参照（埋橋（編）2003, 新川 2005, 宮本（編）2002, 2006など）。

（2）福祉レジーム論のその他の意義としては、第一に、質的な差異の存在を明らかにするために採用した彼の研究戦略も注目に値する。彼は、福祉国家の質的差異を明らかにするために福祉レジーム概念を採用し、その差異を捉えるために「脱商品化」と「社会階層化」（そして後に「脱家族化」を追加）という指標を作成し、三つのレジームへと類型化する。これにより、方法論的な曖昧さやアドホックな類型化の危険性を回避することに成功している。第二に、初期の研究（Esping-Andersen 1985）で依拠していた権力資源動員論を批判的に継承し、射程を広めた階級連合論によって、このレジームの差異を説明している点も重要である。つまり、福祉国家の多様性を把握するという「特徴把握」という課題だけでなく、「その動態を説明する」という理論的課題も念頭に置かれている。

（3）その他の批判として、グディンによる一連の研究も注目に値する。彼は、オランダの位置づけの再検討や近年の福祉国家の変化パターンを検討することを通じて、動態的な福祉国家分析の必要性を主張する。例えば、境界事例としてのオランダに注目し、歴史的背景、プログラムの特徴、およびアウトカムの帰結という三つの観点からすると、保守主義レジームではなく社民レジームに位置することを確認する（Goodin and Smitsman 2000）。さらに、分析の射程を広げると、オランダは、三つのレジームの持つ生産主義的傾向（福祉受給を労働とリンクさせる）に対して、寛大な給付・労働要求の緩和・自律性の確立というポスト生産主義レジーム（労働とのリンクを緩める）に位置づけられることを説く（Goodin 2001a）。また、給付の水準や寛容度などに注目するだけではなく、近年の供給主体の多様化や給付メカニズムの多様化傾向を踏まえて、より動態的な福祉国家の論理を把握する必要を説く（Goodin and Rein 2001）。

（4）ジェンダーと福祉国家一般に関する研究のレビューとしてはオルロフ（Orloff 1996）が有益である。

（5）ルイス（Lewis 1992）は、理念型としての「男性稼得者モデル」の特徴を、結婚した女性の労働市場からの排除、社会保障の受給資格に関して夫の地位への依存、公的保育支援がなく家庭での育児、公私領域の明確な区分などを挙げる。それに対して、「二人稼ぎ手」モデルは、分離税制や育児休暇の導入および保育サービスの提供により、女性を労働市場に参入させることを特徴としている。

（6）例えば、スカラグスらは「福祉国家の特徴における差異を把握するために最も利用されている経験的指標が、科学的な反証・批判・再構成という標準的な手続きに十分にさらされていない」とする（Scruggs and Allan 2006a, p. 56）。その他には、キャッスルズも、エスピン-アンデルセンが利用したデータが公的に利用可能でないことを批判し、近年利用可能となったＯＥＣＤによる項目別の社会支出に関する集合データを利用して、福祉国家の特徴および変動を分析している（Castles 2002, 2004, 2008）。

（7）量的研究とケーススタディの知見の関係性について、テイラーグッビィ（Taylor-Gooby 2002）は、二つの研究手法で、近年の福祉国家の動向に関する評価が大きく分かれる傾向があることを指摘する。量的研究は、データの持つバイアスから持続性を強調する傾向があるのに対して、ケーススタディでは、様々な国々での福祉政策の変化が指摘されるのである。彼は、両者の知見を統合する方法を考える必要性と自らの研究手法の持つバイアスに自覚的になる必要性を説く。

（8）日本型福祉国家がエスピン-アンデルセンの三つの世界にうまく位置づけられず、その固有性を強調する議論もここに含まれる。例えば、エステベスアベは、狭義の社会政策だけでなく、その機能的な代替物に注目する（Estevez-Abe 2008）。彼女は、日本型福祉国家の特徴として、労働を基礎としていた点を挙げる。すなわち、狭義の社会政策に関して、年金や医療保険など労働とリンクした領域でヨーロッパ諸国並みに発展する一方で、稼得者世帯向けの普遍主義的な政策は十分に発展せず、他方、機能的代替物に関して、市場制約的で、主な受益層は企業や生産者であり、個人向けの政策は十分に展開されなかったことを説く。また、宮本は、社会保障と雇用保障から福祉政治が形成されると捉える（宮本 2008）。その上で、日本型福祉国家の特徴として、男性稼得者の雇用を維持するため、低生産性セクターを保護するための諸政策および高生産性セクターにおける長期雇用慣行や協調的労使関係や企業福祉の提供などにより特徴づけられる雇用レジームと、職域分断的社会政策、低水準の公的社会支出、および、高齢者重視という福祉レジームから構成されることを指摘する。

（9）ボノーリの他の類型は、支出が多く社会保険拠出も高い大陸諸国、支出が高く一般財政に依拠する北欧諸国、支出が低く一般財政に依拠するアングロサクソン諸国である（Bonoli 2003）。

（10）キャッスルズら（Castles and Mitchell 1993）は、オセアニア諸国が、国家を通じた再分配による平等の実現ではなく、賃金制度への介入を通じた一次所得の平等を目指している点（つまり、資本主義メカニズムへの介入を目指す）に注目して、ラディカルモデルと名付ける。

（11）制度的補完性概念に関しては、ディーグ（Deeg 2007）を参照。彼によれば、「制度補完性」とは、制度間リンケージのひとつの形態であり、「ある複数の制度の共存によって、アクターのパフォーマンスが高まる」ときを指す。例えば、それは、ある社会政策と労働市場政策の相互作用が、それがないときに比べて、経済成長や雇用拡大などのアウトカムを高める状態を意味する。したがって、単に諸制度が並立しているのみで、アウトカムに影響を与えない「制度両立」とは異なる。その他の制度間リンケージとしては、諸制度が特定の原則を共有する「制度的一貫性」、複数の制度が事例横断的に観察される「制度クラスター」が存在する。制度的一貫性は、パフォーマンスを高めるとは限らない点で、制度補完性とは概念的に異なる。

本文中で言及した研究以外にも、キッチェルトら（Kitschelt et al. 1999）の試みは、政治経済システムにおける生産レジームと政治制度や社会政策との関係を整理したものとして注目に値する。また、社会政策と労働市場政策の補完性に注目する研究もある（例えば、Sarfati 2003, Ramia et al. 2005など）。サーファティは、近年の経済社会文脈の変化によって社会政策と労働市場の相互作用が大きく変化していること、およびその含意を検討している。ラーミアらは、オーストラリアを事例として、労働市場政策および社会政策に加え、労働法など法体系も含めた相互作用を検討している。

（12）エビングハウスは、ヨーロッパ社会経済モデル（経済ガバナンス、労使関係、雇用レジーム、および、福祉国家の四領域から構成）として、北欧、大陸、南欧、および、アングロサクソンの四つのモデルを提示する。経済ガバナンスは金融ガバナンスと生産レジームから整理され、労使関係は組織利益と交渉システムから整理され、雇用レジームは雇用形態と労働市場から整理され、福祉国家はファイナンス形態と社会保障形態から整理されている。各モデルの特徴は、論文中に表で整理されている（Ebbinghaus 1999, p. 16 table2）。別の論考では、これらのマクロレベルでの補完性を念頭に置きながら、早期退職政策という政策レベルでの補完性の差異に注目し、各経済社会モデル（大陸、南欧、北欧、アングロサクソン、および、日本）の特徴および変遷が分析されている（Ebbinghaus 2000）。この研究は、政策レベルにおける生産・雇用レジームと福祉レジームの補完性の現れ方の差異を描いている点、および、それらを支える政治的・制度的基盤の差異から、環境の変化への異なる対応がもたらされるという政治的ダイナミズムも描かれている点で興味深い。

（13）ＶＯＣ論による比較福祉国家論への貢献（例えば、Estevez-Abe et al. 2001, Ebbinghaus and Manow 2001, Mares 2003, Swank and Martin 2001, Wood 2001a, 2021b など）は、第四章で言及する。彼らの重要な知見は、例えば、社会政策が特定の条件下ではビジネス勢力の利益にもなるため、福祉レジームが多様な政治連合によって支えられること、そして、社会政策はそのタイプごとに異なる雇用・賃金保障を提供するため、生産レジームと福祉レジームの補完性には多様な形態が存在しうることなどを示した点にある。

（14）三浦の四類型は、①雇用と福祉が制度補完的である場合（＝完全雇用・福祉国家、例：北欧）、②福祉が雇用を代替する場合（＝雇用なき福祉国家、例：大陸）、③雇用が福祉を代替する場合（＝雇用による福祉、例：日本）、④両者の連関が弱い（＝ワークフェア、例：アングロサクソン諸国）である（三浦 2003）。

（15）制度補完性に注目する研究に対しては、各国の特徴に基づくアドホックな類型化に陥りやすいという批判に加えて、機能主義的傾向を批判し、歴史的分析の必要性が指摘されている。例えば、エビングハウスら（Ebbinghaus and Manow 2001）は、生産レジームと社会保障レジームのリンクが一対一になるとは限らず、多様な結びつきの可能性を調べる必要性を説き、また、補完性がどのように歴史的に形成されてきたかを分析する必要性を主張する。ボワイエ（2005）は、レギュラシオン理論と政治経済学における制度派アプローチ（例えば、ＶＯＣ論や比較歴史制度分析など）の理論的な共通性と差異を検討する中で、レギュラシオン理論が諸制度の持つ政治性や社会システムへの埋め込みという側面を重視していることを説き、機能主義的な捉え方をするアプローチを批判している。

（16）例えば、アマーブル（Amable 2003）は、製品競争、賃労働関係、金融のあり方、社会保障、および、教育という諸領域に存在する制度的補完性が資本主義モデルを特徴づけることを指摘し、統計分析を用いて五つのモデル（市場ベース型、社会民主主義型、大陸欧州型、地中海型、およびアジア型）を析出している。

(17) ソスキスとホールの各々の整理は、以下の文献でもなされている（Soskice 1999, Hall 1999）。

(18) ホールらは、以下のように特徴をまとめる。調整市場経済では、①長期のファイナンスを可能にし、相互モニタリングを利用するコーポレートガバナンス、②企業レベルでの労働者の協力を提供し、賃金抑制を可能にする労使関係、③企業・産業レベルでの人的資本への投資を可能にする教育・トレーニングシステム、④企業間協力、標準規格設定および技術移転を可能にする企業間関係が存在する（Hall and Soskice 2001, p. 28）。一方、自由市場経済では、①一般的に評価可能な情報、リスクおよび評判が利用でき、短期的なファイナンスを可能にするコーポレートガバナンス、②規制緩和された労働市場、低コストの採用・解雇およびフレキシブルな賃金設定に代表される労使関係、③一般的なスキルへの投資を可能にする教育・トレーニングシステム、④競争的な企業関係、市場を通じた標準規格設定および市場を通じた技術移転などの企業間関係が存在する（Ibid., p. 32）。

ここで重要な点は、これらの制度間には制度的な補完関係が存在し（Ibid., p. 17）、両市場経済には、それぞれ適合的な生産戦略（調整市場経済：漸進的イノベーション、自由市場経済：ラディカルなイノベーション）が存在すること（Ibid., p. 38）である。制度的補完性の存在は、一方で、ある特定の制度を改革しても、うまく機能しない可能性が存在し、他方で、カギとなる制度を変革すると、他の制度にも変化を及ぼす可能性が存在することを示唆する。適合的な戦略の存在は、それぞれに適合した生産物が存在するために、資本主義が単一モデルに収斂することはなく、両市場経済が今後も競争力を持ち続けることを示唆する。つまり、今後も収斂は起こらない可能性が高いのである。

(19) 批判的なレビューとして、例えば、以下のものを参考（Amable 2003, Blyth 2003c, Goodin 2003, Hay 2000, 2004b, 2005a, Hancke et al. 2007など。邦語文献としては、山田 2008）。ホールらも、諸批判に応答している（Hall and Soskice 2003）。

(20) シュミット（Schmidt 2002）によると、フランスに代表される国家資本主義は、①国家により組織化された企業関係、②対立的なため国家によるコントロールが必要な労使関係、③主導的な国家という特徴を持つ。後の論文（Schmidt 2006b, 2009）でも強調されているように、彼女によれば、国家をVOC論に位置づけることは三つの意義がある。第一に、国家が重要な役割を果たす資本主義レジームとして国家主導経済の存在を認識でき、第二に、近年の変化を動態的に把握する上で示唆をもたらし、第三に、各資本主義類型における国家の役割の差異を認識することにつながり、調整プロセスの理解につながるのである。

(21)　この二つの軸から整理することは、ＶＯＣ論からの知見に加え、シャープとシュミット（Scharpf and Schmidt 2000）による労使メカニズムの類型化の試みやジョンソン（C. Johnson 1982）による調整メカニズムの整理からも示唆を受けている。シャープらは、国家の関与度（高―低）と賃金交渉単位の協調度（調整―非調整）から類型化を試みている。一方、日本の政治経済システムを分析したジョンソンは、まず、国家類型として規制指向型国家と発展指向型国家を提示し、後者における国家と企業の関係を三つに分類する。民間企業による発展目標の設定を国家が支える「自主管理」、経営を国家の下に置こうとする「国家主導」、両者の協力に基づく「官民協調」に分類する。本書は、アクター（国家および社会パートナー）の関与の程度から、労使間の調整メカニズムや国家―企業関係だけでなく、政治経済システムの特徴（福祉レジームと生産レジームの関係）を整理できると考えている。

また、本書と同様の類型化の試みとして、ハンケら（Hancké et al. 2007）のものがある。彼らは、ホールらのＶＯＣ論の知見を批判的に継承し、その問題点を克服するため、①階級（利益の多様性）、②多様な連合のあり方（政治的・制度的基盤への注目）、③国家の役割に注目する必要を説き、組織利益のあり方（分裂的―組織的）および国家・経済関係（密接―距離を置く）から四類型を提示する。彼らの試みと本書の試みの差異は、本書では、まず国家と社会パートナーの両アクターの関与度の差異から経済社会問題に対する調整メカニズムとして四つの理念型を析出した上で、各段階の類型論を考察する点にある。そのため、各国の位置づけなどで差異が生じると予測される。

(22)　本書と同じような類型化として、ジェソップ（Jessop 2002）は、ケインズ主義的福祉国民国家における多様性に関して、福祉レジームがどのように経済成長メカニズムに組み込まれているかに注目して、四類型（自由主義モデル、社会民主主義モデル、コーポラティスト的モデル、南欧モデル）を提示している。

(23)　ワークフェアの類型論に関しては、宮本（2002）や孫（2006）なども参照。ペックら（Peck and Theodore 2000a）は、「人的資本開発モデル」と「労働市場拘束モデル」に加えて、「地方政府モデル」と「コミュニティセクターモデル」も提示する。しかし、彼らによる他の論文ではこれらのモデルに関しては言及がない。

(24)　ジェソップ（Jessop 2002）は、「ケインズ主義的福祉国民国家」から「シュンペーター主義的ワークフェアポスト国民レジーム」への移行に関する再編戦略として、本書と異なり、新自由主義戦略、ネオコーポラティズム戦略、新国家主義戦略、および、ネオコミュニタリアニズム戦略の四類型を提示する。

（25）競争的コーポラティズムに関しては、M・ローズ（M. Rhodes 1998, 2001）の研究を参照。彼によると、その特徴は、①社会パートナー組織が伝統的に弱い諸国で発生し、②政府が主導的な役割を果たし、③十分に制度化されておらず、その都度交渉されるため、安定的ではない傾向を持つ。また、この政労使の新しい協調では、効率と公正の新たな両立が模索される。つまり、政府の主導性を背景とした労使の協調を実現することで、従来の社会政策のバイアスを緩和し、新たな諸問題（新しい社会的リスクなど）に対応する一方で、生産性上昇のための諸政策を導入することが目指されている。イタリアやスペインなどが主要な例と考えられる。

（26）オランダとドイツにおける社会政策改革を比較分析した中で、ヘメレイクらは、ドイツでは、社会パートナーの自律性が高く、国家が限定的な役割しか担ってこなかったという伝統が改革を困難にしてきたのに対して、オランダでは、労使間の協調メカニズムが存在し、それを支える国家の影響力の存在が改革を可能にさせたことを指摘している（Hemerijck and Manow 2001）。

第四章　福祉国家再編分析におけるアイデア・利益・制度

本章の目的は、多様な再編プロセスをたどる現代福祉国家の動態を分析するための理論枠組を提出することにある。すなわち、福祉国家の動態を説明するための動態論を検討する。前章までの「特徴把握」に関する理論枠組の批判的検討（段階論と類型論）を通じて明らかにしてきたように、戦後の安定的な経済成長を支えてきたケインズ主義的福祉国家は、一九七〇年代以降、経済のグローバル化の進展およびポスト工業社会への移行に伴い、大きな変容を遂げてきた。この変容プロセスは、いわゆるグローバル化論者が想定するような、狭義の新自由主義的モデルへの収斂をもたらすのではなく、むしろ、調整メカニズムという政策遺産および再編戦略の多様性のために、先進諸国において多様性をもたらしてきた。動態論に関して検討すべき論点は、どのような理論枠組ならば、再編プロセスの多様性を説明できるかという点にある。言い換えれば、福祉国家再編に関する複数の再編戦略の中から特定の戦略が採用され、実施されていったプロセスを分析するための理論枠組（動態論）が求められている。

本章では、アウトカムを説明するための理論枠組に関する先行研究を批判的に検討し、その意義と限界を明らかにした上で、新たな理論枠組として、アイデアを媒介とした構造と行為主体の相互作用に注目する構成・戦略論的アプローチというメタ理論に依拠した制度変化モデルを提示し、現代福祉国家論への含意を明らかにする。本章で提示するモデルの特徴は、新制度論における到達点を踏まえ、アイデアの二つの役割（①構成的役割および②因果的役割）を制度変化プロセスに位置づけることによって、その政治的ダイナミズムを把握する点にある。このモデルに依拠することによって、諸環境の変化に対するアクターのアイデアの差異が対応戦略の多様性をもたらし、政治対立や支持連合の形成というプロセスを経て、結果として、抜本的な改革から従来型の政策対応まで多様な対応がもたらされる、という福祉国家再編のダイナミズムを捉えることが可能になる。

本章の構成は、以下の通りである。まず第一節では、福祉国家再編のアウトカムを説明するための諸理論枠組の意義と限界を明らかにする。ここでは、先行研究を、利益中心アプローチ、制度中心アプローチ、そしてアイデア的要因への注目に分け、それぞれの意義と限界を明らかにし、諸理論枠組間の関係性を検討する。各アプローチはそれぞれ異なる要因を重視しているが、諸環境の変化に対して、諸アクターの戦略的相互行為の結果として、福祉国家再編が生じると捉える点で、政治の重要性を考慮しているといえる。しかし、経路依存性などの概念を重視することで制度の持続性に注目する点、また諸アクターの利益・選好形成における政治性を十分に考慮しない点で、制度変化の政治的ダイナミズムを適切に射程に収めることができていないという問題点を持つ。これが示唆することは、多様なプロセスをたどる福祉国家再編を説明するためには、制度変化の政治的ダイナミズムを射程に収めた理論モデルが必要になるということである。

続く第二節では、制度変化をめぐる理論的刷新を批判的に検討し、その意義と限界を明らかにした上で、新たな制度変化モデルを提示する。制度変化を説明するための理論枠組の構築という課題は、新制度論の理論展開の中で、広く議論されてきた。近年では注目すべき業績も多く蓄積されている。その中でも、本書では、特に、合理的選択制度論と歴史的制度論の間に生じている理論的収斂、および、制度変化におけるアイデア的要因を重視する第四の新制度論に注目する。ここでは、新制度論の各理論的刷新が、制度変化の政治的ダイナミズムを把握する上で、重要な貢献をなしているものの、利益・選好を形成する局面でのダイナミズムを十分に考慮することができていないことを確認する。その上で、本書は、アイデアを媒介とした構造と行為主体の相互作用に注目する構成・戦略論的アプローチというメタ理論に依拠した制度変化モデルを提示する。このモデルの特徴は、アイデアの二つの役割（①アイデアがアクターの利益・選好を形成するという構成的役割、および、②目的達成のためにアクターがアイデアを主体的に利用するという因果的役割）を、制度変化プロセスに自覚的に位置づける点にある。そして最後に、この理論モデルが福祉国家再編分析に与える知見を明らかにする。

第一節　既存の理論枠組の意義と限界

本節では、福祉国家再編のアウトカムを説明するための既存の理論枠組の意義と限界を明らかにし、各理論枠組の関係性を検討する。そうすることで、福祉国家再編分析のための新たな理論枠組を構築する上で、継承すべき知見や修正すべき点を明確にする。

以下では、比較政治経済学をレビューしたホール（Hall 1997）の整理[1]を手がかりに、福祉国家論の既存研究を、利益中心アプローチ、制度中心アプローチ、そしてアイデア的要因への注目に分けて、それぞれの特徴を整理する。利益中心アプローチは、ある経済社会環境におけるアクターの利益・選好を所与とみなすアプローチを指し、制度中心アプローチは、ある制度状況におけるアクターへの制度的要因の影響力を重視するアプローチを指す。福祉国家の再編分析では、前二者が主要なアプローチと考えられるが、近年では、主流派アプローチの理論的限界を越える試みとして、アクターが依拠する政策アイデアや言説などのアイデア的要因が注目を集めている（cf. Béland 2005a, Starke 2006）。本章では、まず主流派アプローチの意義と限界、および、理論枠組間の関係性を明らかにした上で、主流派アプローチの限界を越える試みであるアイデア的要因への注目の意義と限界を検討する。そして最後に、これらの三つのアプローチは、諸アクターの戦略的相互行為など「政治の重要性」に注目することで、福祉国家再編の政治的ダイナミズムをある程度射程に収めているものの、経路依存性などの概念を重視して、制度の持続性に注目していること、および、政治アクターの利益・選好が形成されるの局面におけるダイナミズムが十分に検討されていないことを明らかにする。その上で、制度変化の政治的ダイナミズムを射程に収めた制度変化モデルの必要性を導く。

1　主流派アプローチ①　利益中心アプローチの特徴

ここでは、ある経済社会環境におけるアクターの利益・選好を所与として、異なる利益を持つ政治アクターの戦略的相互行為に注目する利益中心アプローチの特徴を整理する。福祉国家研究では、左派や労働勢力の影響力を重視する権力資源動員論と、ビジネスの果たす積極的役割に注目する階級交差連合論および資本主義の多様性論などの比較政治経済学が利益中心アプローチに含まれる。

(1)　権力資源動員論

権力資源動員論とは、「資本主義的な福祉国家の発展の背後にある主要な力を階級闘争とみなす」アプローチとして整理される（Bonoli et al. 2000 p. 10）。階級闘争の中でも、政治と経済の独立性を前提として、特に政権における党派的コントロールを重視するため、社会民主主義モデルと評されることもある（Shalev 1983）。そもそも、権力資源動員論は、北欧での福祉国家の発展や社会民主主義の成功を説明するためのモデルとして提示された（Korpi 1983, Esping-Andersen 1985など）。その後、政治的連合の重要性へと視野を拡大することにより、福祉レジーム論の理論的基礎（Esping-Andersen 1990）を提供したように、権力資源動員論は、福祉国家の形成・発展期の理論枠組として重要な位置を占めている。この権力資源動員論は、以下で紹介する比較政治経済学に依拠する批判者などから、左派中心アプローチとして批判を受けてきた（そして、それは的確な指摘である）。しかし、そのようなものとして、権力資源動員論を一面的に捉えることは、理論的射程を大きくゆがめることになってしまう。[2]ここでは、まず代表的論者であるコルピの理論研究（Korpi 1983, 1985, 1989, 2001 など）を手がかりに、その理論的基礎を確認した上で、福祉国家の再編分析に適用される際の問題点を確認する。

コルピ（Korpi 1985, 2001）は、まず第一に、様々な権力資源がアクター間で不平等に分配され、第二に、権力資源はゼロサム関係ではなく、その行使には固有のコストが必要であり、第三に、戦略的なアクターが相互依存状況に置かれていることを前提とする。そして、戦略的アクターは、利用可能な手段、環境および他者に関する主観的な判断に基づいて行為を選択し、その相互行為の結果としてアウトカムがもたらされると考える。ここで重要な点は、戦略的なアクターは、自らの目標達成のため、短期的／直接的な権力資源の行使だけではなく、長期的／間接的な権力資源の投資を行いうる点にある。彼は、権力資源の間接的投資戦略として、「権力資源動員のためのチャネルの発展」、「政策決定や対立調整のための制度形成」、「権力資源の転換」および「予期された反応の促進」という四つの戦略を挙げる（Korpi 1985）。このため、福祉国家の形成・発展・変容も、短期的視野から長期的視野、および、直接的行使から間接的行使という権力資源行使の幅広い形態という観点から理解されなければならない。このように、権力資源動員論は、戦略的なアクター間の相互行為の結果としてアウトカムがもたらされると考えるため、批判者の指摘とは異なり、理論的基礎のレベルにおいては、必ずしも左派中心的な説明に陥るとは限らない。

しかし、この理論モデルを福祉国家の変化や差異を説明するために用いる場合、既存の権力資源動員論による分析には、批判者の指摘が当てはまることになる。例えば、福祉国家の発展を分析した論考において、コルピは、「多くの賃金稼得者は、市場プロセスや分配における市場の基準を修正するために政治的介入を利用することに、他の集団よりも大きな利益を持ち、そのため社会権や社会的シティズンシップの拡大に大きな利益を持つ」という仮説（Korpi 1989, p. 313）を提示し、左派勢力（労働組合、左派政党）という政治的回路を通じて、影響力を行使していくと考える。またより近年の分析でも、コルピら（Korpi and Palme 2003）は、失業率の上昇が福祉国家の削減を意味することを確認した上で、プログラムレベルにおける代替率の後退の国ごとの差異が、党派性によって説明できることを指摘している。つまり、左派勢力が強い国では代替率の後退は少なく、右派勢力が強い国では劇的な後退を経験したことを確認する。以上のように、権力資源動員論による分析では、福祉国家の政策アウトカムの差異は、主に左派勢力の強さによって説明されることになる。

ここで福祉国家の変容・再編の主要因として党派性や労働勢力に注目する議論を、広義の権力資源動員論として考えると、多くの研究がこの分類に当てはまる。例えば、福祉国家の再編プロセスにおける左派政党や労働組合などの影響力を指摘する研究として、以下のものがある。アランら（Allan and Scruggs 2004）は、疾病給付や失業保険における賃金代替率からなる「福祉国家エンタイトルメント」が多くの国で悪化し、さらに国ごとにかなりの差異が生まれていることを確認し、政治的党派性の重要性を指摘する。スカブローは、労働組合や左派政党が、時代遅れの福祉国家の守護者ではなく、福祉国家の変容に関する政治の主要なアクターであることを指摘する（Scarbrough 2000）。また、アンダーソン（Anderson 2001）やベラン（Béland 2001）は、次項で紹介するP・ピアソンの理論枠組を批判的に継承しつつ、政治制度的な差異やプログラムの運営への労働組合の参加の差異により、特定の条件では労働勢力が積極的な役割を果たしたことを主張している。

最後に、権力資源動員論の意義と限界を整理しておこう。意義としては、第一に、アクターの戦略的相互作用を強調しているという点がある。つまり、福祉国家の再編は、社会・経済的要因の結果として自動的に生じるのではなく、政治アクターによる戦略的相互行為の結果として生じるのであり、この戦略的相互行為がアウトカムに大きな差異をもたらすのである。第二に、アクター間の相互依存状況での政策選択を強調するため、理論的基礎のレベルでは、右派勢力やビジネス勢力など左派勢力以外の幅広い政治勢力が福祉国家の展開に与えるインパクトを射程に収めているといえる。しかし、限界点として、実際の分析レベルでは、アウトカムを説明する主要因として左派勢力を想定するため、ビジネス層や中間層など、左派以外の政治勢力が福祉国家の発展に果たした積極的な役割を軽視することにつながりやすい。

（2）比較政治経済学（階級交差連合論と資本主義の多様性論）

続いて、比較政治経済学による福祉国家分析を検討する。ここでは、特に階級交差連合論（Cross Class Aliance：以下ではCCA論）および資本主義の多様性論（VOC論）に注目する。CCA論は、権力資源動員論の発展的形態として肯定的に評価されることもあるが[3]、権力資源動員論の持つ労働勢力バイアスを鋭く批判しており、むしろ、社会政策発展におけるビジネス勢力の重要性を主張する点で[4]VOC論と共通点が多い。また、VOC論が注目する生産レジームと福祉レジームの関連という視角は、第三章でも言及したように現在の福祉国家の変容を分析する枠組として注目されており、数多くの研究が蓄積されている。[5]そのため、CCA論とVOC論が、福祉国家分析に与える意義と限界を明らかにすることは意味のある作業と思われる。

議論の紹介に移る前に、CCA論とVOC論の関係について触れておこう。両者はビジネス勢力を分析の中心に置く点で共通性を持つが、その注目するポイントは異なる。セレン（Thelen 2002）によれば、ＣＣＡ論は、福祉国家における政治経済諸制度の政治的基盤（階級交差連合などの政治連合）に注目するのに対して、ＶＯＣ論は、政治経済諸制度のビジネスアクターの選好に与えるインパクトに注目する。したがって、彼女は、「アクター→制度」を強調するＣＣＡ論と「制度→アクター」を強調するＶＯＣ論は、理論的な補完関係にあり、さらに、時間的側面を重視することによって実りの多い統合が実現すると主張する。本書では、両者における注目点の差異を認めつつも、福祉国家分析における理論的共通性（すなわち、福祉国家発展におけるビジネス勢力の果たした役割を強調するアプローチ）を重視し、両者がひとつの理論的まとまりを形成していると考え、比較政治経済学による福祉国家分析として整理する。

ＣＣＡ論（Swenson 1991a, 1991b, Pontusson and Swenson 1996, Clayton and Pontusson 1998 など）の特徴は、端的にいえば、その代表的な論者であるスヴェンソンの論文「資本を呼び戻せ、社会民主主義再考」（Swenson 1991a）にあるように、権力資源動員論が労働勢力に傾斜した分析に陥っていることを批判し、諸制度の形成・維持における資本の役割や階級間の交差連合の役割を積極的に評価しようとする点にある。例えば、スヴェンソンは、デンマークとスウェーデンにおいて、頂上団体による戦闘的労働組合のコントロールに利益を持ったビジネス勢力が、労働組合の集権化において積極的役割を果たしたことや、社会民主主義政権が集権的な紛争処理に利益を持つビジネス勢力と労働者間の階級交差連合により支えられていたことを説く。近年の福祉国家の変化に関しても、ビジネス勢力と労働者間に生まれた階級交差連合が重要となる。例えば、ポンツソンら（Pontusson and Swenson 1996）は、スウェーデンモデルの変容（賃金交渉制度の脱分権化）における階級交差連合の役割に注目する。彼らによれば、スウェーデンでは、雇用構造の変化（ホワイトカラーや公的セクターの増大）により、ビジネス勢力が従来型の賃金決定メカニズムを負担と感じるようになり、また生産形態の変化（ポスト・フォーディズム化）が賃金インセンティブの必要性をもたらした結果、輸出セクターが集権的な交渉制度から離脱することになった。これは単純なビジネス側の選好の変化によってもたらされたのではなく、資本内・労働組合内において輸出セクターと国内セクター間の対立が存在し、階級を交差した輸出セクター間の労使連合の成立によって可能となったことが主張される。

ＶＯＣ論も、福祉国家の発展におけるビジネス勢力の役割に注目する。ＶＯＣ論は、上述のセレン（Thelen 2002）が指摘しているように、政治経済諸制度がビジネス勢力の調整能力に与えるインパクトに注目する。福祉国家分析においては、社会政策が果たす経済的役割[6]（とりわけスキル投資へのインセンティブ提供）が強調される。例えば、ドイツとフランスにおける社会政策の展開の差異を分析した研究で、マレス（Mares 2003）は、社会政策がスキル投資へのインセンティブを提供し、また熟練労働者の確保・維持および労働力放出の手段を提供するため、その整備がビジネス勢力の自己利益にかなう一方で、財政負担などのコストも存在することを指摘する。その上で、依存するスキル形態やコスト負担能力（企業の規模）や直面するリスクの発生率などにより、ビジネス勢力内で社会政策への選好が大きく異なることを主張する[7]。そして、労使間で選好が一致することがほとんどないため、労使の両アクターは社会政策の実現のために戦略的な同盟形成へと向かい、政治エリートの役割および政治制度や過去の政策遺産の影響を受けながら、階級連合が形成されることを主張する。つまり、どのビジネスセクターにより主導権が握られ、階級連合が形成されるかによって、アウトカムが大きく異なることが予測されるのである。

その他の研究として、ウッドは、労働市場政策の変容を自由市場経済（ＬＭＥ）と調整市場経済（ＣＭＥ）におけるビジネスの選好の違いに注目しながら分析する（Wood 2001a, 2001b）。彼は、ドイツで労働市場の規制緩和が十分に進展しなかったことを、制度論が主張するような経路依存性や拒否点のためではなく、従来型の労働市場政策を維持することこそがビジネス勢力の選好に合致していたため、十分な規制緩和が起きなかったことを主張する。他方、イギリスでは規制緩和がビジネス勢力の選好に合致したため改革が進んだことを指摘している。

このように比較政治経済学は、権力資源動員論で見落とされていた福祉国家の変容におけるビジネス勢力の積極的な役割および労働—資本間の階級交差連合という要因に光を当て、労働バイアスを修正したという点で大きな意義がある。[8] CCA論は、従来の資本—労働間の対立だけではなく、各階級内の対立の存在を指摘し、それらの間での連合形成が福祉国家の発展に重要な役割を果たしてきたことを主張し、VOC論は、企業の規模や依存する直面するリスクの発生率など、ビジネス勢力の直面する政治経済諸制度の差異がアクターの利益・選好に与えるインパクトに注目することによって、議論をさらに深化させた。これらの点で、両者は福祉国家の発展・変容プロセスの解明に大きな貢献をなしたといえよう。しかし、ここで強調されるべきことは、比較政治経済学も、理論的基礎のレベルでは権力資源動員論を踏襲している点である。つまり、アクター間の戦略的相互作用の結果として、アウトカムがもたらされると想定する点（分析のミクロ的基盤）は権力資源動員論と共通している。言い換えれば、権力資源動員論と比較政治経済学は理論的基礎のレベルでは共通しており、両者は実際の分析レベルでどのアクターの役割を重視するかという点で異なるのみである。

（3）まとめ——利益中心アプローチの意義と限界——

本項では、福祉国家の変容を分析するアプローチとして、アクターの利益に注目する利益中心アプローチ[9]の代表的な枠組を整理してきた。権力資源動員論と比較政治経済学は、ある経済社会環境におけるアクターの利益・選好を所与として、アクターの戦略的な相互行為の結果として、福祉国家の再編がもたらされるという理論的基礎のレベル（ミクロ的基盤）は共通している。両者の差異は、ある経済社会環境における、アクターの持つ利益・選好をどう想定するかという次元にある。したがって、権力資源動員論への批判者が強調するのとは異なり、理論的基礎のレベルでは両者は対立しておらず、利益・選好の想定に関しては、両者の知見は統合できる可能性があるといえる。

それでは、最後に、利益中心アプローチの意義と限界を検討しよう。まず理論的基礎のレベルでは、戦略的アクター間の相互依存的な状況での選択という点を強調する。さらに、短期的・直接的な権力資源の行使のみならず、長期的・間接的な権力資源の投資という点も注目される。このように、利益中心アプローチは、アクター間の戦略的相互行為の帰結として福祉国家が発展・変容していくと捉える。この分析視角は、政治的アクターを重視するという意義がある。つまり、経済のグローバル化の進展およびポスト産業社会への移行という諸環境の変化が、福祉国家の変容を自動的にもたらすという社会・経済還元論に対して、政治的アクターの主体的な対応こそが福祉国家の変容をもたらすと捉えることによって、「政治が重要」という点を強調している。さらに、既存研究では十分に言及されていないが、理論的基礎における射程の広さも重要である。例えば、諸アクターの利益・選好がアクター自身の認識・信念に依存すると考えれば、アイデア的な要因を重視するアプローチと結びつく可能性がある。また、権力資源の分配・行使やアクターの利益・選好への制度的な要因の影響力を考慮すれば、制度中心アプローチとリンクしうる。このように、理論的基礎のレベルでは各アプローチの知見を吸収しうるという長所もある。

しかし、利益中心アプローチには限界もある。第一に、理論的基礎のレベルにおいては、制度中心およびアイデア中心アプローチの知見を吸収しうるだけの射程を持っているにもかかわらず、それは十分に考慮されてこなかった。例えば、アクターの利益・選好に与える制度的要因やアイデア的要因のインパクト、また政策決定プロセスにおける拒否権の有無など制度的要因に関しては、十分に分析に組み込まれてきたとはいえない。そのため、転換期の福祉国家分析のための枠組を考える上では、各アプローチの知見を積極的に統合していくことを模索する必要がある。第二に、諸アクターの利益・選好の問題である。利益中心アプローチは、上述のように、ある経済社会環境からアクターの利益・選好が導くことができると想定するが、福祉国家の再編という混沌とした局面においては、諸環境の変化の意味は自明とはいえず、アクターの現状認識・評価は不安定となりがちである。つまり、不確実性が高い状況では、利益や選好が経済的社会的環境から一義的に導けるとは限らない。むしろ、特定の信念や理論などアイデア的な要因による影響を強く受けると考えられる（cf. Hay 2002, 2006a, 2006b, Blyth 2002a, 2003a）。言い換えれば、利益中心アプローチは、利益や選好を所与とすることで、それらが形成される局面の政治的ダイナミズムを十分に考慮できていないと考えられる。

以上のように、利益中心アプローチには、アクターの主体性を強調するという意義、そして、他のアプローチの知見を吸収しうるという理論レベルでの射程の広さというメリットがある。しかし、既存研究では、その射程の広さを、他の知見を統合して、より適切な枠組を提示するという目的のためには十分に活用されていない。また、福祉国家の再編プロセスは不確実性が高く、多義的な側面を持つと予想されるにもかかわらず、諸アクターの利益・選好を所与としてしまうという限界点もある。次項では、制度中心アプローチとして、福祉国家の持続・削減期の研究を切り開き、それ以後の研究に多大な影響を与えているポール・ピアソンの「福祉国家の新しい政治論」などの歴史的制度論、および、公的な政治制度への注目を取り上げ、その意義と限界を検討する。

2　主流派アプローチ②　制度中心アプローチの特徴

本項では、ある制度状況におけるアクターへの制度的要因の影響力を重視する制度中心アプローチの特徴を整理する。福祉国家研究では、福祉国家の持続・削減期の研究を切り開き、それ以後の研究に大きな影響を与えている「福祉国家の新しい政治論」などの歴史的制度論、および、議会制度や選挙制度などの公的な政治制度の重要性を強調する論者が制度中心アプローチに含まれる。

(1)「福祉国家の新しい政治論」を中心とした歴史的制度論

歴史的制度論は、政治学における多元主義やネオマルクス主義など、政治の社会還元アプローチを批判した国家中心アプローチに由来する(Skocpol 1985など)。福祉国家研究の文脈では、政治制度や社会政策の歴史的構造がその後の発展に大きな影響を与えたことが主張されてきた。例えば、分権的な政治制度と綱領政党を欠いた政党システムのインパクトがアメリカ型福祉国家の形成・発展の理解に不可欠なこと[10](Skocpol 1981, 1992, Skocpol and Ikenberry 1983)が指摘され、国家-社会関係の制度の差異が各国のケインズ主義的政策の採用に与えたインパクト[11](Weir and Skocpol 1985)が示されている。また連邦制が社会政策の発展に与えた影響力[12](Obinger et al. 2006)、そして労働市場制度が左派勢力に与えた影響力[13](Rothstein 1990, 1992, King and Rothstein 1993)なども強調されてきた。

以下では、様々な種類の議論が存在する歴史的制度論の中でも、福祉国家の持続・削減期の研究を切り開き、九〇年代中盤以降の比較福祉国家分析に多大な影響を与えてきたポール・ピアソンの「福祉国家の新しい政治論」およびそれに関連した諸議論を紹介し、その意義と限界を明らかにする。福祉国家の新しい政治論に関しては、肯定的な評価から否定的な評価まで様々な意見[14]が提出されており、福祉国家の再編を分析するための理論枠組を構築する上では、それに対して明確なスタンスを示しておく必要がある。

まずピアソンは、福祉国家を解体に向かわせる圧力が存在するにもかかわらず、福祉国家の危機論やグローバル化論に反して、なぜ福祉国家は持続[15]するのか、と問う(P. Pierson 1994, 1996)。この問いに対して、彼は「一つ目に政策決定者の政治的目標が異なり、二つ目に政治的文脈に大きな変化がある」ため、福祉国家の拡大期と削減期の政治は質的に異なると指摘する（P. Pierson 1996, p. 144）。

まず、「政策決定者の政治的目標が異なる」ということは、削減という政策追求と再選を目指す政治家がジレンマに直面していることを意味する。つまり、削減コストの集中性および削減利得の分散性という特徴と、有権者が利得よりも損失に反応するというネガティブバイアスの存在のため、削減政策は再選リスクを高める。この結果、削減は一般的に非難回避[16]（blame avoidance）の様相を呈する。つまり、削減は反対を極小化した時にのみ可能となる。政治家は、削減の帰結を目立たなくさせるなどの「曖昧化戦略」、福祉受給者グループや福祉供給者―受給者連合を分断する「分断化戦略」、および、不利益を被る人々に経済的補償を提供する「補償戦略」の三つの戦略を駆使して、反対の極小化を図ることが可能である。しかし、これらの三つの戦略は、利用可能性に限界があり、同時に政治的コストが存在するため、削減の困難さを根本的に解決することはない。

次に、「政治的文脈に大きな変化がある」ということは、政策フィードバック効果[17]が存在するために、発展期と削減期では政治的文脈が大きく異なるということを意味する。例えば、政策フィードバック効果として、新たな利益集団の登場が挙げられる。福祉国家は、その発展の過程で様々なプログラムを整備するが、それに伴って受益者団体などの利益集団が誕生し、それらが改革の大きな障害となる。その他の政策フィードバック効果として、ロックイン効果の存在がある。福祉国家の展開に伴い、人々は既存の福祉政策に大きく投資し、それに埋め込まれていくため（つまり、既存政策へロックインされていくため）、削減の実施は大きな困難となる。

このように福祉国家の政治の性格が、発展・形成期と削減・改革期との間で大きく異なることを前提とした上で、ピアソンは、従来型の説明理論の限界を主張する（P. Pierson 1994）。第一に、福祉国家の持続性に加えて、一国内におけるプログラムごとに削減の程度が大きく異なる。このような現象は、マクロ変数に注目する既存理論（産業化理論や権力資源動員論）では説明が困難となる。第二に、政策フィードバック効果が存在するため、受益者団体などの新しい利益集団が政治アリーナに登場するなど、政治アクターも発展期とは大きく異なり、発展・形成期のように労働勢力が主要アクターとなるとは限らない。第三に、ピアソンによれば、政治制度の与えるインパクトも発展期と削減期との間で異なる。例えば、発展期において、拒否点が多い制度構造（権力分散型）は福祉国家の拡大に不利であり、拒否点が少ない制度構造（権力集中型）は福祉国家の拡大に有利であることが確認されている（Huber et al. 1993, Obinger et al. 2005）。しかし、ピアソンは、削減期では、権力集中システムは権威を集中させるが、同時に説明責任も集中するため、制度構造のインパクトは複雑になると主張する（P. Pierson 1996）。これらの諸条件の変化をふまえて、新たな理論枠組として、反対を極小化するための先述の三つの戦略の利用可能性に着目するため、プログラム構造に注目した制度論を展開する。つまり、削減＝不人気を前提として、政策実現と再選要求に直面する政治家が人々の反対を極小化できるかという点が削減の成否に大きな影響を与えるのであり、これらの成否はプログラム構造に依存するのである。

このプログラム構造に注目するピアソンの議論[18]に対する批判として、ピアソンの二つの前提を共有しつつも、その他の政治的要因に注目する論者もいる。例えば、憲法構造や政治諸制度などにより決定される権力集中の程度が、政治アクターの削減・改革戦略に与える影響に注目する論者[19]（Bonoli et al. 2000, Bonoli 2000, 2001, Hemerijck and Manow 2001, Swank 2001, 2002, 2003, Estevez-Abe 2002など）、そして、政党システムが政治アクターの削減・改革戦略に与える影響に注目する論者[20]（Green-Pedersen 2002, Kitschelt 2001）も存在する。また、ピアソンの議論を補完するものとして、ロスタインは、インセンティブの提供や戦略的行為に影響をもたらすなど、制度がアクターの利益・選好に影響を与えるだけでなく、正統性や信念・規範を提供する機能（規範設定機能）を持つことを強調し、諸制度が社会関係資本や一般的信頼を提供する機能に注目する（Rothstein 1998, 2005）。彼はこの制度観に基づき福祉国家の変容を分析していくが、重要なポイントは、福祉国家の諸プログラムの特徴（普遍主義と選別主義）の差異が、人々の間の社会関係資本や一般的信頼に影響を与え、その結果として、福祉国家の変容に影響をもたらすという点にある。

　最後に、「福祉国家の新しい政治論」を中心とした歴史的制度論の意義と限界を明らかにしよう。まず第一の意義は、福祉国家の「発展」期と「削減」期という時期区分を提示し、それぞれにおける政治の性格が異なることを指摘し、新たな理論枠組を提示した点にある。「福祉国家の新しい政治論」は、政治目標の変化および政治的文脈の変化から、福祉国家の政治が新しい段階に入っていることを主張して、制度的要因に注目した新たな分析枠組を展開した。この福祉政治の性格の変化という認識は、福祉国家の段階の変化という認識をふまえており、重要な指摘と考えられる。第二の意義は、「政治が重要」という分析枠組を打ち出している点にある。しばしば経済のグローバル化の進展が国民国家の自律性の喪失や底辺への競争をもたらし、福祉国家は縮減する方向で収斂するという主張がなされてきた。このような議論に対して、「福祉国家の新しい政治」論は、経済の変化ではなく「諸制度が重要」として、諸圧力が各国で同様に作用することはないことを示し、収斂しないことを理論的・実証的に証明した。つまり、福祉国家の変容の政治学的な分析の必要性を主張しているのである。

　しかし、その一方で、「福祉国家の新しい政治論」は、「①福祉国家への外的圧力・内的圧力↓削減の必要性、②削減＝不人気政策」という二つの前提を置く[21]が、これに由来する限界点がある。まず第一に、福祉国家への外的圧力・内的圧力が削減の必要性をもたらすとは限らない[22]。例えば、レヴィは、大陸型福祉国家レジーム諸国においては、左派政権の下で、単なる削減政策とは異なる改革が展開されていることを指摘する。その際、カギとなる概念が、非効率性の原因である福祉システム内の不平等の改革をねらいとする「欠陥を徳へ変える（vice-into-virtue）」戦略である。これは、「歴史的な「欠陥」や不平等を弱めることにより、革新的な改革者は、多様な「徳のある」目標を追求するための資源を得ることができる」（Levy 1999, p. 240）ということを意味する。つまり、大陸諸国では、経済的なパフォーマンスの拘束要因となり、かつ、国家の財政負担の原因となっている固有の福祉政策の問題（例、女性の労働市場参加を疎外するプログラム体系、インサイダー・アウトサイダーの分離および職域による給付の分断化など）を改革すること自体が、経済にプラスの影響をもたらし、財政負担をやわらげると同時に、福祉国家レジームの刷新のための資源の獲得を可能にするのである。また、ピアソン自身も、「福祉国家への外的・内的圧力→削減の必要性」という図式を修正している。すなわち、彼によれば緊縮的経済下で、福祉国家を維持していく困難を認識したアクターの対立軸は、従来の現状維持vs削減という単純さを失い、複雑化するのである。そこで彼は、近年の変化を捉えるため、削減や解体とは異なる再構築（restructuring）という概念を提示する（P. Pierson 2001b）。これは、社会政策の維持や近代化と同時に、財政負担の軽減、経済パフォーマンスの改善および新しいニーズへの対応も追求する態度を示す。再構築は、再商品化、コスト抑制、および、再秤量化という三つの側面から構成される。レヴィとピアソンの分析が示唆することは、「外的・内的圧力の存在→削減政策の必要性」という図式ではなく、削減政策以外にも様々な選択肢が存在し、その中から特定の政策が採用される政治過程を分析する必要がある、ということである。

続いて、第二に、「福祉国家の新しい政治」論の前提条件②の「削減＝不人気政策」も問題がある。例えば、コックスは、オランダ・デンマークにおける福祉削減政策の成功とドイツにおける失敗を比較した論文の中で、削減政策が特定の条件では支持を得る場合があることを指摘する。コックスが注目するのは、言説の変化による削減政策の正統化という観点である。ここで重要な概念となるのが、「改革イニシアティブの幅広い支持をもたらす方法でイシューをフレーミングする」という「経路形成」である（Cox 2001）。この概念が示唆することは、削減政策の性格は所与ではなく開かれており、アクターによるフレーミングを通じて意味づけられるということである。彼によれば、削減政策の成否は、アクターが正統化言説の構築に成功するか否かに大きく依存しているのである。また、ロスは、イギリスにおける福祉国家改革が必ずしも不人気ではなかったことを指摘する。彼女によれば、「福祉国家の人気は固定的なものとみなすべきではなく」、「政治的リーダーは福祉国家に対する人々の態度を作り出す余地を持っている」のである（Ross 2000a, p. 21, Ross 2000b, 2000c も参照）。ここで重要になる要素が、政治アクターによるフレーミングである。政治家は、フレーミング過程を通じて、自らの立場をある程度一般の人々に受容させることができるのである。つまり、ロスとコックス[23]は、削減政策が不人気政策であるという想定を否定し、フレーミングの重要性を指摘することによって、戦略的な政治アクターによる削減・改革政策の正統化の可能性を強調するのである。

また、第三に「福祉国家の新しい政治」論は、変化（の内容）を軽視するという理論的なバイアスを持つ。まず、二つの前提条件から、「福祉国家の新しい政治」論者は、「どのような条件の下ならば、不人気政策である削減政策の実現が可能か」を問うため、「どのような政策」が採用されるのかという問いは軽視される[24]。さらに、福祉国家改革の困難さを前提としており、変化（の内容）という側面自体を分析の対象外に置くことになる。つまり、「福祉国家の新しい政治」論の現状認識としては、まず福祉国家の持続性があり、これを前提として「なぜ持続するか」を説明するための理論枠組となっており、変化（の性格）を問うことには重点が置かれていない。しかし、政治経済システムとしての福祉国家が、経済のグローバル化の進展およびポスト工業社会への移行に伴い、大きく変容していることを前提とすると、持続性だけでなく、変化という側面を射程に収める必要がある。

そして、第四に、この二つの前提の結果として、「福祉国家の新しい政治」論が、「政治が重要」ということを消極的な意味でしか表現し得ないという結論[25]に至る。つまり、「福祉国家の新しい政治」論は、「圧力に直面したアクターは、主体的な対応（削減以外の政策の採用）ではなく、削減政策の採用を試みるが、様々な拘束要因が存在するため、特定の制度的条件以外では、必ずしも実現するとは限らない」という図式をとる。このように、広義の「新しい政治」論では、削減の成否は「構造的な」政治要因が決定する、という図式をとる。このため、アクターの主体的な対応や政治による変革可能性という要素が十分に考慮されないことになってしまう。換言すると、「福祉国家の新しい政治」論は、アクターによる変革可能性を軽視した消極的な意味での「政治が重要」説といえる。以下では、歴史的制度論以外の政治制度に注目する理論枠組を簡単に紹介し、その意義と限界を明らかにする。

(2) 公的政治制度への注目

歴史的制度論以外の制度的要因に注目する理論枠組として、議会制度や選挙制度などの公的政治制度へ注目するものがある。例えば、上述のように、オビンガーらは、諸アクターの関与が多いなど拒否点の多さを含意する連邦制度が、社会政策の採用それ自身というよりも、採用のスピードに影響を与えることを指摘する。彼らによれば、連邦制は、戦後の黄金時代には福祉国家の発展に遅れをもたらす要因となる一方で、近年の改革・変容期には縮減政策の歯止めをもたらす要因となる（Obinger et al. 2005）。他方、エステベス–アベは、政治制度が、拒否権プレイヤーのインセンティブと形態を決定することで、福祉政治を条件づけるという前提に依拠して、政治制度の三つの側面（①選挙区の定数、②個人投票の強さ（＝政党規律の弱さ）、③政府形態）に注目する[26]（Estevez-Abe 2008）。彼女は、先進諸国を分析すると、四つの政治制度の組み合わせが析出され、それぞれでは固有の社会保障システムが展開されていることを確認する。まず第一のパターンは「一人区、強い政党、多数政権」である。これはウエストミンスターモデル諸国で、普遍的社会政策を志向し、低い課税能力のために低水準の給付になり、市場制約的な政策の利用が少なく、地域的に限定された政策が存在する。ここでは、普遍的で親市場的な福祉国家（すなわち自由主義レジーム）が形成される。第二のパターンは「複数区、強い政党、連立政権」である。これは大陸諸国の多くが当てはまり、寛大な公的社会政策が展開され、分断的な社会保障システムを形成し、市場制約的な政策が利用される。ここでは、分断的で寛大な福祉国家（すなわち保守主義レジーム）が形成される。第三のパターンは「複数区、強い政党、少数政権」である。これは北欧諸国が当てはまり、普遍的で寛大な社会政策が展開され、反競争的な政策は利用されない。ここでは、親市場的で寛大かつ普遍的な福祉国家（すなわち社会民主主義レジーム）が形成される。第四に、「複数区、弱い政党、多数政権」である。これは選挙制度改革以前の日本やイタリアが当てはまり、分断的な社会政策、低い課税能力のための低水準の給付、反競争的な政策が利用される。ここでは、分断的で国家主義的な福祉国家（日本や南欧モデル）が形成される。

連邦制、選挙制度、そして政府形態などの公的政治制度に注目する議論の第一の意義は、経済社会環境ではなく、政治制度こそがアクターの利益・選好を決定する上で重要であることを強調している点にある。また、第二の意義は、制度の歴史性に注目する歴史的制度論とは異なり、様々な国や時期において適応可能な汎用性の高い理論枠組を提示している点が挙げられる。しかし、その一方で問題点も残されている。まず第一に、「福祉国家の新しい政治論」と同様に、政治制度という構造的な要因がアウトカムを説明すると捉えるため、環境変化へのアクターの主体的対応や政治による変革可能性という視角が十分に考慮されない可能性がある。そして、第二に、政治制度に注目するのみでは、福祉国家の変容が十分に射程に収められない点が挙げられる。ここで紹介した議論（特にエステベス-アベの議論）では、公的政治制度が変化しない限り、アウトカムの変化は生じないことが示唆される。しかし、公的政治制度は持続性が高いため、政治制度という観点のみでは、経済社会環境の変化の結果として生じている、近年の福祉国家の変容を十分に説明できない。言い換えれば、公的政治制度に注目する議論は、政治制度が重要と捉えるため、政治―経済・社会関係の変化を軽視するおそれがある。福祉国家の変容・再編を考える上では、政治制度に注目するのみでは不十分であり、経済社会環境の変化およびその政治的インパクトを分析枠組に組み入れる必要がある。以下では、「福祉国家の新しい政治論」および公的政治制度に注目する議論からなる制度中心アプローチの意義と限界を整理する。

（3）まとめ――制度中心アプローチの意義と限界――

本項では、ある制度状況におけるアクターへの制度的要因の影響力を重視する制度中心アプローチとして、ピアソンの「福祉国家の新しい政治論」および公的政治制度に注目する議論を紹介し、その意義と限界を検討してきた。制度中心アプローチの意義は、利益中心アプローチの「利益を所与とした政治アクターの戦略的相互行為が重要」という視角に対して、「制度的要因がアクターに与えるインパクトが重要」という新しい意味での「政治が重要」という視角を打ち出した点にある。経済のグローバル化の進展による、福祉国家の縮減という方向での収斂は、制度的要因のために生じることはなく、むしろ各国で制度的要因が異なるために、引き続き福祉国家の多様性がもたらされることを明確にした点で重要な意味を持つ。また、ここで紹介した諸研究において明示的には論じられてはいないが、制度中心アプローチは政治アクターの戦略的相互行為が福祉国家の再編をもたらすことを前提としている。その上で、「福祉国家の新しい政治論」では制度の歴史性が政治アクターの利益・選好に与える影響力に注目する一方で、公的政治制度に注目する議論では議会制度や選挙制度が政治アクターの利益・選好に与える影響力に注目する。言い換えれば、戦略的相互行為に注目する点では、利益中心アプローチと理論的基礎のレベルでは共通性を持つといえる。したがって、制度中心アプローチと利益中心アプローチの知見は、統合することが可能と考えられる。

しかし、制度中心アプローチの意義は、その限界点につながることになる。すなわち、第一に、「制度が重要」という点が強調されるため、「構造的な政治的要因が重要」という結論に至ることになる。つまり、福祉国家再編への圧力の背景となっている経済・社会・政治的環境の変化に対して、ある制度状況における政治アクターは同じ対応を試みると想定することによって、アクターの主体的・戦略的な対応（および、その帰結としてのアウトカムの多様性）という観点が弱くなってしまう。例えば、「福祉国家の新しい政治論」では、二つの前提を置くことで、削減以外の選択肢の採用やアクターによる不人気政策の正統化という可能性が軽視される。他方で、公的政治制度への注目では、公的政治制度がアクターの利益・選好を決定すると想定するため、現状を多様に解釈するアクターの主体性が軽視されることになる。このように、制度中心アプローチは、ある制度状況におけるアクターの利益・選好を所与とすることで、利益中心アプローチと同様に、それらが形成される局面の政治性を十分に考慮できないという理論的な問題点が残されている。第二に、制度中心アプローチでは、福祉国家の変容という側面が軽視されることになりやすい。例えば、「福祉国家の新しい政治論」では、持続性を前提として、なぜ福祉国家は持続するのかと問うことによって、変化という側面が軽視される。他方で、公的政治制度に注目する議論では、政治制度の変化がアウトカムの変化を説明すると捉えるが、政治制度は持続性が高いため、それのみでは近年の福祉国家に生じている変化が十分に捉えられない。つまり制度中心アプローチでは、その理論的な特徴から、経済社会環境の変化によって生じている、福祉国家の質的変容という側面が十分に考慮されない可能性があるといえる。動態を説明する理論枠組は、持続性という側面だけでなく、変化という側面も分析できなければならないため、制度中心アプローチには不十分な点が残されている。

以上のように、制度中心アプローチは、アクターの戦略的相互行為の結果としてアウトカムが生じることを前提として、制度のアクターに与えるインパクトに注目するという点で利益中心アプローチとは異なる形での「政治の重要性」を打ち出した点に意義がある。しかし、制度の規定性を強調するために、構造的な政治的要因を重視することになり、アクターの主体性が十分に考慮されないという点や、自らの理論的特徴のために、持続性に注目し、福祉国家の変容という側面が軽視されやすいという問題点を持つ。次項では、利益中心アプローチと制度中心アプローチの統合可能性について検討し、その意義と限界について考察する。

3　主流派アプローチの意義と限界

ここまで福祉国家再編のアウトカムを説明する理論枠組として、利益中心アプローチと制度中心アプローチの特徴を整理してきた。その中で、両アプローチが、アクターの戦略的相互行為に注目する点で共通性を持っていることを確認し、統合可能性があることを示唆してきた。本項ではその可能性を検討し、両者の知見を統合することで、それぞれが抱えている限界点を乗り越えることができるかを検討する。

(1)　利益中心アプローチと制度中心アプローチの統合可能性

前項までで確認してきたように、主流派アプローチは、アクターの戦略的相互行為の結果として、福祉国家のアウトカムが生じるという点では共通している。そして、アクターの利益・選好を想定する上で、利益中心アプローチは「政治アクターの経済社会環境における位置」を重視する一方で、制度中心アプローチは「特定の制度状況の与える影響力」に注目する。したがって、両者の知見は、必ずしも相反するものではなく、統合することができると思われる。例えば、左派・労働勢力が福祉国家の保護・拡充を求め、右派・ビジネス勢力は福祉国家の縮小（特定の場合を除く）を求めると想定することと、プログラム構造や政治制度がアクターの再編戦略を規定することは矛盾しない。むしろ、両者を補完関係と考えることで、より適切な分析が可能になると思われる。例えば、両者の知見を組み合わせることで、異なる政治制度下における同じ党派性の政権による再編の差異を、より詳細に説明することが可能になると思われる。つまり、両者の知見は、相互に排他的ではなく、ともに福祉国家アウトカムに重要なインパクトを与える要因として同一の枠組内で捉えることができる。そして、利益中心アプローチと制度中心アプローチの知見を統合する試みは、すでになされている（Huber and Stephens 2001, Swank 2002など）。例えば、フーバーとスティーブンスは、権力資源動員論に基づき政治連合の重要性に注目し、同時に、政治諸制度や政策遺産など制度的要因にも注目する。彼らは、福祉国家の変容に関係すると考えられる様々な独立変数をもとに統計分析を行い、党派性効果および政治制度のインパクト（憲法構造）が重要であることを指摘する。[27]他方で、スワンクは、政治制度が、利益表出や利益集約のパターン、政治アクターの機会、価値や規範などに影響を与えることを指摘し、両者の知見の統合を目指している（Swank 2002）。以上のように、両アプローチの知見を統合した理論枠組を発展させ、それに基づき、研究を蓄積していくことには大きな意義があるといえる。しかし、ここで検討されるべき論点は、両アプローチの知見を組み合わせることで、それぞれが持っていた問題点を克服できるかという点である。以下では、この点について検討する。

（2）主流派アプローチの限界――制度変化モデルの不十分性――

主流派アプローチは、アクター間の戦略的相互行為に注目するという点で共通性を持つために、両者の知見を統合することが可能であり、すでにその方向で研究が蓄積されている。しかし、この統合によって、両アプローチが持っている問題点を克服できるかはあらためて検討する必要がある。上述のように、利益中心アプローチの課題として、①理論的基盤の射程の広さが十分に活用できていない点、および、②アクターの利益・選好を所与とするため、その形成局面における政治性を十分に考慮できていない点が挙げられる。他方で、制度中心アプローチの課題として、①制度の規定性を強調するため、アクターの主体性（特に利益・選好の形成局面における）が十分に考慮されない点、および、②制度の持続性に注目し、変容を軽視するという理論的な特徴を持つ点が挙げられる。両者の知見を統合することは、利益中心アプローチの①射程の広さを活用できていないという課題を改善することにつながる。しかし、それ以外の課題である、アクターの利益・選好が形成される局面における政治性の問題、および、持続性を重視する傾向という問題が依然として残されていることになる。以下では、この二つの問題についてそれぞれ検討し、これらの問題が主流派アプローチの依拠する制度変化モデルに由来していることを確認する。

まず、アクターの利益・選好を所与とすることで、その形成局面における政治性が十分に考慮されていない点から検討する。上述のように、利益中心アプローチは、政治アクターの経済社会環境における位置が利益・選好を規定すると考える一方で、制度中心アプローチは、ある制度状況における制度的要因が利益・選好を規定すると考える。このように、両者とも、ある外部環境がアクターの利益・選好を規定すると考える点では共通している。ここで重要な点は、この想定が妥当性を持つか否かである。まず、第二・三章で確認してきた経済社会環境の変化によって、左派・右派の両党派が取り得る選択肢は、従来に比べると大きく変化している。経済社会環境の変化を前提とすると、マクロ需要管理政策などの従来型の経済政策の採用・維持は難しい一方で、市民に社会的保護を提供するという社会政策の機能を考慮すると、その一方的な縮減は困難と考えられる。さらに、経済のグローバル化の進展やポスト工業社会への移行などの経済社会環境の変化は、アクターにとって不確実性が高い状況といえ、その意味は自明とはいえない。このような状況では、経済社会環境から、一義的にアクターの利益・選好を導くことはできない。むしろ、その当時の政治アクターが経済社会環境の変化をどのように解釈し、意味を付与していったかが重要となる（cf. Blyth 2002a, 2003a, Hay 2002, 2006a, 2006b など）。つまり、利益・選好を所与とするのではなく、アクターが依拠していた信念や理論などのアイデア的要因によって規定されていたと捉える必要がある。

このように利益・選好がアイデア的要因によって規定されると考えることは、福祉国家の再編のタイミングを考慮する上でも重要となる。先進諸国が経済パフォーマンスの悪化などの福祉国家の危機に直面したのは主に七〇年代であるが、実際の再編が生じたのは八〇年代以降である。ここには、時間的ギャップが存在している。つまり、政治アクターは、環境の変化に直接的に対応しているというよりも、むしろアイデア的要因を媒介として、環境の変化を解釈しているといえる（改革に向かったが、既存勢力による反対に直面したという可能性もある）。そのため、福祉国家の再編プロセスを分析する上では、このタイミングを考慮するためにも、アクターの利益・選好の形成局面における政治的ダイナミズムに注目する必要がある。

続いて、変容を軽視し、持続性を重視するバイアスについて検討する。「福祉国家の新しい政治」論を主張したピアソンは歴史的制度論[28]の代表的な論者のひとりであり、経路依存性などの概念に注目する（Pierson 2000a, 2004）。一方、コルピは自らのアプローチを「拡大された合理的アプローチ」としており、その理論的基盤を扱った論文[29]において、歴史的制度論と同じように、経路依存性に注目している（Korpi 2001）。ここで重要な点は、両者は経路依存性[30]に注目する（これが生じる理由づけは両者で異なる）ため、制度変化よりも持続性を説明することに理論的強みを持つということにある。経路依存性とは、もっとも広い意味では、ある地点における偶発的な政治的選択がそれ以後の発展パターンに大きな影響をもたらすことを指す（cf. Thelen 1999, Mahoney 2000, Pierson 2004など）。経路依存性への注目それ自体は、制度変化の説明を不可能にするわけではない。むしろ、制度変化は再生産（つまり、自己拘束的な発展）を支えていたメカニズムが崩壊した時に起こるものとされる。そのため、再生産を支えているメカニズムの把握が重要となる。例えば、マホニーは、制度的再生産を分析するために用いられる説明(31)を、功利主義的説明、機能主義的説明、権力主義的説明および正統化的説明の四つに分類する（Mahoney 2000）。

これらの整理は再生産メカニズムおよび変化発生メカニズムの多様性を示している点で重要といえる。しかし、注目する必要があるのは、これらの枠組では「なぜある時点まで自己強化的な発展を支えてきた再生産メカニズムが崩壊し、どのように／なぜ特定の制度が採用されたか」という論点が十分に検討されないという点にある。つまり、経路依存性に注目することにより、制度の持続性を支えるメカニズムに関する理解が深まる一方で、制度変化は分析の対象外となる、もしくは再生産メカニズムが崩壊した例外的な現象とされやすい。結果として、制度変化は外在的要因などによってもたらされるという断続平衡モデル（危機における急速な制度生成→その後の安定）が想定され（Krasner 1984, 1988）、環境変化という要因と制度崩壊・制度形成という要因が十分に結びつけられなくなってしまう。そもそも、制度自体は、アクターの政治行為を通じて、持続するだけでなく、変化するものである。また、次節で言及するように、近年の新制度論の理論的刷新は、表面的には持続性を示しつつも、別の目的に利用もしくは新たな要素を付加することを通じて、全体としての意味を大きく転換させるなど、制度の複雑性を指摘している。したがって、制度変化分析（そして福祉国家の再編分析）のための理論枠組は、持続性と変化に関する政治的ダイナミズムを分析の射程に収める必要があるといえる。

ここで重要な点は、政治アクターの利益・選好が形成される局面における政治性の軽視、および、変化を軽視し持続性を重視する傾向という二つの問題が、主流派アプローチが依拠する制度変化モデルの不十分さに由来する点である。そもそも、制度変化プロセスには、①外的・内的要因により生じる諸環境の変化に対して、制度変化へと向かうアクターの利益・選好が形成される局面（目標設定局面）、および、②目的達成のために、政治アクター間の戦略的相互行為が行われる局面（支持調達局面）という二つの政治的ダイナミズムが存在する。主流派アプローチ（の依拠する制度変化モデル）は、戦略的相互行為（による制度の持続）という点に関して、多くの知見を蓄積してきたといえるが、利益・選好を所与とすることで、その形成局面における政治性を十分に検討せず、また変化を例外的なものとしてきた。福祉国家再編を分析する上では、支持調達局面における政治的ダイナミズムだけでなく、高い不確実性や環境変化の意味の自明性の欠如に由来する、現状を解釈するためのアイデアをめぐる対立など、利益・選好を形成する局面（目標設定）の政治性に注目する必要がある。言い換えれば、現代福祉国家論は、制度変化における、目標設定局面、および、支持調達局面という二つの政治的ダイナミズムを考慮した制度変化モデルを必要としているといえる。以下では、主流派アプローチの限界を克服する試みとして近年登場している、福祉国家論におけるアイデアへの注目の意義と限界を簡単に整理する。

4　アイデアへの注目の意義と限界

主流派アプローチの理論的限界を克服する試みとして、近年では、アイデア的要因に注目が集まっている[32]（Béland 2005a, Starke 2006）。アイデア的要因に注目する論者は、政治アクターの持つ政策アイデアや、ある政策が言説を通じて正統化されるプロセスなどに注目する。すでに第二節で触れた、コックスやロスの研究はその先駆けといえる。本項では、両者以外の研究について紹介し、その意義と限界を検討する。ただし、福祉国家再編の比較分析にも精力的に取り組んでいるシュミット（Schmidt 2000, 2002a, 2002b, 2003）の議論については、その理論的基盤を中心に次節で詳しく言及するため、本節では言及しない。

まず政策アイデアへの注目として、ホールの政策パラダイム論[33]（Hall 1993）によって提示された理論枠組を発展させている、ベランの業績が挙げられる。ベランらは、制度論がなぜ特定の政策形態がとられたかについて十分に説明できないことを批判し、「政策フィードバックや社会学習」というメカニズムに注目し、政策形態を説明するための「政策パラダイム」とそれを導入する政治アクターである「政策企業家」の役割を強調する（Béland and Hacker 2004）。彼らは、アメリカの福祉政策の転換を、大規模な政治経済的な変化が起きた時のアクターが依拠する政策パラダイムの内容に注目しながら分析している。別の論文で、ベランは、社会学習の政治的性格の差異を強調するため、政治家らによる市民の説得を目的とした「高レベルの社会学習」と官僚による政策決定者の誘導を目的とした「低レベルの社会学習」を提示する（Béland 2006, p. 563）。そのほかの論者として、テイラーグッビィは、ドイツとイギリスとフランスの労働市場政策の変化を分析する中で、各国の消極的労働市場政策からアクティベーションへの移行が、福祉国家改革に関する政治的再編および政策パラダイムの変化と関連していることを説く（Taylor-Gooby 2005, chapter1）。

他方で、すでに紹介したコックスおよびロス以外の、言説を通じた正統化プロセスに注目する論者としては、フレーミングに注目するトルフィングが挙げられる。彼は、デンマークにおける福祉政策の変容を、ジェソップから示唆を受け、ケインズ主義的福祉国家からシュンペーター主義的ワークフェア国家への移行と捉えるが、経済・社会的要因の変化によってもたらされるという機能主義的な説明に陥らないようにするため、言説へ注目する（Torfing 1999a, 1999b）。彼によれば、デンマークにおける言説の重要な変化は、構造的競争力と構造的失業をめぐり生じている。すなわち、経済政策に関して、ケインズ主義的な需要管理政策からシュンペーター主義的な構造政策への移行がみられ、社会政策に関して、福祉政策から積極的なワークフェア政策への移行がみられることを指摘する。また彼は、制度の持続性と変化（および、その内容）を理論的に同一次元で捉えようと試みて、「経路依存的な文脈における経路形成戦略」に注目する（Torfing 1999a, 2001）。彼によれば、安定的で構造的な一貫性を示すようにみえる特定の経路も内部には固有の問題があり、その部分的な崩壊が政治アクターによる再接合の可能性を開くのである。つまり、安定的にみえる構造内部の矛盾が政治アクターに制度改革の機会をもたらし、その主体的行為の結果として、新たな制度形態が生じるのである。ここで重要な点は、これらの政治的闘争は既存の制度形態の中で起こることにある。そのため、既存の制度形態が構造的・制度的・組織的・言説的に経路形成戦略に影響を与えるため、アウトカムは既存制度の影響を受けることになる。

以上のように、福祉国家分析におけるアイデア的要因に注目する議論は、主流派アプローチの持つ問題点（特に、変化（の内容）という側面を十分に説明できない点）を修正する試みとして意義を持つといえる。つまり、これらの議論は、アクターの戦略的相互行為におけるアイデア的要因の役割に注目することで、主流派アプローチの知見をより豊かなものにしたといえる。例えば、政策アイデアに注目することで、変化（の内容）を射程に収めることが可能となり、また言説を通じた正統化に注目することで、多様な再編戦略が受容されるプロセスを射程に収めることが可能となる。しかし、福祉国家分析におけるアイデアへの注目は、主流派アプローチの限界を克服するために、補完的要因として導入されたものにすぎないため（Béland 2005a）、主流派アプローチと同様の理論的問題点を抱えていることになる。すなわち、福祉国家の再編へと向かうアクターの利益・選好がどのように形成されたかについて、十分に検討されていないのである。本項で言及した諸研究は、どのような変化が生じたのか、および、どのように改革案への支持調達を実現したのかという点を検討するが、なぜある特定の時期に、福祉国家の再編へと向かう特定の利益・選好が形成されたかという点は十分に検討されていない。言い換えれば、アイデア的要因に注目する議論は、主流派アプローチと同様の制度変化モデルに依拠するため、利益・選好の形成局面における政治的ダイナミズムが十分に検討できていないのである。以下では、本節のまとめとして、アウトカムを説明するための既存の福祉国家研究の理論枠組の到達点と課題を整理し直した上で、今後の展望について検討する。

5　小括――制度変化の政治学的分析に向けて――

本節では、多様な再編プロセスをたどる現代福祉国家の動態を分析するための理論枠組を構築するための準備作業として、既存の理論枠組を批判的に検討し、その意義と限界を検討してきた（表4-1）。本節では、先行研究を、利益中心アプローチ、制度中心アプローチ、アイデア的要因への注目に分類し、それぞれの特徴を整理した。ある経済社会環境におけるアクターの位置が利益・選好を形成すると考える利益中心アプローチは、アクター間の戦略的相互行為の結果として、福祉国家の再編が生じると捉える。そのため、政治アクターの重要性を考慮する一方で、利益・選好を所与とするために、その形成局面における政治性を軽視し、結果として政治アクターの主体性を軽視する傾向を持つ。他方、戦略的相互行為を前提として、ある制度状況における制度的要因が利益・選好を形成すると考える制度中心アプローチは、制度的要因のインパクトの理解に関して、重要な貢献をなしている。しかし、制度などの構造的な政治要因が重要という主張になるため、政治アクターの主体性が十分に考慮されず、また理論的特徴から制度の持続性に注目する傾向を持つ。

この両アプローチは、戦略的相互行為に注目するため、両者の知見を統合することができ、すでにその方向で研究が進んでいる。しかし、そこには知見の統合によっても解決されない問題点が残されている。例えば、経路依存性に注目することで制度変化という側面が十分に考慮されず、また制度変化プロセスにおける利益・選好の形成局面の政

表4-1　アウトカムを説明するための理論枠組のまとめ　(筆者作成)

	利益中心アプローチ(権力資源動員論と比較政治経済学)	制度中心アプローチ(福祉国家の新しい政治論と政治制度への注目)	アイデア的要因への注目(政策アイデアおよび正統化プロセスへの注目)
アウトカムをもたらす要因	政治アクターの経済社会環境における位置が利益・選好を形成→戦略的相互行為の結果としてアウトカムが生じる	ある制度状況における制度的要因がアクターの利益・選好を形成→戦略的相互行為の結果としてアウトカムが生じる	戦略的相互行為におけるアイデア的要因に注目
特徴	メリット：①政治アクターの主体性の強調、②理論的基盤の広さ デメリット：①理論的基盤の広さを活用できていない、②アクターの利益・選好を所与とするため、その形成局面における政治性を考慮できていない	メリット：①福祉国家の政治の性格の変化を指摘、②政治制度の重要性の強調 デメリット：①構造的な政治的要因の強調によるアクターの主体性の軽視(特に利益・選好を形成する側面)、②制度の持続性に注目し、変化を例外的なものとする傾向	メリット：①主流派アプローチの限界である変化(の内容)への注目 デメリット：①主流派アプローチの補完として提示されるため、制度変化モデルの問題点を継承してしまう
共通した理論的な問題	依拠する制度変化モデルの不十分性に由来 ①アクターの利益・選好の想定 ・環境変化がアクターにとって不確実性の高いものであることを軽視(＝環境から利益・選好を導くことができず、むしろアクターのアイデア的要因に依存する) ・利益・選好を形成する局面における政治的ダイナミズムを軽視 ②経路依存性に注目 ・持続性バイアスを持ち、制度変化を分析の対象外もしくは例外的なものとする		
新たな理論モデルの方向性	・制度変化プロセスにおける政治的ダイナミズム(①利益・選好が形成される局面、および、②目標達成のための支持調達局面)を考慮した制度変化モデルの必要性 ・新たな制度変化モデルに依拠した、福祉国家再編分析のための理論枠組の構築		

治的ダイナミズムが十分に考慮されていない。これは、両アプローチが依拠する制度変化モデルに由来する問題でもある。すなわち、両アプローチは、制度変化プロセスにおける二つの政治的ダイナミズムの中で、目的達成のためのアクターの戦略的相互行為という局面に注目する

一方で、利益・選好が形成されるという局面は十分に考慮していない。近年では、両アプローチの問題点を克服する試みとして、アイデア的要因に注目が集まっているが、問題点を補完する試みとして発展してきたために、不十分な制度変化モデルの持つ限界点を継承してしまっている。

ここで福祉国家の再編を検討する上で特に重要な点が二点ある。すなわち、第一に、経済社会環境の変化は、アクターにとって複雑性が高く、その意味は自明とはいえないため、政治アクターによる解釈や意味づけが重要であったこと、第二に、客観的な環境変化と再編プロセスの開始の間に時間的ギャップが生じていることである。これらは、福祉国家の再編が、外部環境の意味や解釈をめぐる政治的対立および改革プロセスにおける再編案の正統化など、アイデア的要因をめぐる一連の政治的行為の結果として生じたことを示唆している。そのため、福祉国家の再編を分析するためには、経済社会環境の変化に対して、再編へと向かう利益・選好がどのように形成され、諸障害の中で、どのように支持調達を実現したかを射程に収める必要がある。これは、福祉国家再編プロセスにおける、利益・制度・アイデアの関係性を再検討する必要を示唆している。

以上のように、多様な再編プロセスをたどる現代福祉国家の動態を分析するため、既存の理論枠組の知見を継承し問題点を克服した新たな理論枠組を構築する上では、制度変化プロセスにおける二つの政治的ダイナミズム（利益・選好の形成局面と支持調達などの目標達成局面）を射程に収めた、制度変化モデルを構築する必要がある。制度変化をどう分析するかは、福祉国家論に限らず、政治学一般の課題として新制度論の文脈で、多くの議論が展開されてきた（新制度論に関するレビューとして、小野 2001, 河野 2002, Hall and Taylor 1996, Immergut 1998, Peters 2005, Goodin 1998, Pedersen 1991, Pontusson 1995など）。近年では、歴史的制度論と合理的選択制度論との間で一定の理論的収斂が生じ、また制度変化のダイナミズムを捉えるためにアイデア的要因に注目した第四の制度論も登場している。そのため、新たな制度変化モデルを検討する上では、これらの新制度論の理論的刷新の意義と限界をふまえる必要がある。次節では、新制度論における理論的刷新を検討し、その意義と限界を明らかにした上で、アイデアの二つの役割(①構成的役割と②因果的役割)を媒介とした構造と行為主体の相互作用に注目する構成・戦略論的アプローチというメタ理論に基づく制度変化モデルを提示し、その福祉国家分析に与える含意を検討する。

第二節　制度変化の政治学的分析に向けて

本節では、前節での議論をふまえ、新制度論における制度変化に関する理論的刷新を批判的に検討し、その意義と限界を明らかにした上で、新たな制度変化モデルを提示し、それらがもたらす福祉国家再編分析に与える知見を検討する。新制度論における理論的刷新の中でも、特に、合理的選択制度論と歴史的制度論の間に生じている理論的収斂、および、制度変化におけるアイデア的要因を重視する第四の新制度論に注目する。以下では、これらの新制度論の各理論的刷新が、制度変化の政治的ダイナミズムを把握する上で、重要な貢献をなしているものの、利益・選好を形成する局面でのダイナミズムを十分に考慮することができていないことを確認する。その上で、アイデアを媒介とした構造と行為主体の相互作用に注目する構成・戦略論的アプローチというメタ理論に依拠した制度変化モデルを提示し、このモデルがもたらす知見について検討する。この制度変化モデルの特徴は、アイデアの二つの役割(①アイデアがアクターの利益・選好を形成するという構成的役割、および、②目的達成のためにアクターがアイデアを主体的に利用するという因果的役割)を、制度変化プロセスに自覚的に位置づける点にある。最後に、本章の結論として、このモデルが福祉国家再編分析に与える知見を明らかにする。

1　新制度論における理論的刷新①　合理的選択制度論と歴史的制度論の理論的交錯

本項では、近年の制度変化をめぐる議論の中でも、合理的選択制度論（Rational Choice Institutionalism：以下では、ＲＣＩ）と歴史的制度論（Historical Institutionalism：以下では、ＨＩ）の間に生じている理論的収斂の意義と限界について検討する。具体的には、ＨＩによる多様な制度進化パターンの析出、ＨＩとＲＣＩの知見に依拠している「資本主義の多様性（ＶＯＣ）」論による制度の政治性への注目、および、ＲＣＩによる比較歴史制度分析の試みを検討する。ここでは、これらの理論的刷新の試みの中から、制度の歴史性や政治性を重視する内生的制度変化モデルへの注目という理論的収斂が生じていることを確認する。その上で、これらの試みが、制度変化の政治的ダイナミズムを把握する上で重要な貢献をなしているものの、利益・選好を形成する局面でのダイナミズムを十分に考慮することができていないことを確認する。

(1)　ＨＩによる理論的刷新――多様な制度進化パターンの析出――

ＨＩの理論的刷新では、「変化」と「持続」以外にも制度変化の多様なパターンが存在すること、そして、その要因が内生的でありうることが指摘されている。まずストリークらは、「変化のプロセス（漸増的と突然的）」と「変化の結果（連続と不連続）」を区分することから、制度変化のタイプを「調整による再生産（漸増―連続）」「漸進的な変容（漸増―不連続）」「残存と復活（突然―連続）」「崩壊と取替（突然―不連続）」に整理する（Streeck and Thelen 2005, p. 9）。つまり、プロセスとアウトカムを分析的に区分することにより、過去のパターンからの離脱を意味する制度変化には、突然的なプロセスをたどる「変化」だけではなく、同じ対応の蓄積による「漸進的変容」というパターンがあり得ることが分かる。ここで「漸進的変容」は、過去の制度を再生産する試みの蓄積（＝内生的）としてもたらされるため、断続平衡モデルが含意するような外在的な要因を必要としないのである。

その上でＨＩに立つ論者は、漸進的変容パターンの多様性を指摘する。例えば、既存の制度をそのままにして新たな要素を付け加える「重層化 layering」（Schickler 2001）と新しい目的のために古い制度を利用する「転換 conversion」（Thelen 2003）が提示され、さらに、環境の変化にもかかわらず、意図的に調整を行わないことによって、制度変化と同じだけのアウトカムを生じさせる「ドリフト drift」（Hacker 2004）[34]も指摘された。最近では、これらに加えて、支配的な制度に対して従属的な地位にあった制度の重要性が増す「転位 displacement」と制度の漸進的な崩壊を指す「枯渇 exhaustion」も付け加えられた（Streeck and Thelen 2005）。そして、この多様な制度変容の形態からどのパターンが選択されるかは、変化の対象となる制度自身の特徴や自らを取り巻く政治システムの影響を受ける中で、アクターの戦略的行為に依存するということが指摘されている（Hacker 2004, Pierson 2004 chapter 5）[35]。さらに最新の業績では、特定の制度変化パターンをもたらすと考えられる政治主体についても類型化[36]がなされている（Mahoney and Thelen 2010）。

これらのＨＩによる理論的刷新の試みは、「外生的要因による危機の発生および制度生成→制度の安定」という断続平衡モデルによる制度変化の把握を相対化し、「内生的」要因に基づく多様な漸進的変容という制度変化が存在することを明らかにした点で意義を持つ。また、多様な制度変容パターンを戦略的アクターが選択するという視角は、制度変化の政治的ダイナミズムを考慮することにつながる。

しかし、ここには理論的な問題点もある。それは、なぜ制度変化へ向かうアクターの利益・選好が形成されたかについて、十分な検討がなされていないという点にある。上記のＨＩによる理論的刷新では、ある特定の時点において、アクターは制度変化を目的として、それを最も達成しやすい戦略を採用し、戦略的な相互行為を行うと想定されている。つまり、制度変化へと向かうアクターの利益・選好は所与とされているのである。しかし、ＨＩ自身（Thelen 1999, Steinmo and Thelen 1992, Pierson 2000a, 2004, Mahoney 2000など）が明らかにしてきたように、そもそも制度は持続性をもたらすような再生産メカニズムを内包しており、アクターは自らの意図に基づき制度の再生産を行っていたはずである。したがって、ある特定の時点において、アクターの利益・選好を、制度の持続ではなく、変化を目指すものと想定することはできない。もし外的環境（の変化）からアクターの利益・選好が導くことができるとするならば、外生的要因がアクターの利益・選好の変化をもたらし、制度変化を引き起こすと捉える断続平衡モデルによる制度変化の把握と類似することになる。つまり、両者は、諸環境の変化が自動的にアクターの利益・選好をもたらし、その結果として、制度変化が生じると捉える点では共通している。しかし、このような制度変化の理解では、アクターの利益・選好の形成における政治的ダイナミズムについて十分に検討することができないと考えられる。

（２）資本主義の多様性論による理論的刷新——制度の政治性への注目——

ＶＯＣ論は、第三章でも言及したように、経済社会問題の調整メカニズムに注目し、政治経済諸制度の差異がアクターの選好へ与える影響に注目してきた（Hall and Soskice 2001, Thelen 2002など）。そのため、特定の経済システムに位置するアクターは、諸制度の影響を受け、それらを維持する利益・選好を持つことが想定されてきた。そのため、ＶＯＣ論は、諸制度からなる経済システムの経路依存的な発展を含意してきた。言い換えれば、初期の新制度論と同様に、制度変化のダイナミズムをうまく説明できないという問題点を含んでいた[37]（ＶＯＣ論に関するレビューとしては、第三章の注19を参照）。しかし、近年のＶＯＣ論は、制度変化が十分に説明できないという批判に対応する中で理論的な進化を遂げ、制度概念を刷新し、制度の持つ政治性を重視するに至っている。

例えば、ディーグら（Deeg and Jackson 2007）は、VOC論をより動態的な理論にするため、ミクロ・メゾ・マクロの三段階で理論的な修正を試みている。ミクロレベルでは、制度変化の多様性・ダイナミズムにより注意を払うため、リソースとしての制度という概念を提示する。これにより、制度は、行為の拘束要因としてだけでなく、制度変容の実現を可能にするリソースとしても捉えられる。メゾレベルに関しては、制度補完性だけでなく、非効率性や緊張などをもたらす制度間の相互作用[38]を認識する必要を説く。つまり、制度間関係は、常に自己強化的・安定的なものとはいえず、相互に矛盾する場合もあり、制度変化へのきっかけにもなる。マクロレベルに関しては、国家構造や政策決定パターンなど政治的要因の与えるインパクトを考慮する必要を説く。また、アマーブル（Amable 2003, Amable and Palombarini 2009）は、制度を、諸アクターの利益の対立を反映し、社会的ブロックに支えられた政治経済的な妥協とみなし、制度間関係に制度階層性という視角を導入する。つまり、制度の安定性はアクター間の権力バランスに依拠しているため、そのバランスの変化は制度の安定性に大きなインパクトをもたらすことが予測される。また、諸制度の関係にはヒエラルヒーが存在するため、制度がその中のどこに位置するかにより、変化の起こりやすさやパターンは大きく異なることが予測される。

VOC論の中で、制度変化をどう捉えるかという理論的課題[39]に最も取り組んでいるのは、ホールとセレンである（Hall and Thelen 2005, 2009, Thelen 2009, Hall 2007など）。彼らは、制度を、ルールのような性格を持つ規則化された慣習と定義する（Hall and Thelen 2009）。これは、制度が、アクターが目的達成のために利用するリソースであること、また、戦略的行為の単純な体現ではなく、行為の対象や目的でもあることを示している。したがって、彼らによれば、制度の安定は、アクター間の協調可能性など制度維持に関する評価や、アクター間の対立の諸調整を含み、権力バランスの影響を受けるなど、政治的プロセスに依拠していることになる（制度の政治性については、Moe 1990, 2005 も参照）。そのため、制度変化は、外在的な社会経済発展だけでなく、非意図的な結果など制度に内生的な要因にも起因すると考えられる。また制度変化は、分配イシューに関して利益の対立するアクター間の戦略の変化をきっかけとした、持続的な相互調整を含む政治的プロセスとも考えられる。彼らは、ＨＩの知見と同様に、三つの制度変化のパターン（制度が示す慣行に従っていたアクターがそうすることをやめる「離脱」、公的な属性を維持しつつ内容を漸進的に変化させる「再解釈」、および、政府により支持もしくは命令された制度改革を意味する「改革」）を提示する（Hall and Thelen 2005）。

以上のように、ＶＯＣ論からの制度変化のダイナミズムを捉える試みの特徴は、制度概念を刷新した上で、その政治性に注目する点にある。この制度の政治性への注目は、制度変化が政治プロセスを経てもたらされることを強調するという点で、制度変化のダイナミズムを捉える上で重要な手がかりを与えてくれる。また制度変化だけでなく、その安定性も政治的プロセスに依拠していることを強調しており、制度分析一般における政治学的分析の重要性を示しているといえる。つまり、ＶＯＣ論は、制度の政治性に注目することで、特徴把握および動態の説明という制度分析の二つの課題に対する、政治学的分析の重要性を示したという点で大きな意義がある。

しかし、ここには理論的な問題点も残されている。それは、ＨＩによる理論的刷新と同様に、なぜある時点で、制度変化へと向かうアクターの利益・選好が形成されたかという点が十分に検討されていない点にある。制度が政治性を帯びており、その変容や安定性が諸アクター間の政治的妥協に依拠しているという指摘は重要だが、どのような条件のもとで、制度の安定性が崩壊し、変容プロセスが生じるかは自明ではない。諸環境（の変化）からアクターの利益・選好が導き出せると想定すると、制度変化プロセスにおける、アクターの利益・選好形成という政治的ダイナミズムを軽視してしまうことになる。言い換えれば、ＶＯＣ論による制度の政治性への注目は、制度変化の分析（動態の説明）という点では不十分な点が残されているといえる。

（3）合理的選択制度論による理論的刷新――制度の歴史性への注目――

ＲＣＩ[40]でも制度変化の断続平衡モデルを批判し、その問題点を克服する理論的な試みがなされている。その中で、制度を支える認知的側面の重要性が強調され、制度の歴史性に注目が集まっている。例えば、グライフは、制度に外在的な「パラメーター」と内生的に決定される「変数」に加えて、短期的には外生的／所与とみなされるが、フィードバック効果を通じて、長期的には内生的／変化すると考えられる「擬似パラメーター」という概念を提示する（Greif and Laitin 2004, Greif 2006, グライフ2006）。この擬似パラメーターが長期的な過程を経て変化することにより、均衡としての制度も内生的に変化すると想定しうる。ここで重要な点として、彼によれば、擬似パラメーターの変化は、制度を強化する方向に働く可能性や制度に影響をもたらさない可能性もあるため、必ずしも制度変化をもたらすとは限らない。そこで、重要となるのがアクターの自己拘束的な信念とそれに関する行為の間のダイナミズムである。つまり、「制度的変化は信念の変化であり、それが起こるのは、関連する行動がもはや自己強化的でなく、個人がその信念を再生産することがない行動をとるようになったときである」（グライフ 2006, 47頁）。言い換えれば、諸アクターの信念の変化が内生的制度変化のカギとなる。

また、比較制度分析の代表的な論者である青木昌彦も、制度変化におけるアクターの認識の変化を重要視する（Aoki 2001, 2007, 2010）。彼は制度を「ゲームのある特定の均衡の要約表現ないし縮約情報から成る」「共有された予想の自己維持システム」（Aoki 2001, p. 10／14頁）と定義する[41]。彼によれば、制度はアクターの行為に関する信念に影響を与え、個々のアクターの戦略を拘束・形成し、その後、諸アクターの戦略的相互作用を通じて特定の均衡が実現し、その内生的にもたらされた均衡が制度として定着するという一連の循環プロセスをたどる（Aoki 2007）。これらを踏まえた上でまとめてみると、制度の持続と安定は、①制度的安定状態→②外的・内的環境の変化→③アクター間の既存制度への認知的不均衡（制度的危機）→④新しい制度をめぐる実験的選択・学習・模倣→⑤主観的ゲームモデルの進化と均衡化→⑥新しい制度の安定[42]という一連のプロセスをたどると考えられる。ここでは、外的・内的な環境の変化が自動的に制度変化をもたらすのではなく、アクター間の認識の変化が既存制度の安定性を動揺させ、自己維持的でなくし、結果として、新しい制度の生成プロセス（とアクター間の認識の安定化）を通じて、制度変化がもたらされることが示唆されている。歴史的プロセスを経て、ある時点で内生的にもたらされた制度は、後の制度ダイナミクスの拘束・促進要因となるため、「過去と将来における制度は複雑にリンクしている」といえる（Ibid., p. 27）。よって、青木は「制度が重要」と同じく「歴史も重要」であると主張する。

これらのＲＣＩによる理論的刷新は、歴史的に発展してきた制度の認知的側面に注目し、諸領域に埋め込まれた制度をめぐる、諸アクター間の相互行為を重視するという点に特徴がある。ここでは、制度変化プロセスの起源がアクターの認識の変化に置かれている。アクターの認識（の変化）への注目は、環境の変化にもかかわらず制度が持続する場合、環境の安定性にもかかわらず制度変化が生じる場合など、現実の複雑性や多様性を理解する上で大きな示唆を与えている。つまり、ＲＣＩの刷新の知見によれば、制度変化プロセスを分析する上では、諸環境（の変化）とアクターの認識の関係、および、諸アクター間の戦略的相互行為に注目する必要がある。

しかし、ここにも理論的問題点が残されている。それは、ＨＩおよびＶＯＣ論による理論的刷新の試みと同様に、なぜアクターの認識が制度変化へと向かうように変化したのかが十分に検討されていない点にある。環境の変化が必ずしも自動的には制度変化に結びつかないという指摘は重要であるが、ある時点で、なぜ／どのように、アクターの認識の変化が生じ、制度の崩壊がもたらされるかは十分に検討されていない。ＲＣＩは、制度概念を刷新し、アクターの認識の変化が制度変化の起源となることを示唆することで、制度変化の複雑性や多様性を理解するための重要な手がかりをもたらしたといえるが、アクターの利益・選好形成の政治的ダイナミズムについては十分に検討していないといえる。

（4）小括

本項では、制度変化をどう分析するかという論点に関する新制度論の理論的刷新を紹介してきた。従来の新制度論による分析が制度変化を十分に検討できなかったという問題点をふまえ、ＨＩ、ＶＯＣ論、および、ＲＣＩの理論的刷新は、断続平衡モデルに基づく把握を相対化し、制度変化のダイナミズムを捉えようとしているという点で大きな意義がある。そして、これらの試みは、制度概念を刷新した上で、制度の政治性や歴史性を考慮した内生的な制度変化モデルを模索するという点で理論的な収斂をみせており、制度変化に関する議論のひとつの到達点を示していると考えられる（ＨＩとＲＣＩの接点を模索する近年の研究として、Katznelson and Weingast 2006, Levi 1997, Linder and Rittberger 2003）[43]。さらに、各試みがもたらす知見を統合することによって、より包括的な内生的制度変化モデルを形成することにつながる。例えば、多様な漸進的な制度変容パターンからのアクターの戦略的選択というＨＩの知見、制度の政治性への注目というＶＯＣ論の知見、および、制度変化におけるアクターの認識の変化の重要性というＲＣＩの知見はそれぞれ両立可能であり、制度変化プロセスに位置づけることで統合することが可能と考えられる。

しかし、上述のように、これらの理論的刷新には、十分に論じられていない論点が残されている。それは、制度変化に向かうアクターの利益・選好はどのように形成・発展するのかという問題である。現実世界では、諸環境の変化にもかかわらずアクターの利益・選好は変化せず、制度が持続することがある一方で、諸環境が安定しているにもかかわらずアクターの利益・選好が変化し、制度変化が生じる場合がある。そのため、どのような場合に、なぜアクターの利益・選好が変化するのかについて検討する必要がある。しかし、ここで言及してきた刷新の試みは、特定の制度変化へと向かうアクターの利益・選好が環境から導くことができると想定することによって、この問いを十分に検討していない。言い換えれば、アクターの利益・選好がどのような条件で、なぜ変化したかというメカニズムは分析の対象外とされている。ここで重要な点は、制度変化プロセスには、制度変化に向かう利益・選好の形成という目標設定局面、および、改革案への支持連合の形成という支持調達局面の二つの政治的ダイナミズムが存在していることにある。本項で紹介してきた理論的刷新の試みの多くは、特定の制度へと向かう利益・選好が形成された後の、制度が形成・安定化していくという政治プロセスの重要性に注目することで、支持調達局面のダイナミズムに関する理解を深めた一方で、アクターの利益・選好を所与とすることによって、目標設定局面におけるダイナミズムを十分に考慮することができていない。制度変化の政治学的分析には、制度変化プロセスにおける二つの政治的ダイナミズムを射程に収める必要がある。以下では、第四の新制度論として注目を集めている、アイデア的要因に注目することによって制度変化のダイナミズムを捉えようとする理論的試みについて検討する。

2　新制度論における理論的刷新②　アイデア的要因への注目としての第四の新制度論

本項では、制度変化におけるアイデア的要因に注目する論者による理論的刷新の試みの意義と限界を検討する。まず、政治学におけるアイデア的要因の役割を簡単に振り返った上で、代表的な論者であるシュミットおよびブライスの議論に注目する。ここでは、アイデア的要因に注目する第四の新制度論の試みが、当初は、アイデアの因果的役割に注目することで支持調達局面を重視し、目標設定局面を十分に考慮してこなかったが、近年では、アイデアの構成的役割に注目が集まりつつあることを確認する。

（1）政治学におけるアイデア的要因の二つの役割

近年の政治学では、アイデア的要因に注目する議論[44]が多く登場している（近年の研究業績としては、Campbell 2004, Gofas and Hay 2009, Abdelal et al. 2010, Beland and Cox 2010, Widmaier et al. 2007など）。新制度論の文脈においてアイデア的要因に注目する論者は、従来の制度変化に関する説明が静態的なものになっていることを批判し、アイデア的要因の果たす役割に注目することによって、制度変化のダイナミズムを捉えようと試みている。例えば、ピーターズらは、制度変化がうまく説明できないという問題点を克服するためには、アクターを特定し、環境の変化の結果として生じるアイデアをめぐる政治的対立に注目する必要があることを説く（Peters et al. 2005）。またリバーマンは、アイデア的要因と制度的要因が常に機能的に結びついていないことを指摘し、両者の間に生じる摩擦から制度変化が生じることを指摘する（Liberman 2001）。ロススタインは、政治アクターがアイデア的要因である「集合的記憶」を戦略的に利用することによって、持続に向かう諸障害を乗り越えて制度変化を達成することを指摘する（Rothstein 2005）。ベランは、歴史的制度論に、ブルデューの「シャン」や「ハビトゥス」の概念を持ち込むことにより、利益・アイデア・制度の関係をよりよく捉えられるとする（Béland 2005b）。これらの制度変化におけるアイデア的要因に注目する議論は、「言説的制度論」（Campbell and Pedersen 2001, Schmidt 2006a, 2008a）や「構成主義的制度論」（Hay 2006a, 2006b）など、「第四の新制度論」（Schmidt 2006a, 2006c, 2008a）として注目を集めている。

ここで検討すべき論点は、単にアイデアを呼び戻すこと自体ではなく、制度変化の政治的ダイナミズムを捉えるために、アイデアをどのように理論枠組に位置づけるかという点にある。そのため、政治学におけるアイデアの役割について振り返っておく必要がある。第一章で確認したように、現代政治学では、アイデアが政治プロセスにおいて二つの役割を果たすことを明らかにしてきた。すなわち、①構成的役割と②因果的役割である（Abdelal 2001, Bleich 2002, Blyth 2002a, 2003a, Hay 2002, Parsons 2003など）。前者は、アイデアがアクターの利益や選好を特定するのに役立つことを意味し、後者は、アクターが目的を達成するため、既存のアイデアを主体的に利用することを意味する。このアイデアの両役割に関して、重要なことが二点ある。第一に、両役割は、相互に関係しているが必ずしも矛盾せず、時間的側面を考慮することによって、分析的に区別することができ、また知見を統合することができる。ある特定のアイデアがアクターの利益・選好を構成し、その後、利益の確定したアクターが戦略的にそのアイデアを駆使して目標を達成すると考えることができる（構成的役割→因果的役割）。第二に、アイデアの各機能が政治の二つの役割（目標設定と支持調達）と密接に関係している点である。つまり、構成的役割は、漠然とした社会現象を解釈・意味づけることによって達成すべき政治目標を設定するという点で、政治の目標設定機能とリンクしている。因果的役割は、特定のアイデアにより設定された目標に向けて、アイデアなどを主体的に利用することにより支持を調達するという点で、政治の支持調達機能とリンクしている。言い換えれば、アイデアの二つの役割を制度変化プロセスの連続に位置づけることによって、二つの政治的ダイナミズムを分析の射程に収めることができる。それではアイデアの二つの役割は、制度変化におけるアイデア的要因を重視する論者によって、どのように用いられているであろうか。以下では、アイデア的要因の役割を体系的に検討しているシュミットとブライスの議論を紹介する。(45)

(2) シュミットの言説的制度論

シュミットは、当初、従来の新制度論による制度変化分析の静態性を批判し、①一連のアイデアと価値のセットおよび②相互作用プロセスから構成される「言説」に注目していた(Schmidt 2002a)。アイデアとしての言説は、政策プログラムの合理性を示すことにより正当化(justify)に役立つ「認識的機能」と適切性を示すことにより正統化(legitimize)に役立つという「規範的機能」を果たす。そして、彼女は、制度変化を分析する上では、アイデアのみに注目するのは不十分として、アイデアがどのように受容されていったかというアクター間の相互作用プロセスに注目する必要性を主張する。彼女によれば、相互作用としての言説は、政策アクター間に共通の準拠枠組を提供するのに役立つという「調整的機能」と市民を説得する手段として役に立つという「伝達的機能」の二種類の機能を果たす。そして、相互作用としての言説は、公的政治制度のタイプと関連があることを指摘する。すなわち、権力集中型のシングルアクターシステムでは伝達的機能が重要となり、権力分散型のマルチアクターシステムでは調整的機能が重要となる。以上のように、彼女は既存の政治制度のもとで展開される、アイデアをめぐるアクター間の相互作用の結果として、制度変化が生じると捉える。

このように、シュミットの当初の問題意識は、ある特定の状況における(政治)アクターの利益がアイデアによってどのように特定されるか(利益や選好のあり方の検討)というよりも、どのように政治アクターが目的達成のために主体的にアイデアを利用したかという点に置かれていた。言い換えれば、アイデアの因果的役割が重視されていたといえる。

しかし、近年の論文(Schmidt 2008a, シュミット 2009)では、アイデアの構成的役割にも重点が置かれるようになっている。例えば、シュミット自身も属する言説的制度論の一般的な特徴を、①アイデアや言説を重視する、②それらを制度文脈に位置づける、③言説が「コミュニケーションの論理」に従うと捉え、アイデアを意味文脈に位置づける、④制度変化のダイナミズムに注目するという四点に整理した上で、制度（およびアクター）の捉え方や利益の概念が、従来の新制度論とは異なることを強調する。例えば、言説的制度論は、制度をアクターに外生的なものと捉えるのではなく、制度を、アクターを拘束する構造であると同時に、アクターの行為による産物としても捉える。そのため、制度はアクターにとって内生的なものとされる。また、アクターの持つ能力として、所与の意味文脈において制度などを理解する能力を示す「背景的なアイデア的能力（background ideational abilities）」と制度を変化させる能力を示す「前景的な言説的能力（foreground discursive abilities）」という概念を新たに提示する。これらの概念が示唆することは、アクターが、前者の能力を利用して、制度に関する集合的な理解を形成し、制度の持続性をもたらす一方で、後者の能力を利用して、コミュニケーションの論理に従い、他のアクターと相互作用を行い、制度変化をもたらすということである。シュミットは、この二つの能力によって、制度の持続・変化のプロセスに主体を呼び戻すことができ、従来の新制度論よりも制度変化を動態的に把握できるとする。また、利益の概念に関して、言説的制度論は、客観的な物質的利益の存在を否定し、ある物質的状況に対する主観的対応として利益を理論化する。つまり、ここではアクターの利益を所与とするのではなく、分析の対象とするのである（利益の主観性を強調する論者として、Hay 2002, 2006a, 2006bも参照）。

シュミットによるこれらの理論的刷新は、制度が構造であり、同時に行為の産物であると捉えることで、構造と行為主体の相互作用プロセスを考慮する手がかりを与え、また利益が主観的なものであると捉えることで、政治アクター自身の利益形成という側面を射程に収めることになっている。これらの試みは、従来からすでに重視していたアイデアの因果的役割だけでなく、アイデアの構成的役割も重視する試みと評価できる。言い換えれば、近年の言説的制度論は、彼女の従来の理論枠組よりも、アイデアの両役割をバランスよく考慮するものになったといえる。しかし、近年の論文では、制度の概念や利益の捉え方など個別の論点に関して、従来の新制度論との差異を検討するという形で議論が展開されているため、シュミットが、アイデアの二つの役割をどのように制度変化プロセスに位置づけるかは明確にされていない。

(3) ブライスの制度変化分析

ブライスは、制度変化を扱う際の理論的課題が「ある制度秩序から新しい制度秩序への移行を内生的なプロセスとして捉える」ことにあるとする(Blyth 2002a, p. 8)。そこで彼が注目するのが、アイデアと利益の関連である。アイデアと利益は相互排他的な分析カテゴリーと捉えられる傾向があったが、彼はそうではない瞬間があることを指摘する。アイデアを利益にとって外在的で先験的なものと考えることができない不確実性の時期を析出するため、彼は、不確実性を「複雑性としての不確実性」と経済学者のフランク・ナイトから着想を得た「ナイト的不確実性」に区分する。

前者は、アクターが持つ不完全な情報やアクターの直面する問題の不確実性が原因として生じる。重要な点は、この状況では、アクターは利益を自覚しているが、その実現方法が分からないということである。このような条件の下では、制度の存在がアクターの選択肢を限定するため、アクターは、不確実性を減らすために制度形成に向かうと考えられる。つまり、これらの状況では、理論的には、不確実性をリスクに還元することが可能となる。それに対して「ナイト的不確実性」とは、「同時代のアクターによって、状況が、利益の実現方法はもちろん、利益それ自体が何であるか分からないような特殊な事態とみなされる」状態とされる(Ibid., p. 9)。そのため「アクターの利益は、想定(assumption)や構造的な配置によっては与えられず、アクター自身がもつ不確実性の原因に関するアイデアによってのみ定義される」と彼は主張する（Ibid., p. 32）。つまり、ナイト的不確実性のもとでは不確実性が高いため、アクターの利益は、構造的な要因などからアプリオリに導くことができないのであり、アクターが依拠するアイデアに言及することによって初めて確定されるのである。このようにブライスは、アイデア的要因によりアクターの利益・選好が形成される条件を特定する。

この点に加えて、彼は、アイデアの制度変化プロセス全体に与える因果的影響力を検討し、仮説を提示する。つまり、いつ、なぜ、どのようにアイデアが重要となるかということを明確にしようと試みる。ブライスによれば、アイデアの制度変化プロセス全体に与える因果的影響力は、以下の５つの仮説[46]にまとめられる（Ibid., chapter 2）。①経済危機の時期では、アイデア（制度ではなく）が不確実性を縮減する。②不確実性の縮減に続き、アイデアは集合行為や連合形成を可能にする。③既存制度に対する闘争において、アイデアは武器となる。④既存制度の脱正統化に続いて、新しいアイデアは制度的な青写真として機能する。⑤制度形成に続いて、アイデアは制度的安定を可能とする。

ブライスの試みは、「ナイト的不確実性」という概念を提示することで、アイデア的要因により利益・選好が形成される条件を特定したという点、また制度変化におけるアイデアの役割に関する五つの仮説を提示することで、制度変化プロセスの理論化の手がかりを提供したという点で、大きな貢献をなしているといえる。しかし、以下のような問題点も残されている。第一に、どのようなアイデアならば支持調達が得やすいかという論点や、政策決定が行われる政治制度のインパクトなどが十分に検討されていない。つまり、ブライスの初期の試みでは、アイデアそれ自身の特徴や既存の新制度論の知見が十分に考慮されていない。これらの点については、上述のシュミットの「アイデアおよび相互作用としての言説」という知見によって補完される必要がある。第二に、「ナイト的不確実性」という状況がどれだけ現実に存在するかという点である。もし「ナイト的不確実性」が現実の世界においてごくまれにしか生じないとするならば、アイデア的要因による利益・選好の形成という政治的ダイナミズムを分析する必要性は限定的なものとなる。言い換えれば、アイデアの構成的役割は限定的にのみ考慮されることになってしまう。当初の試みではこの論点については十分な言及がなかったが、近年の論文[47]（ブライス 2009）において、彼は、現実の政治の世界は、不確実性が高く、標準分布が当てはまらず、主体と客体の相互依存性に特徴づけられ、また線形の因果関係が当てはまらないため、アイデア的要因によるアクターの利益・選好の形成という側面を重視する必要性を説く。つまり、現実世界の多くは「ナイト的不確実性」という条件下にあることを示唆している。したがって、近年の論文では、アイデアの構成的役割を従来よりも重視したものとなっていると考えられる。以上のように、ブライスにより提示された制度変化におけるアイデアの役割に関する仮説は、制度変化モデルを形成する上での理論的な手がかりを提供しているが、シュミットによる知見、および、ブライス自身によるアイデアの構成的役割への注目によって補完される必要がある。

（4）小括

本項では、政治学におけるアイデア的要因の役割について確認した上で、制度変化におけるアイデア的要因の重要性に注目する「第四の新制度論」の議論を検討してきた。特に代表的な論者と考えられる、シュミットとブライスによる議論に注目した。第四の新制度論は、一般的に、従来の静態的な制度変化モデルにアイデア的要因を組み込むことにより、制度変化のダイナミズムを捉えようと試みている点で大きな意義がある。シュミットの当初の研究は、「アイデアおよび相互作用としての言説」に注目することで、他の新制度論の知見を考慮しつつ、アイデア的要因をめぐって展開される制度変化のダイナミズムを捉えようとした。ブライスの当初の研究は、「ナイト的不確実性」という概念によって、アイデア的要因により利益・選好が形成される条件を特定し、また制度変化におけるアイデアの役割を五つの仮説に整理することで、理論化の基礎を提供した。しかし、両者の当初の研究は、アイデアの因果的役割（目的達成のためにアクターがアイデアを主体的に利用する側面）に注目し、構成的役割（アイデア的要因によってアクターの利益・選好が形成される側面）を十分に考慮しないという問題点があった。つまり、制度変化プロセスにおける、支持調達局面が重視されていたといえる。近年の論文では、制度概念を刷新し、利益の主観性や現実世界の不確実性という点が注目され、両者ともアイデア的要因による利益・選好の形成という目標設定側面を重視するに至っている。ただし現状では、制度変化プロセスにおける、アイデアの二つの役割がどのように関係するかについては十分に検討されていない。また、制度変化モデルを形成する上では、シュミットによる言説に関する知見、および、ブライスによる制度変化に関する仮説を手がかりにすることが有益であることが示唆された。以下では、ここまで紹介してきた新制度論の理論的刷新の意義と限界について整理する。

3　新制度論における理論的刷新の意義と限界

本項では、新制度論における理論的刷新の意義と限界を確認する。ここでは、第一項および第二項で言及してきた理論的刷新の意義が、様々な要素に注目することで制度変化の政治的ダイナミズムを捉えようとしている点にあることを確認する。また、新制度論の展開の中で一定の理論的収斂がもたらされており、それらをさらに深めていくことが制度変化モデルの形成につながることを指摘する。しかし、問題点として、これらの理論的刷新がアクターの利益・選好形成における政治的ダイナミズムを十分に検討していないこと、および、各収斂の知見を統合する上でのメタ理論的基礎が欠如していることを確認する。

第一項および第二項では、制度変化をどう分析するかという論点に関する、新制度論における理論的刷新の特徴を検討してきた（表4-2）。上述のように、新制度論は経路依存性などの概念に注目することで、制度を再生産するメカニズムを析出し、制度の持続性に関する理解を深める一方で、制度変化は分析の対象外とされる、もしくは再生産メカニズムが崩壊した例外的な現象とされやすかった。そのため、制度変化は「危機の発生と制度の生成→その後の安定」という断続平衡モデルによって捉えられることが多かった。言い換えれば、「なぜ／どのように、ある時点まで再生産を支えていたメカニズムが崩壊し、特定の新しい制度が採用されたか」という制度変化の政治的ダイナミズムについては十分に検討されてこなかったといえる。ここで重要な点として、多くの論者が指摘するように、経路依存性への注目は制度変化の分析を不可能にするわけではない。むしろ再生産メカニズムに注目することで、制度の持続性が起こる条件に関する理解を深め、その延長として、制度変化が起こる条件の特定へとつながったといえる（例えば、新制度論の文脈では、Mahoney 2000, Thelen 2003, Hacker 2004, Pierson 2000a, 2004, Crouch and Farrell 2004など。比較福祉国家論の文脈では、Ross 2008, Ebbinghaus 2009, Kuipers 2009など）。歴史的制度論と合理的選択制度論の交錯やアイデア的要因に注目する第四の新制度論の試みなど、近年の新制度論における理論的刷新もこの延長上に位置づけられる。したがって、新制度論における理論的刷新の試みの意義は、断続平衡モデルに基づく理解を相対化し、多様な要因に注目することで、制度変化のダイナミズムを捉えようとした点にあるといえる。

ここで興味深いことは、これらの刷新の試みが一定の理論的収斂をもたらしているという点にある。まず、歴史的制度論と合理的選択制度論の交錯に関して、多様な制度変容パターンの析出およびアクターの戦略的選択というＨＩの試み、制度の政治性への注目というＶＯＣ論の試み、そして、制度の歴史性や認知的側面の重視というＲＣＩの試みは、制度の政治性や歴史性を考慮した内生的な制度変化モデルを模索するという点で共通している。それぞれの試みがもたらす知見は相互に矛盾しないため、各知見を制度変化プロセスに位置づけることで包括的な制度変化モデルの形成につながると期待できる。他方で、アイデア的要因に注目する論者の中にも収斂がみられる。シュミットの初期の試みは、「アイデアおよび相互作用としての言説」に注目することによって、制度変化の支持調達局面を重視する一方で、アイデアの構成的役割を十分に考慮しないという問題点があった。ブライスの初期の試みは、アイデア的要因により利益・選好が形成される条件を特定し、また制度変化におけるアイデアの役割を仮説として提示した点で意義があるが、アイデアの構成的役割の重要性については曖昧な点が残っていた。しかし、近年の研究では、シュミットは利益の主観性を強調し、ブライスは現実政治の複雑性に注目することで、両者ともアイデアの構成的役割をより重視するに至っている。ＨＩとＲＣＩの収斂およびアイデア的要因への注目内部での収斂は、それぞれ新制度論の理論的到達点を示していると考えられる。

これらの到達点をふまえて、さらに検討すべき論点は、ＲＣＩとＨＩの収斂とアイデア的要因に注目する論者の収斂の関係性である。この点についても、両収斂がもたらす知見は補完的と考えられる。例えば、制度の政治性や歴史性がアクターの認識に支えられているという知見（ＨＩとＲＣＩの収斂）は、利益の主観性や現実政治の不確実性という知見（アイデア的要因への注目の収斂）と両立しうる。また、アイデア的要因によるアクターの利益・選好の形成への注目という知見（アイデア的要因への注目の収斂）は、利益確定後のアクターによる制度選択という知見（ＨＩとＲＣＩの収斂）と両立する。したがって、両収斂のもたらす知見を統合することで、目標設定局面および支持調達局面という制度変化の二つの政治的ダイナミズムを射程に収めたモデルを形成することが可能になると考えられる。

しかし、制度変化モデルを形成する上では、新制度論の理論的刷新が内包している二つの問題点を克服する必要がある。まず第一に、制度変化プロセスにおける目標設定局面を重視する必要がある。上述のようにＨＩとＲＣＩの収

表 4-2　新制度論における理論的刷新のまとめ（筆者作成）

<table>
<tr><th>HI と RCI の理論的交錯</th><th>アイデア的要因に注目する第四の制度論</th></tr>
<tr><td>○特徴
HI：多様な制度進化パターンの析出、および、アクターの戦略的選択への注目
VOC 論：制度の政治性への注目
RCI：制度の歴史性への注目、および、制度の認知的側面への注目

ポイント①：制度の歴史性および政治性を考慮した内生的制度変化モデルの模索という理論的収斂（→各知見を統合したモデルの構築可能性あり）
ポイント②：利益・選好を所与とすることで、アクターの利益・選好の形成局面における政治的ダイナミズムの軽視</td><td>○特徴
シュミット：他の制度論の知見を考慮しつつ「アイデアおよび相互作用」としての言説に注目し、制度変化のダイナミズムを捉える
→当初は、アイデアの因果的役割を重視する一方で、構成的役割を軽視
ブライス：アイデアにより利益が形成される条件（ナイト的不確実性）の特定、および、制度変化におけるアイデアの役割の仮説化
→他の新制度論の知見を吸収する必要あり、および、「ナイト的不確実性」の位置づけの曖昧さに由来する構成的役割の軽視

ポイント：利益の主観性（シュミット）や現実政治の複雑性（ブライス）に注目することで、アイデアの構成的役割も重視</td></tr>
<tr><td colspan="2">○新制度論の理論的刷新の意義（新制度論の問題：制度変化の分析を軽視し、断続平衡モデルで制度変化を捉える）
・断続平衡モデルに基づく理解を相対化し、多様な要因に注目することで、制度変化のダイナミズムを捉える
・各知見は相互に矛盾しないため、知見を統合した制度変化モデルの構築可能性あり
○制度変化モデルを構想する上での課題
・制度変化プロセスにおける利益・選好の形成局面の政治的ダイナミズムを重視する必要
・知見を統合する上での理論的基盤（メタ理論）を明示する必要
＝アイデアの二つの役割を媒介とした、構造と行為主体の連続的な相互作用に注目する構成・戦略論的アプローチの有効性</td></tr>
</table>

斂では、制度変化に向かうアクターの利益・選好がどのように形成・発展するのかという点について、十分な検討がなされていない。他方、アイデア的要因に注目する論者の収斂では、アイデアの因果的役割の重視という従来からの知見に、近年の構成的役割への注目をどのように結びつけるかという点について、十分な検討がなされていない。つまり両収斂は、制度変化プロセスにおける、アクターの利益・選好の形成という局面（目標設定局面）の政治的ダイナミズムを射程に収められていないという共通の問題点を抱えている。つまり両収斂の知見を統合し、新たなモデルを形成する上では、制度変化プロセスにおける、支持調達局面

だけでなく、目標設定局面を重視する必要がある。第二に、一点目とも関係するが、各知見を統合する上での指針、すなわち理論的基礎（メタ理論）を明確にする必要がある。もし理論的な基礎がなければ、場当たり的な知見の統合になり、不十分な制度変化モデルになりかねない。新制度論の理論展開の中で、制度概念の刷新や利益の捉え方の変容が生じていることを確認してきたが、構造と行為主体の関係をどう捉えるかというメタ理論にまで遡り、制度変化プロセス全体を再考するには至っていない。言い換えれば、新制度論の理論的刷新は、個別の論点を検討することでもたらされた知見の蓄積にとどまっており、各知見の関係を考察し、制度変化プロセスという時間的連続に位置づけるという試みは十分になされていない。各知見を矛盾なく有効に統合した、新たな制度変化モデルを形成する上では、構造と行為主体が一連のプロセスの中でどのように関係するかについて考察する必要がある。次節では、アイデアを媒介とした構造と行為主体の相互作用に注目する構成・戦略論的アプローチを振り返った後に、これに依拠した制度変化モデルを提示する。

4　構成・戦略論的アプローチに基づく制度変化モデルとその理論的含意

本項では、アイデアを媒介とした構造と行為主体の相互作用に注目する構成・戦略論的アプローチの概要を簡単に振り返った上で、新制度論の理論的刷新の諸知見をふまえた新たな制度変化モデルを提示し、そこから得られる理論的含意について検討する。新たな制度変化モデルの特徴は、アイデアの二つの役割（①アイデアがアクターの利益・選好を形成するという構成的役割、および、②目的達成のためにアクターがアイデアを主体的に利用するという因果的役割）を、制度変化プロセスに自覚的に位置づける点にある。

本書でいう構成・戦略論的アプローチとは、第一章で確認したように、アイデアの二つの役割（構成的および因果的）に注目し、それを媒介とした構造と行為主体の相互作用（共時的および通時的）を分析する政治学のアプローチを指す。このアプローチの特徴は、①構成主義的視角をメタ理論的背景として、②ストラクチャー・エージェンシー問題における構造と行為主体の相互作用に注目する諸議論の批判的検討を知的源泉としている。前者は、政治現象を説明する上で、物質的構造だけでなく、共有されたアイデア的要因によって形成される人々の相互作用や社会構造という側面も重視する（国際）政治学における構成主義的視角に依拠することを意味する。

後者は、ストラクチャー・エージェンシー問題に関する、アーチャーによる形態生成論的アプローチ（Archer 1995）およびジェソップとヘイによる戦略・関係論的アプローチ（Jessop 1996, 2001, 2005, Hay 1995, 2002）の意義と限界をふまえ、アイデアの二つの役割（および政治の二面性）を、理論モデルに自覚的に位置づけることを意味する。形態生成論的アプローチは、構造と行為主体の相互作用における通時プロセスの重視およびアイデア的要因を重視する点で意義があるが、共時的な関係性の把握について曖昧さが残っている。戦略・関係論的アプローチは、共時的な関係性の把握において強みを発揮する一方で、アイデア的要因の位置づけが曖昧となっている。これらをふまえて、構成・戦略論的アプローチは、共時的側面として、過去の政治的アウトカムである諸環境を、アクターは、過去の影響を含むが一定の自由度を持つアイデアによって主体的に解釈するが、環境と合致する必要があるという点で制約を受けることに注目し（アイデアの構成的役割）、他方で、通時的側面として、利益・選好が形成されたアクターは、目標達成のため、アイデアを戦略的に利用するなど主体的相互行為を行い、その結果はフィードバックされ、それぞれを変容させていくことに注目する（アイデアの因果的役割）。ここで重要な点は、上述のように、アイデアの二つの役割が政治の二つのダイナミズムとリンクしている点にある。すなわち、構成的役割は、達成すべき政治目標を設定するという点で、政治の目標設定機能とリンクしている。因果的役割は、目標達成に向けて、アイデアなどを主体的に利用することにより支持を調達するという点で、政治の支持調達機能とリンクしている。したがって、構造と行為主体の相互作用の連続的プロセスにアイデアの二つの役割を位置づける構成・戦略論的アプローチは、政治分析のためのメタ理論として役立つと考えられる。

（1）構成・戦略論的アプローチに基づく制度変化モデル

それでは、新制度論の理論的刷新がもたらす知見をふまえ、構成・戦略論的アプローチに基づいた制度変化モデルを形成する。上述のように、アイデアの二つの役割は時間的側面を考慮することにより接合可能である。つまり、第一段階で、アイデアによりアクターの利益や選好が構成され、第二段階で、利益や選好がクリアとなったアクターにより、目的達成に向けてアイデアの主体的な利用がなされるという制度変化プロセスをたどる（図4‐1）。

より具体的にみていくと、制度変化の第一段階として、アイデアによる利益や選好の構築（＝政治の目標設定機能）という局面がある。まず、内在的な矛盾や外在的な危機によりもたらされる、ブライスのいう「ナイト的不確実性」の状態が出発点となる。この「客観的」危機状況は、政治的には危機として認識されていないため、自動的に制度変化へと向かうことはない。重要なポイントは、状況を「危機」として解釈・意味づけるアイデアに依拠した政治アクターが、改革を必要とする「政治的な危機」として構築することによって、次の段階へと移行するという点[48]にある。

新たなアイデアに依拠したアクターによって、「客観的」危機が政治的なアリーナで扱われる「政治的」危機へと転換されることになり、第二段階へと移ることになる。第二段階は、政治アクターによるアイデアの主体的利用（＝政治の支持調達機能）という局面である。この段階は、同時並行的に進むが、分析的に区別が可能な二つの次元から

図 4-1　制度変化プロセスのまとめ（筆者作成）

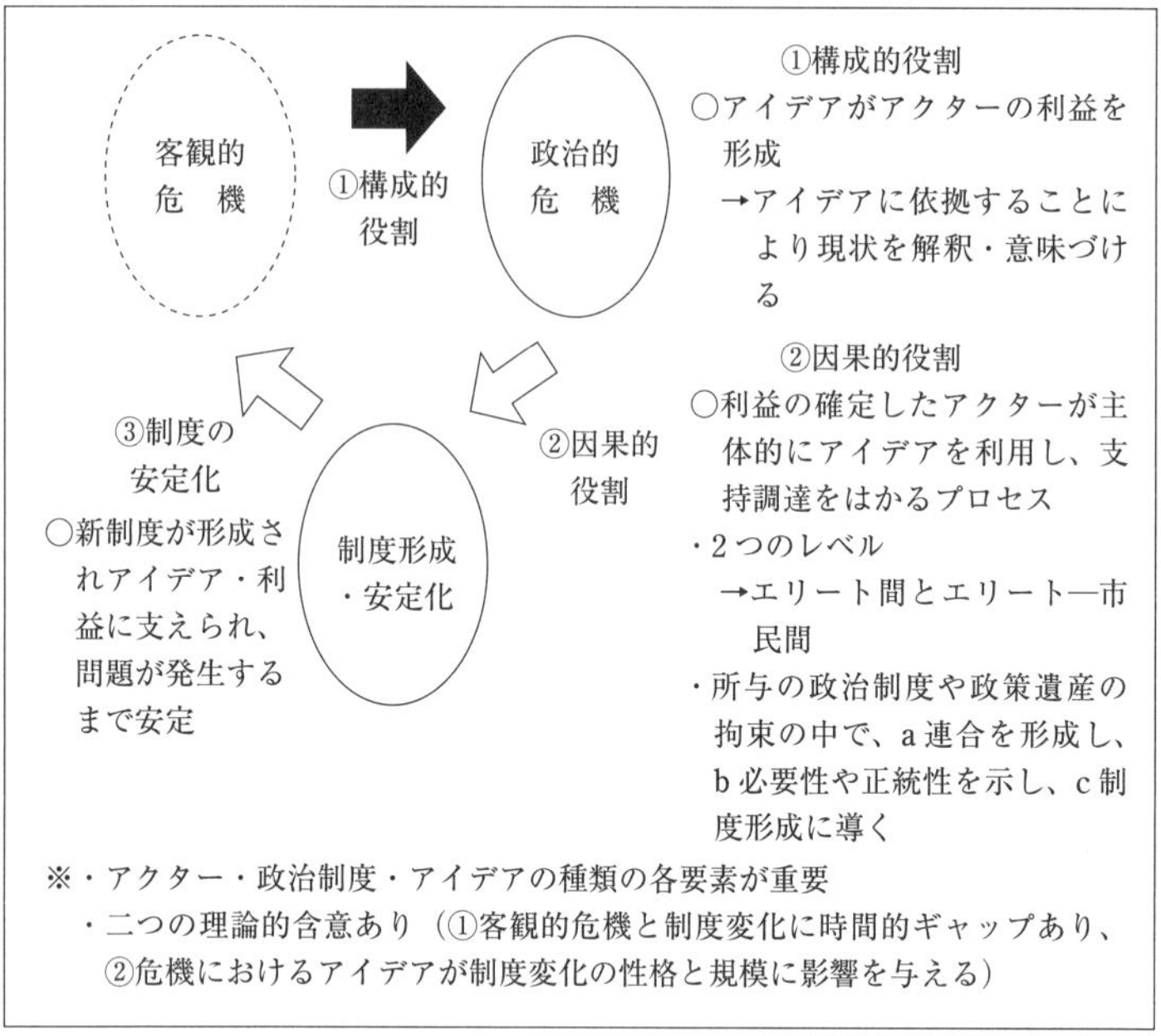

客観的危　機
①構成的役割
政治的危　機
①構成的役割
○アイデアがアクターの利益を形成
→アイデアに依拠することにより現状を解釈・意味づける
②因果的役割
○利益の確定したアクターが主体的にアイデアを利用し、支持調達をはかるプロセス
・2つのレベル
→エリート間とエリート—市民間
・所与の政治制度や政策遺産の拘束の中で、a 連合を形成し、b 必要性や正統性を示し、c 制度形成に導く
②因果的役割
制度形成・安定化
③制度の安定化
○新制度が形成されアイデア・利益に支えられ、問題が発生するまで安定
※・アクター・政治制度・アイデアの種類の各要素が重要
・二つの理論的含意あり（①客観的危機と制度変化に時間的ギャップあり、②危機におけるアイデアが制度変化の性格と規模に影響を与える）

なる。第一に、エリートレベルでの政治的な対立・妥協プロセスであり、第二に、エリート—市民レベルでの説得プロセスである。エリートレベルに関しては、政策アリーナを中心に展開され、エリート—市民レベルではより広いアリーナで展開されていく。ここでは、政治アクターは、アイデアを主体的に利用することにより、新しい制度形成へ向けた集合行為や連合形成を行う（i）。その後、連合形成の基礎となったアイデアを利用して、既存制度の脱正統化を促し、新しい制度の必要性と正統性を主張し（ii）、結果として、新たな制度を形成する（iii）。

ここで三つの点に注意が必要である。まず、第一に、上述のシュミットの指摘のように、相互作用パターンのどちらが重要性を持つかは、政治制度のタイプに大きく依存する。例えば、権力集中型の政治制度ではエリート—市民間の相互作用が重視され、権力分散型の政治制度ではエリート間の相互作用が重視されると予想できる。第二に、アイデア自身も重要となる。つまり、どのようなアイデアでも、集合行為や連合形成を可能にし、制度変化の必要性と正統性の承認をもたらすとは限らない。アイデアは、価値や文化に適合し、また自らの適切性や合理性を示すことによって、その影響力を発揮するのである。[49] したがって、第三に、アクターの主体性も重要となる。アイデアが自動的に制度変化をもたらすわけではないため、アクターによって利用されなければ影響力は持ち得ない。つまり、アイデアを戦略的に利用するアクターの主体性も重要となる。

制度変化の第三のプロセスとして、新しく作られた制度に体現されているアイデアが制度化されていくプロセスもある。新しい制度の誕生（＝アイデアの制度化）後、アクターはその基礎となったアイデアをもとに将来の行動を調整し、それを前提として、制度の発展に関する政治的な対立・闘争を繰り返していく。

以上のように、構成・戦略論的アプローチに依拠し、アイデアの二つの役割を制度変化・安定のプロセス全体に位置づけ直すことによって、目標設定局面および支持調達局面という二つの政治的ダイナミズムを考慮した、制度変化モデルを形成することができる。本モデルによれば、制度変化プロセスは、客観的危機状況において、アイデアにより アクターの利益が形成され、現状が諸改革を必要とする政治的危機であると構築された後、所与の政治制度や過去の政策遺産などの影響を受けながら、政治アクターは、エリートレベルとエリート―市民レベルで、主体的にアイデアを利用することによって支持調達を図り、その結果として、新しい制度が形成されるという流れをたどる。

(2) 理論的含意

以下では、この制度変化モデルがもたらす理論的含意について検討する。このモデルは、制度変化プロセスに関する二つの理論仮説をもたらす。まず第一に、制度変化の時間的側面についての仮説である。客観的危機から政治的危機への移行は、自動的になされるものではなく、アクターによるアイデアを通じた現状の定義づけにより、初めて達成されることになる。例えば、経済不況や社会問題の発生それ自体が制度変化を引き起こすことはなく、それを解決されるべき問題として定義づける特定のアイデアに依拠した、政治アクターの主体的行為が必要となる。つまり、客観的状況の変化と制度変化プロセスの開始の間には、時間的ギャップが存在する可能性が高い。第二に、制度変化の性格および規模に関する仮説である。上記のモデルは、政治的危機への移行段階におけるアイデアの変化の大小が制度変化の規模にインパクトを与えること、および、依拠するアイデアによって制度変化の性格が規定づけられることを示唆している。つまり、直面する不確実性が高く、既存のアイデアが全面的に置き換えられる状況では、新しいアイデアによりもたらされる変化の規模が大きくなる一方で、既存アイデアを前提として新たなアイデアが付加されるような場合では、制度変化の規模は小さくなると予測される。また客観的危機を政治的危機へと転換するアイデアは、その後の制度変化をめぐる政治対立の中心に位置づけられるため、変化の性格を規定すると予測される。ただし、上述のモデルが示唆するように、制度変化プロセスは多様なアクターが関与する政治プロセスである以上、新しいアイデアがそのまま政策へと反映されることはなく、対立や妥協などを繰り返す中で、基礎となるアイデアを前提として、様々な修正が施されていくと考えられる。

本稿の提示する制度変化モデルは、新制度論の理論的刷新の到達点をふまえ、アイデアの構成的役割および因果的役割を制度変化プロセスに位置づけることによって、二つの政治的ダイナミズム（目標設定局面および支持調達局面）を自覚的に捉えようとする点に特徴がある。本モデルは、アイデアに依拠したアクターによる現状解釈の刷新によって制度変化が始まり、そのアイデアがその後の制度変化の規模や性格を規定づけると考えることから、制度変化における①時間性および②規模・性格に関する二つの理論仮説を得ることができる。以下では、本章のまとめとして、新しい制度変化モデルが福祉国家再編分析にもたらす知見について検討する。

5　結論――福祉国家再編の動態分析への知見――

本項では本章の結論として、これまでの議論を確認した上で、構成・戦略論的アプローチに基づく制度変化モデルがもたらす福祉国家再編分析への知見を検討する。

(1) 動態論に関する理論的知見

本章の目的は、多様な再編プロセスをたどる現代福祉国家の動態を説明するための理論枠組（動態論）を提示することにあった。まず、福祉国家再編のアウトカムを説明するための諸理論枠組の意義と限界を検討した。ここでは、先行研究を、利益中心アプローチ、制度中心アプローチ、そしてアイデア的要因への注目に分け、それぞれの意義と限界を明らかにし、諸理論枠組間の関係性を検討した。それぞれのアプローチは異なる要因に注目しつつも、諸環境の変化に対して、諸アクターの戦略的相互行為の結果として、福祉国家再編が生じると捉える点で、政治の重要性を考慮しているといえる。しかし、経路依存性などの概念を重視することで制度の持続性に注目する点、また諸アクターの利益・選好形成における政治性を十分に考慮しない点で、制度変化の政治的ダイナミズムが十分に考慮できていないという問題点を持つことを確認した。これらが示唆することは、福祉国家再編を説明するためには、制度変化の政治的ダイナミズムを射程に収めた理論モデルが必要になるということである。

そこで、制度変化に関する新制度論の理論的刷新を批判的に検討した上で、それらの意義と限界を明らかにし、各知見を統合した制度変化モデルの構築を目指した。新制度論の理論的刷新がアクターの利益・選好の形成局面のダイナミズムを十分に考慮できていないこと、および、各知見を統合する上での理論的基盤（メタ理論）が明らかでないことをふまえて、アイデアを媒介とした構造と行為主体の相互作用に注目する構成・戦略論的アプローチというメタ理論に依拠した制度変化モデルを提示した。このモデルの特徴は、アイデアの二つの役割（①アイデアがアクターの利益・選好を形成するという構成的役割、および、②目的達成のためにアクターがアイデアを主体的に利用するという因果的役割）を、制度変化プロセスに自覚的に位置づけることにより、二つの政治的ダイナミズム（目標設定局面および支持調達局面）を捉えようとする点にある。この制度変化モデルは、制度変化の時間性に関する理論仮説と、制度変化の規模と性格に与えるアイデアの重要性に関する理論仮説をもたらす。

(2) 福祉国家再編の動態分析に関する知見

第二章で検討したように、政治経済システムとしての福祉国家は、戦後の安定的な経済成長を支えた「ケインズ主義的段階」から、経済のグローバル化の進展およびポスト産業社会への移行という変容圧力に直面し、「競争志向段階」へと再編している。ここで福祉国家の段階の移行という知見は、各段階における多様性という知見と矛盾しない。第三章で検討したように、各段階における多様性を考察する上では、国家と社会パートナーの関与度に注目した調整メカニズムの四つの理念型（①三者協調、②自主的調整、③国家主導、④自発的交換）に注目することが有益である。「ケインズ主義的段階」では四類型（①社民コーポラティズム、②社会的市場経済、③国家主導経済、④市場リベラル）、「競争志向段階」では二類型（①三者協調に依拠した協調モデルおよび②自発的交換に依拠した交換モデル）を析出することができる。多様性という点に関連して重要な点は、福祉国家の再編に関して、複数の再編戦略が存在していることにある。すなわち、経済社会問題の調整を主に市場メカニズムを通じた社会パートナー間の交換に委ね、国家は市場メカニズムの円滑な作用を実現する役割にとどまる戦略（市場化戦略）、および、国家が調整主体として、社会パートナーと協調しながら経済・社会政策領域で積極的な役割を担い続ける戦略（戦略的介入戦略）が存在する。したがって、どちらの再編戦略によって福祉国家の再編が進められたかが重要となる。

それでは、福祉国家の段階の移行、および、各段階における多様性（そして、再編戦略の多様性）の存在を前提とした上で、構成・戦略論的アプローチに基づく制度変化モデルが福祉国家再編分析に与える知見を整理する。上述のように、制度変化モデルのポイントは、アイデアによるアクターの利益の構築という第一段階（目標設定局面）とアクターによるアイデアの主体的な利用という第二段階（支持調達局面）に分け、アイデア・利益・制度の相互作用を検討することにある。そして、モデルから導き出される仮説として、第一に、アクターによるアイデアを通じた現状の定義づけによって、客観的危機から政治的危機への移行が生じ、その後の政治プロセスを経て制度変化が生じると捉えるため、制度変化の時間性に注目する必要がある。第二に、アクターは新しいアイデアに依拠することにより危機を構築し、その後の制度形成を行うため、危機構築時のアイデアが制度変化の性格と規模に影響を与えることに注目する必要がある。

したがって、福祉国家再編プロセスを分析する上（図4-2）では、まず第一に、経済のグローバル化の進展およびポスト産業社会への移行という環境変化の中で生じた、ケインズ主義的段階における福祉国家のパフォーマンスの低下に直面する中で（客観的危機）、政治的アクターが現状をどのように把握し、改革が必要とされる政治的危機と定義づけていったかを検討する必要がある。つまり、いわゆる「福祉国家の危機」の解釈やその処方箋である再編戦略など、アイデア的要因に関するアクター間の対立に注目しなければならない。再編プロセスは、現状把握および政治的危機の構築の際に依拠していたアイデアを中心に展開されるため、アイデア的要因をめぐる闘争への注目が重要と

図4-2　福祉国家再編の動態分析のまとめ（筆者作成）

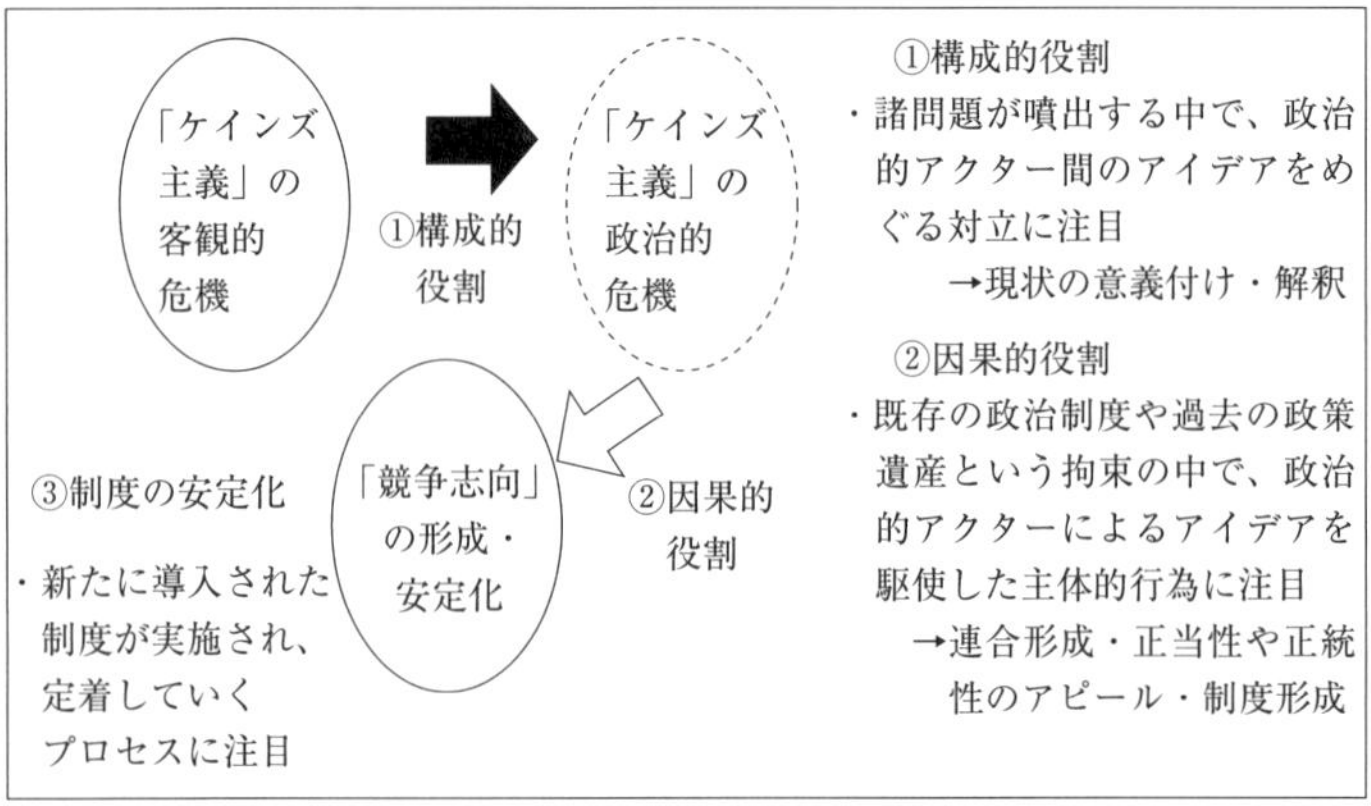

なる。また、この局面では、福祉国家の客観的危機と再編プロセスの始動（政治的危機の構築）の間の時間的ギャップに注目する必要がある。

続いて第二に、既存の政治制度や政策遺産という文脈を前提として、政治的危機の構築の際に依拠していたアイデアを軸に展開される、福祉国家再編の政治に注目する必要がある。具体的には、再編戦略をめぐる連合形成、ケインズ主義的段階の脱正統化と新たなモデルの必要性や正統性のアピール、そして、競争志向段階における諸政策を導入する政策決定過程など、一連の政治プロセスに注目する必要がある。政治アクターは、このプロセスの中で、フレーミングなど主体的に行為することによって、制度形成を実現していくと考えられる。そして、第三段階として、複雑な政治過程の結果として新たに導入された政策の制度化に注目する必要がある。

この新たな制度変化モデルに依拠した福祉国家の再編モデルは、不十分な制度変化モデルに依拠しているために、利益・選好の形成局面の政治的ダイナミズムが十分に考慮できていない点、および、制度変化を軽視してしまう点という主流派アプローチの限界点を克服する試みといえる。つまり、構成・戦略論的アプローチに依拠した制度変化モデルに基づく福祉国家再編分析（動態論）は、再編プロセスにおける目標設定局面および支持調達局面という二つの政治的ダイナミズムを射程に収めているといえる。

以上のように、比較福祉国家論の既存研究の意義と限界を批判的に考察してきた結果として、「特徴把握」と「動態の説明」という福祉国家論の二つの理論的課題に応えるための、構成・戦略論的アプローチに依拠した理論枠組（段階論・類型論・動態論）を提示することができた。次章では、第二章で提示した段階論、第三章で提示した類型論、そして、本章で提示した動態論という三つの理論枠組の妥当性を検証するために、オーストラリアにおける福祉国家再編プロセスを分析する。

注

（1）注意すべきポイントは、ここでの分類は、あくまでも各論者がアウトカムを説明する上でどの要因を重視するかという点に依拠してなされており、各研究が、ひとつの研究の内部で、三つの要因のそれぞれに注意を払っていることを否定しない点である。アウトカムを説明する上で、三つの要因に注目する点では共通していても、どの要因を最も重要と考えて分析するかという点には依然として差異がある。

（2）例えば、渡辺（1996）は、コルピの福祉国家研究を批判的に検討した論文において、福祉国家の形成過程の理論化である「権力リソース動員モデル」とコルピの権力論およびその基本的視角である「権力リソースアプローチ」を区別することを提案する。より具体的には、前者は左派・労働勢力の戦略に注目して福祉国家を分析することを指し、後者はその基礎となるアクター間の戦略的相互行為に注目することを指す。このように、権力資源動員論では、労働勢力に注目した福祉国家分析という側面だけでなく、アクターの主体性を強調する側面も存在する。

（3）例えば、新川（1993, 1999, 2005）、宮本（1999）および渡辺（1996）など。階級交差連合論を権力資源動員論の変種と考える論者は、権力資源動員論のアクター重視という点に注目していると思われる。この点を前提とすれば、階級交差連合論を、権力資源動員論の発展形態と考えることは理解可能である。しかし、階級交差連合論の主要な分析単位は資本側（とそれと交差連合を組む労働組合）にあり、労働組織・左派から福祉国家を分析する権力資源動員論とは対立している。

（4）資本の重要性を強調する議論に対する批判者として、第一章でも言及したハッカーとピアソンらおよびコルピがいる（Hacker and Pierson 2002, Hacker 2005, Korpi 2006)。

（5） 例えば、以下の文献も参照（Scharpf and Schmidt 2000, Huber and Stephens 2001, Manow 2001, Kitschelt et al. 1999, Ebbinghaus and Manow 2001, Martin and Swank 2004, 2008, Martin and Thelen 2007, M. Rhodes 1998, 2001, 2005, Pontusson 2005など)。

（6） 本文中で言及した研究以外の、VOC論に依拠した福祉国家分析として、例えば、エステベス-アベらの比較分析がある(Estevez-Abe et al. 2001)。

（7） マレスは、社会政策がリスク分配とコントロールという二つの軸から特徴づけられることを指摘し、企業規模およびスキル形態などの差異から、選好する社会政策が異なることを主張する。すなわち、企業規模が大きく、特殊スキルへの依存度が高まるほど、資本はコントロールの強化を求め、リスクの発生が高いほど、資本はリスク分配の強化を求めると指摘する（Mares 2003 chapter 2)。

（8） ここで紹介した比較政治経済学の研究とは一線を画すが、比較的初期の段階から権力資源動員論の左派バイアスを批判していたボールドウィン（Baldwin 1990）の研究も重要である。彼は、福祉国家の形成・発展の上で、中産階級が果たした役割を強調する。すなわち、中産階級が社会政策拡充に対して常に批判的スタンスをとるとみなすことを批判し、合理的な理由から、彼らが社会的連帯へと向かう場合があることを指摘するのである。彼は、中産階級の対応の差異を理解する上で「リスク」に注目する必要を説く。リスクカテゴリーと階級が必ずしも一致しないこと、階級内でもリスクカテゴリーが異なることから、政治的なパワーを持つ中産階級が社会政策形成で主導的な役割を果たしてきたことを主張している。

（9） 近年では、権力資源動員論の理論的基盤をもとに、階級対立だけでなく、宗教諸力の影響力を分析枠組に組み込もうとする試み(Manow and van Kersbergen 2009）や、政治的党派間の連合に注目する試み（近藤 2009）もある。

（10） スコッチポルの一連の研究は、アメリカ型福祉国家の特異な発展パターン（本格的な福祉国家の形成・展開が遅れ、ニューディール期以降も失敗に終わった）を、集権的で実施能力を持つ行政組織の欠如、早い段階からの普通選挙制の実施、それらと関連した綱領政党の欠如など政治制度の特徴から説明する（Skocpol 1981, 1992, Skocpol and Ikenberry 1983)。

（11） ウィーアらは、スウェーデン、アメリカおよびイギリスのケインズ主義政策の採用における差異を、過去の社会政策遺産、専門家集団のアイデアの流れを決定する政治制度の差異、および、政策実施のための行政組織の実施能力によって説明する（Weir and Skocpol 1985)。

(12) オビンガーらは、諸アクターの関与が多いなど拒否点の多さを含意する連邦制度が、社会政策の採用それ自身というよりも、政策採用のスピードに影響を与えることを指摘する（Obinger et al. 2005）。

(13) ロススタインは、ある時点で採用された労働市場政策の差異が、その後の労働者階級のパワーに影響を与えたことを確認している（Rothstein 1990, 1992）。

(14) 肯定的に評価する研究として、例えば、グリーン-ペーダーセンの研究がある。彼は、「削減の政治と拡大の政治が異なるという議論および前者が非難回避の方法に関係するという議論は、削減に関する研究の共通理解となっている」と述べている（Green-Pedersen 2002, pp. 23–24）。他方で、否定的に評価する研究として、スカブローの研究がある。彼女は、「ヨーロッパの主要な左翼政党は力を使い果たしておらず」、また、「ユニオニズムの持続的な強さおよび削減に対する労働組合の動員能力は、削減の「新しい」政治論の特徴というピアソンの主張に疑問を呈する」と述べている（Scarbrough 2000, p. 250）

(15) ピアソン（P. Pierson 1994, pp. 14–17.）は、削減が複雑な現象として、プログラムレベルの縮減とシステムレベルの縮減という重要な区分を提出している。前者はプログラム構造を残余的な方向へ変化させることを意味し、後者は福祉国家を支える諸基盤への間接的な攻撃を指す。第1章の注1を参照。

(16) 避難回避の概念はウィーバーに由来する。彼は、政治家の行動動機として、再選追求のため政策を実施する「手柄獲得」、政治的人気にかかわらず行為に価値を置き実施する「よい政策」、および、手柄獲得のためのコストが高い状況で損失を回避する「避難回避」の三つを提示する（Weaver 1986）。彼は、八つの避難回避戦略（①アジェンダ回避、②イシューの再定義、③現状維持のための追加リソースを提供するコミットメント、④権限委譲による責任回避、⑤スケープゴート探し、⑥方針転換し勝ち馬に乗ること、⑦主要アクター間の一致団結、⑧他になす術がないことを示す）を例示する。新川は、ウィーバーおよびピアソンの議論を批判的に検討し、五つの戦略（アジェンダの制限、争点の再定式化、可視性の低下、スケープゴートの発見、超党派的合意形成）に整理し直している（新川 2005）。

(17) ピアソンの政策フィードバックに関する詳しい議論については、九三年の論文で検討されている（P. Pierson 1993）。

(18) その後のピアソンの福祉国家論の変容について触れておく。歴史的制度論者として知られるピアソンは、合理的選択論や社会学的制度論との議論や対話を通じて、自らの政治学者としての理論的立場を固めていく。特に彼が注目した点は、「経路依存性」（P.

Pierson 2000a)、「政治プロセスにおけるタイミングと歴史的連続」(P. Pierson 2000c) および「発展の長期的なプロセス」(P. Pierson 2003) などの「政治における時間的要素の持つ重要性」である (P. Pierson 2004)。これらの理論的展開を受け、彼の福祉国家論も若干変化する。ただし、重要な点は、基本的な理論枠組は「新しい政治」論と同じであり、新たな知見でそれを補完するという点が多いということである。

例えば、ピアソンは、削減政策は不人気であり政治家は再選要求との間でジレンマに直面する「選挙インセンティブ」に加え、拒否点や経路依存性という「制度的な粘り強さ (institutional stickiness)」の存在を指摘する (P. Pierson 2001)。彼によれば、これらの諸特徴の存在が、ラディカルな改革を困難にさせ、既存制度の漸進的な改革へと向かわせるのである。また、彼は、財源の確保の困難さに由来する「永続的な緊縮経済の予測が、社会政策の再構築に関する政治的対立を変容させる」と主張する (Ibid., p. 417)。具体的には、従来の現状維持 vs 解体という単純な政治的対立ではなく、財政を悪化させず経済パフォーマンスに寄与する方法で福祉国家の刷新や維持を求めるなど、より複雑な政治的対立が生まれるのである。改革の困難さを規定する要因と現状の変化をふまえて、彼は「より中道的で漸進的な対応へと向かわせる強い圧力が存在する」と指摘している (Ibid., p. 417)。このように現状認識において変化が存在するが、ピアソンの「新しい政治」論の特徴である①福祉国家の持続性、②発展期と削減期の政治の性格の違い、③新たな説明理論としての制度論の提示という三つのポイントは、初期の研究以後も大きく変わることなく維持されている。

(19) 公的政治制度に注目する研究として、例えば、ボノーリは、年金改革の質的な分析において、権力集中の程度が改革に与える影響を検討している (Bonoli 2000, 2001)。彼によれば、拒否点の存在は、アクターに、政策内容自体に影響を与える機会および気に入らない政策提案を拒否する機会を与えるため、権力集中の程度は、政府の採用する改革戦略に影響を与える。権力集中型システムでは、政府は事前に改革に反対する勢力と交渉する必要が少ないため、削減政策のみが採用されやすいが、権力分散型システムでは、改革の実施において反対勢力の同意が不可欠なため、削減政策と改善政策が組み合わされる傾向が存在することを指摘する。他方で、スワンクは、福祉国家への圧力は政治制度の各国ごとの形態によって影響されるとし、具体的には「利益代表システム、政体内の政策決定組織および福祉国家のプログラム構造の一般的特徴が、国内的・国際的圧力への各国の政策対応を決定する」としている (Swank 2001, p. 205)。先進諸国の統計的な分析結果として、彼は、利益代表の包括性の程度が高い国 (コーポラティズム・比例代表制など)、権力集中型システムの国 (集権性・一院制) および給付が普遍主義的な諸国では、その逆の国と比較して、福祉国家の防御に成功していると結論づける。

政策過程内の制度に注目する研究として、エステベス－アベの研究もある。彼女は、日本の福祉改革のプログラムごとの成否の違いについて検討している。アベは、イシューごとの改革の成否を分けた要因として、審議会などにおけるアクターの配置状況に注目する。彼女は、「(a)利益調整のための公式なアリーナが存在し、(b)プログラムの受益者と負担者の両者が交渉に参加し、(c)特定の改革に関する政治に参加するプレイヤーが、同時に異なったイシューに対する他の交渉に参加する」時に、改革が起こりやすいとする（Estevez-Abe 2002, p. 170）。一方で、ヘメレイクらは、オランダとドイツという福祉レジームも生産レジームも類似した二国における福祉国家改革の成否（オランダの成功・ドイツの失敗）について検討している。彼らは、両国における労使関係と社会保障分野での社会的アクターの自律性の差異に注目し、「労働組合、使用者団体および政府の三者が「労働なき福祉」を克服するための戦略を選択し調整する制度的な環境がかなり異なる。そして、これがドイツとオランダにおける交渉された社会政策改革の運命に重要な帰結をもたらした」とする（Hemerijck and Manow 2001, pp. 218–219）。

(20)　例えば、オランダとデンマークの福祉国家改革を分析したグリーン－ペーダーセンは、キッチェルト（Kitschelt 2001）による政党間競争システムへの注目、および、ロス（Ross 2000c）による左派政権のメリット（「ニクソンが中国へ行った」戦略、すなわち、不人気政策や成否が分かれる政策に関して、最も行わなさそうな人ほど成功する可能性が高い）への注目から示唆を受け、①右派政党よりも左派政党の方が福祉国家改革に向いており、②政党システムがブロック間競争よりも軸間（pivot）競争の方が福祉国家改革に向いているという仮説を提示する（Green-Pedersen 2002）。他方で、キッチェルトは、①市場自由主義vs統一的な社会民主主義、②分裂した市場自由主義と中道政党vs統一的な社会民主主義、③自由―中道―社会民主主義の三分裂、④弱い自由主義―強い中道―強い社民の四タイプに政党システムを分類し、福祉国家削減の可能性を議論する（Kitschelt 2001）。

(21)　近年、「新しい政治」論の二つの前提に関して、批判的考察が展開されている。イエンセン（Jensen 2007）は、市民がいつも改革に反対するわけではないことを確認し、プログラム構造によって、人々の支持の可能性が異なることを指摘する。すなわち、老齢年金のような社会経済条件から独立したニーズのためのプログラムに対する支持は強いのに対して、失業給付のような社会経済条件に依存したプログラムでは支持が弱いことを主張する。また、ブルックスら（Brooks and Manza 2006）は、市民の持続的な支持のために福祉国家が持続しているという想定を、マスオピニオン研究を利用して検討している。ヴィスら（Vis and van Kersbergen 2007）は、

「なぜ政府は政治的リスクを持つ福祉国家改革へと向かうのか」という問いを立て、プロスペクト理論を用いて、政府が現状を損失の多い状況と判断するときに改革が行われることを主張する。
(22) 同様の視点を持つ分析として、シュワルツによるオーストラリアとニュージーランドの政治経済システムの変容を扱った研究もある。そこでは、類似した経済社会システムを抱えていた両国が、八〇年代以降全く違う発展経路をたどったことが明らかにされている (Schwartz 2000)。つまり、相対的に類似した社会保障システムや経済システムを持つ国が類似した圧力に直面したとしても、採用される政策には大きな違いがあり、そこでは単純に福祉国家の削減とは呼べない政策も採用されるのである (オーストラリアでは刷新が生じ、ニュージーランドでは削減が生じた)。
(23) コックスとロスの議論を発展させる形で、福祉国家の変容の分析を試みたものとして、近藤 (2002-2003, 2008) の研究がある。
(24) 削減政策を所与として、政治制度などの変数からのみ説明することの問題点は、一部の論者などによっても共有されている。例えば、広義の「新しい政治」論に属し、政治制度を重視するボノーリは、政治制度は他の要素との相互作用においてのみ重要であるとして、他の変数の重要性を指摘する (Bonoli 2001)。シュワルツは「制度的構造は変化をもたらさないし、どのような変化が起こるかを決定せず、むしろ、改革者の変化をもたらす能力に影響を与える」のみと指摘して、削減政策を所与とすることを批判する (Schwartz 2000, p. 120)。また、グリーン-ペーダーセンらは、改革に有利な制度的・政治的条件を特定することは、なぜ政府が削減したのかを全く説明しないと主張する (Green-Pedersen and Haverland 2002)。
(25) ロスは、政治的リーダーシップ、機会および選択という要素を無視することにより「新しい政治論の多くは、かなり非政治化されたままである」(Ross 2000a, p. 12) と批判する。しかし、広義の「新しい政治」論も、制度的要因という政治的要素には注目するので、「非政治的」という批判は不適当と思われる。広義の「新しい政治」論は、「消極的な意味での政治が重要」と捉えるのが的確である。
(26) エステベス-アベは、拒否権プレイヤーの数と形態を規定する政治制度に注目する自らの枠組を、「福祉政治の構造論理」と呼んでいる (Estevez-Abe 2008)。
(27) フーバーらの研究において、福祉国家の発展・形成期では、政治的な党派性および憲法構造の福祉国家に与える影響が確認されている (例えば、フーバーらの一連の研究を参考。Huber et al. 1993, Huber and Stephens 2001など)。一九八〇年代以降の削減期においては、「福祉国家政策の人気により右派政権は拘束され、また、財政的な圧力が左派政権の政策の幅を狭めるため、党派性効果は発展期と比べると弱まっている。外的・内的な経済要因が大きくなるが、同じ理論フレームは福祉国家における変化を説明するのにいまだ役立つ。権力配置は、かなり弱まったが、中長期的には重要である。憲法構造によりもたらされる権力分散は重要なままである。しかし、削減を遅くすることにより、寛大な福祉国家に好都合なように、つまり発展期とは逆方向に機能する」と結論づける（Huber and Stephens 2001, p. 32）。

（28）　歴史的制度論の現状と課題をレビューしたものとしては、以下のものを参照（Thelen 1999, 2003, Streeck and Thelen 2005, P. Pierson 2004, Thelen and Steinmo 1992, Pierson and Skocpol 2002など）。

（29）　コルピの後の論文では、制度が（限定）合理的なアクターにより形成される一方で、制度が過去の政治的アウトカム（権力資源の動員の結果）であることを強調し、制度がバイアスを持ち、権力関係を反映しているという点で非中立的であることを指摘し、新制度論の各知見を積極的に取り込もうとしている（Korpi 2001）。

（30）　現代政治学における経路依存性の応用可能性については、さまざまな議論がなされている（例えば、以下の文献を参照 Greener 2002, 2005, Crouch and Farrell 2004, Peters et al. 2005, Ross 2007など）。

（31）　マホニー（2000）は、再生産メカニズムと制度変化に関して、以下のようにまとめる。功利主義的説明では、制度変化に関するコストと利得が再生産のカギとなり、再生産が自己利益にならない時に変化が生じる。機能主義的説明では、再生産がシステムへの機能的な帰結によって生まれるとみなし、制度変化はシステム全体へ圧力をもたらす外的ショックにより引き起こされる。権力主義的説明では、再生産はエリート集団による支持により生じ、制度変化はエリートの弱体化や従属集団の強化など権力基盤の変化により生じる。正統化的説明では、アクターが制度を正統的なものとみなすことにより再生産が生じ、制度変化は、アクターの価値や主観的信念の変化の際に起こる。

（32）　近年、日本でもアイデア的要因を重視した福祉国家分析が登場している。代表的な研究として、宮本編（2006）や近藤（2002-03, 2008）など。

（33）　歴史的制度論に立つホールは、制度変化がうまく説明できないという理論的な限界を克服するため、政策パラダイムの変化というアイデア的要因に注目する（Hall 1993, ホールによるアイデア的要因への注目として、Hall 1986, 1989, 2006も参照）。彼は、変化の規模を、政策手段の配置の変化である第一層、政策手段自身を変える第二層、および、政策目標などすべてが変化する第三層に区別した上で、第三層の変化は、政策目標などを規定づける「政策パラダイム」の変化の結果として生じることを指摘する。ホールの政策パラダイム論が提示される以前の段階で、福祉国家研究においてもパラダイムに注目した研究が存在する。イエンソン（Jenson 1989）は、アメリカとフランスの女性政策の展開の差異を、両国の市民権に関する考え方の差異から説明する。社会パラダイムを、社会関係の理解を提供する意味システムおよび社会的な実践として定義して、両国の市民権パラダイムの差異（アメリカ：特別視された市民権、フランス：市民生産者）が、前者で性別役割分業を支える政策をもたらし、後者で労働と育児を両立させる諸政策をもたらしたことを主張する。

（34）「ドリフト」という概念は、環境変化に対して、主体的に制度を放置することによって、制度変化が生じたとみなす。言い換えれば、積極的な行為を行わずに、制度が持続することをもって、変化が生じたとみなす。このような表面上の「持続性」を、制度「変化」として捉えるべきかという点についても疑問も残る。

このように多様な制度変容パターンが提示される中で、「変化」がそもそもどのような現象を意味するのか、概念的に曖昧になりつつある。また断続平衡と制度進化の関係性なども十分に整理されていない。制度「変化とは何か」という論点についてはあらためて検討したい（「変化」について検討したものとして、Hay 2000, 2002, Bates 2006, Bates and Smith 2008, Linder 2003, Harty 2005など）。

（35）例えば、ピアソン（P. Pierson 2004, chapter5）は、政治環境の現状維持バイアスを示す「除去コスト」と内的変化への障害を示す「転換コスト」に注目し、以下の四つの仮説を示す。すなわち、①ともに高い場合は制度の安定性や重層化が生じ、②除去コストが高く、転換コストが低い場合は制度の転換が生じ、③除去コストが低く、転換コストが高い場合は制度の放棄・除去や同型化が生じ、④ともに低い場合は不確定とする。ハッカー（Hacker 2004）は、決定手続や党派性のバランスなど拒否権の多さに依存する「公的な制度変化への障害」と制度特殊な要因に依存する「内的な政策転換への障害」という二つの軸から考察し、以下の四つの仮説を示す。すなわち、①ともに高い場合はドリフトが生じ、②制度変化の障害が高く、内的な政策転換への障害が低い場合は転換が生じ、③制度変化の障害が低く、内的政策転換への障害が高い場合は重層化が生じ、④ともに低い場合は、除去や取替が生じる。

（36）マホニーら（Mahoney and Thelen 2010）は、(i)制度の保持を求めるか否か、(ii)制度のルールに従うか否かという点に注目して、制度変化をもたらす四つの主体を析出した上で、そこで生じやすい変容パターンを指摘している。すなわち、①制度の保持を求めず、またルールに従わない「反乱者」は制度の取替をもたらす。②制度の保持を求めるが、ルールに従わない「共生者」はドリフトをもたらす。③制度の保持を求めないが、ルールに従う「転覆者」は重層化をもたらす。④両点に関して日和見的な「機会主義者」は転換をもたらす。

(37)　第三章で指摘したようにVOC論への批判は大きく二点に整理できる。第一に、なぜ二つの資本主義経済モデルに類型化されるかという点であり、第二に、どのように変化するかが十分に理論化されていないという点にある。前者は、類型化の規準・手続の精緻化や調整メカニズムの多様性を考慮する必要を説き、後者は、VOC論の静態性を批判し、動態的な分析へと射程を広げることを求めている。

(38)　制度間の相互作用パターンに関しては、ディーグの別の論文（Deeg 2007）で詳しく論じられている。第三章で触れているが、彼は、諸制度のリンク形態として、制度補完性、制度両立、制度的一貫性、および、制度クラスターという四種類を提示する。

(39)　本文で言及した論者以外として、例えば、モーガンら（Morgan and Kubo 2005）は、異なるレベルの制度間に存在する適合性に注目する必要を説く。適合性の強さは時間ごとに変化するため、経路依存的な発展のみならず、レベル横断的から同じレベル内部での変化まで、多様な制度変化パターンが生じることを示唆している。

(40)　合理的選択制度論のレビューとしては、以下のものを参照（Weingast 2002）。

(41)　青木による制度の定義の特徴は、その認知的側面を重視する点にある。制度の詳しい定義は、以下の通りである。「制度とは、ゲームがいかにプレイされるかにかんして、集団的に共有された予想の自己維持的システムである。その実質は、特定の均衡経路の際立った、普遍的な特徴を縮約して表現したもので、ドメインにおけるほとんどすべての経済主体によって自分たちの戦略選択に関連があると認知される。そのようなものとして、制度は経済主体たちの戦略的相互作用を自己拘束的に統治する一方、不断に変化する環境のもとで彼らの実際の戦略選択によって再生産される」（Aoki 2002, p. 185／２０１頁）。このように捉えることで、彼は、制度の①内生性、②情報縮約または要約表現、③頑健性または持続性、④普遍性、⑤複数性が表現されるとする。後の論文では、「すべての主体が知っている意味あるルールにより代表され、またどのようにゲームがなされるかに関するアクターの共有信念として統合される、社会的相互作用の重要な自己維持的パターン」と定義する（Aoki 2007, p. 6）。最新の研究では、「制度とは、社会ゲームが繰り返しプレイされ、またそうプレイされるべき、仕方についての共通認識されているパターン」とする（Aoki 2010, p. 69／88頁）。

(42) 青木は、諸制度間には「制度的補完性」や「制度化された連結」（Aoki 2002, p. 17／22頁）があるとし、そのために複数均衡が生じる可能性が少なくなることを示唆する。

(43) カッツネルソンらは、歴史的に形成されてきた諸制度という条件下におけるアクターの選好形成という側面に注目している（Katznelson and Weingast 2006）。選好の所与性や制度の効率性に注目してきたＲＣＩにとって、過去の政治的アウトカムと考えられる特定の制度状況下における選好形成への注目は、複雑な政治現象をより適切に説明するための理論的試みであり、また権力配分やリソースの分配にバイアスをもたらす制度の政治的側面（cf. Moe 1990, 2005）を捉える手がかりともなる。また、他方で、ＨＩにとっては、再生産メカニズムやアクター間の戦略的相互作用に注目することによって、分析のミクロ基礎を充実させることを含意している。

(44) 日本の政治学においても、アイデア的要因に注目した業績が蓄積しつつある（例えば、内山 1998、近藤 2008、秋吉 2007、徳久 2008、佐々田 2011など）。

(45) ここで紹介するブライスとシュミットの他に、キャンベル（Campbell 2004）も、制度変化におけるアイデアの役割に注目している。そこでは、アイデアのタイプ、変化パターン、メカニズムなど制度変化に関する重要な論点が論じられており有益である。制度変化におけるアイデアに関しては、近藤（2007, 2008）も参照。

(46) ブライスが五つの仮説に整理するのに対して、キャンベルは制度変化を「拘束されたイノベーション」と捉え、以下の一二の作業仮説を提示する（Campbell 2004, chapter 6）。１：制度変化は内的・外的な問題により引き起こされる。２：問題は制度変化の必要条件だが、十分条件ではない。３：これらの問題がリソースや権力の分配を脅かすとアクターが認識した時、制度変化への対立が起こる。４：アクターは、リソースや権力を増加／減少させると認識した時、それらに影響を与える制度の変化を追求／拒否する。５：制度的な企業家がクリアでシンプルな用語でフレーム・接合するならば、それらの問題は制度変化を必要としていると認識される。６：企業家が（新しいアイデアにさらされやすい）社会的ネットワーク・組織・制度の交差に位置するならば、制度変化は進化的というよりも革命的になりやすい。７：変化を支持する企業家がライバルよりも多くのリソースを活用しうる時、そのプログラムは変化をもたらしやすい。８：企業家が政策決定者に、変化が効果的に機能するという証拠を示す時、そのプログラムは変化をもたらしやすい。９：企業家が、既存の制度環境、決定者の認識パラダイム、決定者や市民の規範的感覚によく適合する形で示すならば、制度変化は起こりやすい。10：制度文脈と合致する刷新は、いったん実施されると持続しやすい。11：既存の制度文脈に合致する刷新は革命的というよりも進化的になりやすい。12：政策決定者がアイデアを重要と考えるだけでなく、それを効果的に実施し維持するためのリソースを持つならば、制度変化は革命的になりやすい。

(47) ブライスは、非物質的要因の重要性を説く構成主義が一般理論であることを指摘し、自らのアプローチを「構成主義的政治経済学」としている（ブライス2009, Abdelal et al. 2010）。

(48) 危機が政治的に構築されるものを強調したものとして、以下のものを参照（Hay 1996b, 1999, 2001a, 2002, Kuipers 2009）。

(49) アイデアの特徴を整理する試みについては、シュミット（Schmidt 2008a）やキャンベル（Campbell 2004 chapter 4）を参照。シュミットは、プログラム、パラダイム、公共哲学に類型化する。キャンベルは、アイデアが議論の「前面」に出てくる概念や理論を提供する場合と議論の「背景」で基礎となる前提を提供する場合があることを指摘し、また因果関係を特定しアウトカム志向である「認識」的側面と価値やアイデンティティからなり非アウトカム志向である「規範」的側面からなることを確認する。その上で、「前面—背景」軸と「認識—規範」軸から、アイデアを、①政治的エリートが行為のコースを明確化するのに役立つ処方箋としての「プログラム」、②利用可能なプログラムの認識的範囲を拘束するエリートの想定である「パラダイム」、③プログラムを正統化するのに役立つシンボルである「フレーム」、④利用可能な正統化されたプログラムの規範的範囲を拘束する人々の想定としての「公的感覚」という四つのタイプに分ける。その他の論者として、コヘインらは、アイデアを、世界観、原理的信念、因果的信念に整理する（Goldstein and Keohane 1993）。

第五章　経験分析への適用
――オーストラリアにおける福祉国家再編――

本章の目的は、前章までの福祉国家論の理論的課題に関する批判的検討から得られた三つの理論枠組（段階論・類型論・動態論）の妥当性を検証することにある。本章では、オーストラリアにおける福祉国家再編プロセスを事例として取り上げ、理論枠組の妥当性を検討する。前章までの福祉国家論の批判的検討は、福祉国家論に関する「理論研究」といえる。理論研究で得られた成果は、実際の経験分析によって、その妥当性を検証されなければならない。もし理論研究で得られた成果に関して、経験分析においてその妥当性が確かめられないとするならば、その成果は福祉国家研究としては不十分といえよう。言い換えれば、福祉国家研究は、理論研究と経験分析をうまく接合する必要がある。理論枠組の妥当性を検証することを目的とする本章において検討すべき論点は、既存研究の分析と比べて、理論研究で得られた成果（段階論・類型論・動態論）が新たな知見を提供できるかという点である。

本章の構成は以下の通りである。まず、オーストラリアにおける福祉国家再編に関する先行研究を検討し、その問題点を明らかにする（第一節）。その上で、実際のオーストラリアにおける福祉国家再編プロセスを検証する。ここでは、上述の理論研究の成果を念頭に置きつつ、以下の三つの論点を検討する。すなわち、まず第一に、戦後の安定的な経済成長を支えてきた段階の特徴は何かを明らかにする（第二節）。ここでは、キャッスルズらの議論を参考にしながら「賃金稼得者モデル」の特徴を明らかにする。第二に、本格的な福祉国家再編が生じた、八〇年代以降の労働党政権の特徴は何かを明らかにする（第三節）。ここでは、紆余曲折を経ながら、最終的に戦略的産業政策が推進され、アクティベーション政策と女性の社会進出中立政策が採用されたことを確認する。第三に、九〇年代半ば以降のハワード自由党・国民党連立政権下での政策対応を検討する（第四節）。ここでは、自由化が推進され、狭義のワークフェア政策と女性の社会進出中立的な政策が採用されたことを確認する。そして、オーストラリアにおける再編プロセスの特徴を明らかにするため、段階論と類型論を用いて、労働党政権と連立政権の共通性と差異を明らかにする（第五節）。さらに、福祉国家の再編や両政権の差異をもたらした要因に関して、動態論を用いて検討する（第六節）。最後に、本章のまとめとして、オーストラリアにおける再編に関する議論を整理した上で、理論研究で得られた成果の妥当性を確認する（第七節）。補説では、八〇年代から九〇年代半ばまでのニュージーランドにおける再編プロセスに簡単に言及することで、理論枠組の妥当性を確認する（補説）。

第一節　事例としてのオーストラリア

本節では、オーストラリアにおける福祉国家再編に関する先行研究の知見を整理し、その問題点を明らかにする。第二章で確認したように、戦後の安定的な経済成長を支えてきた「ケインズ主義的福祉国家」は、一九七〇年代以降、経済のグローバル化の進展およびポスト産業社会への移行という変容圧力に直面し、大きな変容を遂げ、現在では「競争志向の福祉国家」へと再編されつつある。この再編パターンは、第三章の検討が示唆するように、経路依存的な対応を採用する諸国から抜本的な改革に向かう諸国まで、多様性を極めている。その中でも、オーストラリアは、抜本的な改革を経験してきた国のひとつといえる。次節以下で確認するように、戦後のオーストラリアの福祉レジームは、資産・所得調査に基づく、低水準の画一的給付という特徴を示してきたため、エスピン-アンデルセンのいう自由主義レジームに依拠すると考えられてきた（Esping-Andersen 1990, 1999）。しかし、キャッスルズが明らかにしているように、オーストラリアでは、狭義の社会政策は十分に発展しなかったが、高関税政策、制限的な移民政策、そして強制仲裁制度などの保護主義的な政策手段を用いることで、市民に十分な社会的保護を提供してきた（Castles 1985, 1988）。しかし、保護主義的な手段に依拠していたために、他国と比べて早い段階で福祉国家の危機に直面し、七〇年代の試行錯誤の末、八〇年代以降、抜本的な福祉国家の再編を経験することになった。八〇年代には中道左派である労働党政権によって、いわゆる「第三の道」や「新しい社会民主主義」と類似した再編戦略が採用され、九〇年代半ばの政権交代以後、保守系の自由党・国民党の連立政権によって、いわゆる「新自由主義路線」が採用され、自由主義化が推し進められた。

先行研究は、オーストラリアにおける福祉国家の再編に関して、多様な評価を下してきた。例えば、第一に、ホーク・キーティング労働党政権下における政策対応に関して、大きく評価が分かれている。新自由主義への傾倒とみなし、改良主義という労働党の伝統から離脱していることを指摘し（Maddox 1989, Jaensch 1989）、福祉国家の縮減を示唆する論者がいる。他方で、経済のグローバル化やポスト産業社会への移行という条件下で、経済的効率性と社会的公正の両立を目指した点を評価し、「福祉国家の磨き直し（refurbish）」（Castles 1994）や「社会民主主義の再建（social democracy on the back foot）」（C. Pierson 2002）と捉える論者もいる。つまり、労働党政権の再編の試みが、福祉国家の縮減を意味するのか、それとも刷新を意味するのかは、各論者によって評価が大きく分かれているといえる。第二に、労働党政権と連立政権の政策対応に関して、従来型の保護主義的政策からの離脱（および、それに伴う諸変化）という共通性が注目される。例えば、経済政策に関して、八〇年代以降、民営化や自由主義化・規制緩和の促進が続いていたことが指摘される（Quiggin 2004, 竹田ほか編 2007）。また社会権概念が大きく変化し、シティズンシップに基づく給付から、受給者の義務が強化され、諸プログラムへの参加を条件とした給付へと変化していることが指摘される（Harris 2001, Macintyre 1999, Shaver 2001, Goodin 2001b, Moss 2001, McClelland 2002, Parker and Fopp 2004, O'Connor 2001, Carney 2006など）。そのため、連立政権の方が受給者の義務を強化する側面が強いなど、両政権の差異については言及されるものの、それらの差異がある共通したモデル（ネオリベラルモデル）への収斂度の差異という量的差異を意味するのか、それとも質的に異なる二つのモデルを意味するのかという論点[1]には十分に答えられていない。

このように、先行研究ではオーストラリアにおける福祉国家再編の特徴（過去のモデルとの差異、および、両政権の政策対応の差異）について、十分な合意が存在していない。ここで重要な点として、多様な評価が存在すること自体は問題ではない。むしろ、先行研究の問題点は、特徴把握のために必要な二つの理論枠組（段階論と類型論）に位置づけないために、オーストラリア型福祉国家がどのようなモデルからどのようなモデルに変化したかという問いに答えられていないという点にある。言い換えれば、オーストラリアの（再編の）特徴を明らかにするためには、段階論と類型論に位置づけ直す必要がある。

また、特徴把握が不十分なことに関連して、先行研究では、再編をもたらした要因について、政治的党派性の重要性、政策遺産の重要性、拒否点の多い政治制度など、様々な議論がなされてきた（例えば、Castles et al. 1996, Bray and Walsh 1995, 1998, Gardner 1995, Ramia and Wailes 2006, Schwartz 2000, L. Cox 2006, Harbridge and Walsh 2002a, Goldfinch 2000, Quiggin 1998など）。しかし、七〇年代には抜本的な改革が起こらず、八〇年代以降に再編が生じたというタイミングの問題をどう説明するかという論点が残されている。また、労働党政権と連立政権の政策対応や正統化言説の差異を前提とすると、党派性などのアクターの利益に関する要因、および、政策遺産や政治制度などの制度的要因に注目するのみでは、十分に再編プロセスを説明することはできない。言い換えれば、再編プロセスにおける目標設定局面と支持調達局面を射程に収めた動態論による分析が必要となる。

以上のように、先行研究では、福祉国家の「特徴把握」および「動態の説明」という二つの論点に関して、十分な解答がなされていない。したがって、前章までの理論研究の成果をもとに、オーストラリアにおける福祉国家再編を分析することは、新たな知見を提供できる可能性を持つ。まず次節では、ケインズ主義的福祉国家の段階におけるオーストラリアの特徴を明らかにする。

第二節　賃金稼得者モデルの論理と諸基盤

本節では、第二次世界大戦後の安定的な経済成長を支えてきた段階（ケインズ主義的段階）におけるオーストラリアの特徴を検討する。ここでは、キャッスルズによる「賃金稼得者型福祉国家」という整理を発展させ、オーストラリアの特徴を、①保護主義的な関税政策およびマクロ需要管理政策から構成される経済政策、②強制仲裁制度による高水準の賃金設定（賃金政策・労働市場政策）、③限定的な社会政策という三点に整理し、その基盤および前提条件を検討する。そして、七〇年代には、失業率の増加、低成長、高インフレなどの諸問題に直面したものの、「競争志向段階」への移行を示すような政策対応がとられなかったことを確認する。

1　賃金稼得者モデルの論理

オーストラリアは、公的社会支出の割合が低く、一般税を財源とした所得・資産調査に基づく画一給付の社会政策（そのため所得代替率が低い）を展開してきたため、遅れた福祉国家として整理されることが多い（表5–1参照）。例え

表 5-1　オーストラリアにおける公的社会支出（対 GDP 比）の推移

（OECD Social Expenditure Database より筆者作成）

公的社会支出の割合	1980 年	1985 年	1990 年	1995 年	2000 年	2005 年
合計（単位：%）	10.3	12.1	13.1	16.2	17.3	16.5
老齢	3.1	2.9	3.3	3.9	4.7	4.3
医療	3.8	4.5	4.4	4.7	5.4	5.6
家族	0.9	1.1	1.5	2.7	2.9	2.7
積極的労働市場政策		0.3	0.2	0.7	0.4	0.4
失業給付	0.6	1.2	1.1	1.2	0.9	0.5
その他	1.9	2.1	2.6	3.0	3.0	3.0

ば、エスピン‐アンデルセンの福祉レジーム論においても、自由主義レジームに位置づけられている（Esping-Andersen 1990, 1999）。これらの諸特徴は、他の先進諸国と比べて、オーストラリアでは社会保障システムが十分に発展していないことを示唆する。

しかし、キャッスルズは、「他の手段による社会的保護[2]」という分析視角に基づき、狭義の社会政策に注目するのみではオーストラリアの特徴を把握することができないとして批判する（Castles 1985, 1988, 1989, 1992, 1994, 1996, 1997b, Castles and Uhr 2007など）。つまり、狭義の社会政策だけでなく、その他の諸政策によって提供される社会的保護に注目する必要性を説くのである。彼は、北欧諸国との比較を行うことで、オーストラリアで採用された政策パターンの特徴を明確にしようと試みる。すなわち、経済規模が小さく国際経済の変化の影響を受けやすい点でヨーロッパの小国と類似性を持ち、伝統的に左派・労働勢力が強かったにもかかわらず、なぜオセアニア諸国では、福祉国家の発展が伸び悩み、八〇年代にはヨーロッパ諸国に大幅な遅れをとったのかと問う。

これに対して、キャッスルズは、目標達成手段の多様性を前提として、政治アクターが採用した対応戦略の間に存在する機能的等価性に注目する。つまり、対外的脆弱性に対して、「国内的補償の政治」と「国内的保護の政治」という二つの対応戦略[3]が存在することを指摘するのである。前者は、カッツェンシュタイン

(Katzenstein 1985) がヨーロッパの小国分析において提示したものである。その特徴は、国際市場で競争力を確保するためにフレキシブルな調整を採用することによって、対外的な環境への積極的な対応を促す一方で、その調整コストを補償するための諸政策を充実させ、これらを支える制度的基盤としてコーポラティズムを形成する点[4]にある。したがって、「国内的補償の政治」では、競争セクターを育成するための産業政策、労働力移動やスキル形成を促すための積極的労働市場政策、調整によって生じる諸困難を和らげるための寛大な社会政策などが展開される。

他方、オセアニア諸国では、対外的環境の変化の影響自体を避けることを目的とする「国内的保護の政治」が採用されたことを指摘する。その政策的特徴は、①関税やその他の貿易障壁による製造業セクターの保護、②労使紛争の調停および仲裁、③移民のコントロール、④労働市場以外の人々を対象とした所得保障プログラムの残余性という四点に整理される。つまり、移民政策により労働力をコントロールし、高関税政策により競争力のない国内製造業を維持することで、完全雇用を実現し、強制仲裁制度を通じて相対的に高い賃金（男性稼得者が家族を養うのに十分な「公正賃金」）や労働者に有利な労働条件（例えば、狭義の社会政策の機能代替となる有給休暇）を提供することによって、社会政策の対象を就労できない人に限定し、財政的には小規模にもかかわらず効果的な再分配を実現するのである。この「国内的保護の政治」に基づき形成される福祉国家は、社会政策が労働市場における諸メカニズムによって代替されており、稼得者が政策の主要な対象とされるため、「賃金稼得者型福祉国家」と名付けられる。また、ここでは、労働勢力が、国家を通じた再分配による平等の実現ではなく、賃金制度への介入を通じた一次所得の平等を目指す（つまり、資本主義メカニズムへの介入を目指す）点で、ラディカルモデルとも整理される（Castles and Mitchell 1993）。

ここで重要な点は、ヨーロッパ小国と同様に、「国内的保護の政治」が労働勢力とビジネス勢力の間の階級妥協に依拠して形成され、戦後期には政党政治レベルでのコンセンサスにも支えられていたというキャッスルズの指摘にある。つまり、労働勢力は、保護主義的な諸政策による雇用保障の実現と強制仲裁制度により提供される高賃金や企業福祉を得られる一方で、ビジネス勢力は、高い賃金を提供するために保護主義的な経済政策を必要とする点で、この戦略は両階級の利益に合致しているのである。そして、この妥協形成の成功の背景には、連邦形成時のオーストラリア固有の歴史的環境的条件（例、経済発展の進展、高い生活水準、早期の都市化、普通選挙制の導入、右派の分断による労働党の影響力の大きさ、介入を可能とする国家観の存在など）がある。この「国内的保護の政治」に基づく諸政策は、戦後期における経済的成功を背景として、政党政治レベルでのコンセンサスになり、さらなる安定性を確保していくことになる。しかし、ここで注意すべき点は、オーストラリアにおける政治的基盤の特徴は、単なる階級妥協というよりも、高関税を求める国内製造業などの保護セクタービジネスと仲裁制度による高賃金などを享受する労働者階級という階級間連合に依拠している点にある。オーストラリアにおける階級妥協の特徴は、後述するように、賃金稼得者モデルの問題点を考える上で重要となる。(5)

以上のキャッスルズによる整理には批判も提示されている。(6) 例えば、スミスやベルは、キャッスルズの整理が主に賃金稼得者型福祉国家の形成段階（二〇世紀初頭の連邦形成期）に注目しており、第二次世界大戦後の動向が十分にふまえられていないことを批判し、戦後期におけるマクロ経済政策の果たしてきた役割の重要性を指摘する（Smyth 1994, Bell 1997a）。すなわち、経済政策領域では、保護主義的な関税政策に加えて、一九四五年の政府白書で完全雇用が政策目標として掲げられて以来、それを実現するためにケインズ主義的なマクロ需要管理政策が重要な役割を果たしてきたのである。他方、ラーミアらは、労働市場の社会的保護に与えるインパクトが十分に捉えきれていないことを批判し、近年のダイナミズムを考察する上では、労使関係と社会政策のリンケージのあり方を明確にする必要があることを指摘する（Ramia and Wailes 2006）。本書では、キャッスルズの知見をもとに、これらの批判を考慮して、戦

図5−1　ケインズ主義段階のオーストラリアの特徴（筆者作成）

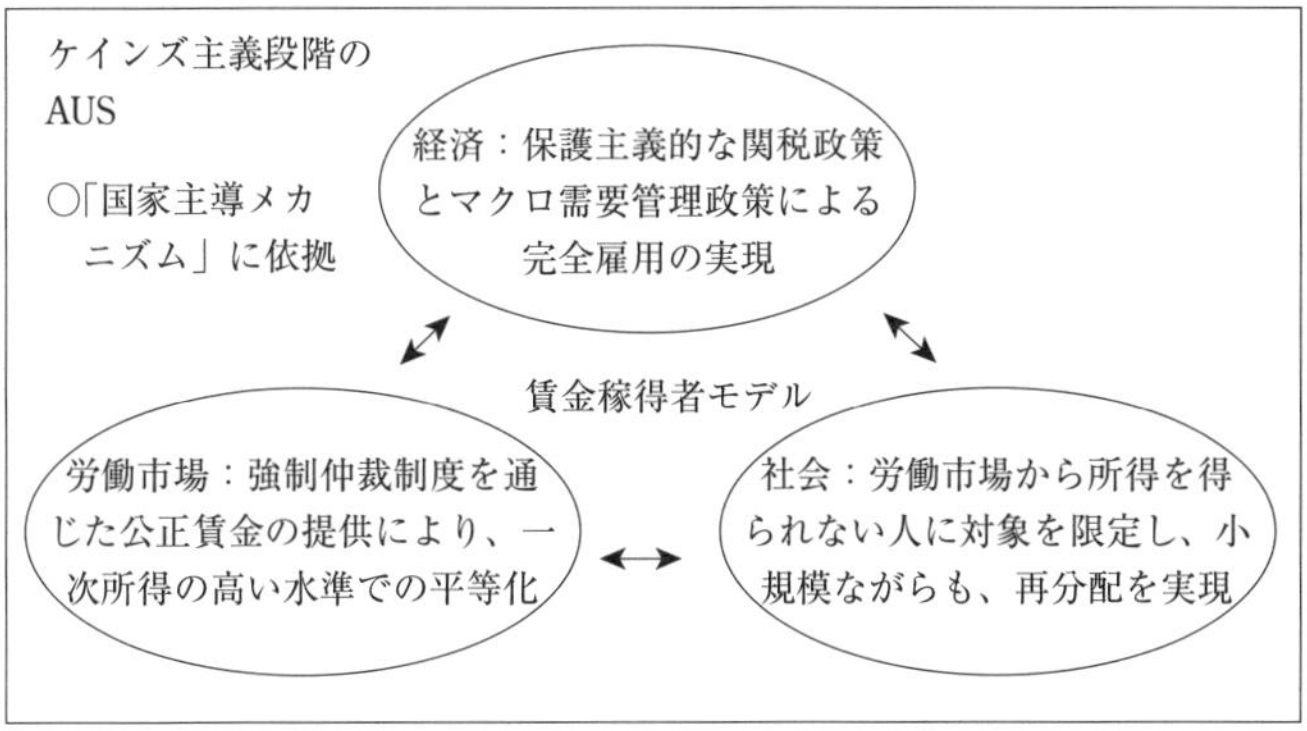
ケインズ主義段階の
AUS
○「国家主導メカニズム」に依拠
経済：保護主義的な関税政策とマクロ需要管理政策による完全雇用の実現
賃金稼得者モデル
労働市場：強制仲裁制度を通じた公正賃金の提供により、一次所得の高い水準での平等化
社会：労働市場から所得を得られない人に対象を限定し、小規模ながらも、再分配を実現

後の安定的な経済成長を支えた「ケインズ主義的段階」のオーストラリアの特徴を、「国内的保護の政治」に基づく「賃金稼得者モデル」と整理する。このモデルは、①完全雇用を実現するための保護主義的諸政策およびマクロ需要管理政策から構成される経済政策（需要管理を行う一方で、関税を高く設定し、競争力のない国内製造業を維持することで完全雇用を実現する）、②強制仲裁制度を通じた賃金（労働市場）政策（仲裁制度によって、市場で決定されるレベルよりも高い賃金「公正賃金」および社会政策を代替する企業福祉を提供する）、③一般税を財源として、資産・所得調査に基づく画一給付という形態をとる限定的な社会政策（就労により所得を得ることが困難な人のみを対象とする）という三点から構成されている（図5−1参照）。

ここで検討すべき点は、この賃金稼得者モデルが「ケインズ主義的段階」の類型ではどのモデルに合致するかという点である。第三章で検討してきたように、政治経済システムの特徴を考える上で重要なポイントは、経済社会問題に関する調整システムである。この点について考察してみると、戦後のオーストラリアを特徴づけるのは、キャッスルズが指摘するように、国家による「社会政策以外の手段」を利用した社会的保護の提供という点にある。具体的には、関税障壁などの経済政策、強制仲裁制度を利用した労働市場政策などが挙げられる。したがって、賃金稼得者モデルは、「国家主導」メカニズムに依拠した「国家主導経済」類型に位置づけられると考えられる。

そして、再編プロセスを考察する上で重要な点として、賃金稼得者モデルが、狭義の社会政策以外の諸手段によって、市民に社会的保護を提供してきたため、再編に伴いこれらの「他の手段」がどのように変化したかを考慮しなければならない。次節以降では、社会政策の変容を中心にしながらも、他の領域における変容にも注目して分析する。

2 賃金稼得者モデルの諸基盤

賃金稼得者モデルが円滑に機能していたことを理解する上では、その固有の前提条件（社会的・経済的・政治的基盤）を検討する必要がある。言い換えれば、上記の三つの政策パターンが揃ったとしても、必ずしも効率的に機能するとは限らないのであり、賃金稼得者モデルの成功の背景を考察する必要がある。まず、社会的条件から整理する。第一に、キャッスルズ（Castles 1996）が強調するように、持ち家の高さ[7]が挙げられる。労働からの所得が得られなくなる退職者にとって住居費は大きな負担となるが、持ち家の高さはその負担が少ないことを示唆する。また、将来の住宅購入のための個人貯蓄が重視されることで、社会保険制度の拡充への障害となる。第二に、人口構造の若さ[8]が挙げられる。人口構造の若さは社会政策の主要な対象である高齢者の割合が少ないことを示唆し、小さい財政規模でも、より効果的な政策対応が可能となる。言い換えれば、高齢化の進展は、高齢者の生活水準を維持するための諸改革の必要性をもたらすことになる。そして、第三に、固有のジェンダーバイアスの存在が指摘できる。例えば、シェーバーは、オーストラリアモデルが「男性」稼得者を前提としていることを指摘する[9]（Shaver 1999, 2002）。すなわち、仲裁制度は、公正賃金という形で、男性稼得者に家族を養う上で十分な賃金を提供する一方で、女性の家事・育児への従事という性別役割分業を前提としてきた。そのため、女性の賃金は、男性に比べて低く設定されてきたのである。

また、社会政策は、労働市場で所得が得られない人々に対する所得補償が主要な対象となるため、女性の社会進出を促す社会サービス（保育やケアなど）は十分に整備されてこなかった。

続いて、経済的条件として、第一に、主要な貿易市場としてのイギリスの存在[10]が挙げられる。特に二〇世紀初めのオーストラリアモデルの形成段階では、植民地時代の本国であるイギリスへの羊毛の輸出に依存していた。その後、多角化が進んでいったが、一九六〇年代半ばまではイギリスが最大の貿易相手国であった（竹田ほか編 1998）。第二に、主要な輸出製品として、鉱山資源や一次産品に恵まれていた点にある。シュワルツ（Schwartz 2000）が強調するように、「国内的保護の政治」に基づく諸政策は、継続的な賃金上昇に起因するインフレ傾向と慢性的な経常収支の悪化傾向をもたらし、投資の抑制や貿易拡大の阻害要因となり、競争セクターに対してマイナスの影響をもたらす。つまり、「国内的保護の政治」が機能する前提条件として、製造業セクターを保護するための高関税に由来するコストを負担しうる能力を持った、高い国際競争力のある非製造業部門の存在が必要である。言い換えれば、競争セクターがコスト負担に耐えうる限りにおいてモデルは機能する。

これらの諸条件を前提として、上述のように、「国内的保護の政治」は、保護セクターのビジネスと労働者階級の間の階級間妥協に支えられることで、階級政治レベルで安定性を確保し、さらに戦後期に入って、政党政治レベルでのコンセンサスも生じ、マクロ需要管理政策などの利用によって補完されること（Bell 1993, 1997a, Smyth 1994）で、さらなる安定性を確保することになったのである。

しかし、これらの好循環はいつまでも存在するわけではない。一九七〇年代には経済のグローバル化の進展およびポスト産業社会への移行などにより、賃金稼得者モデルの諸前提は大きく変化し、上記の三政策領域のそれぞれにおいて問題が顕在化し始めた。その結果、オーストラリアは、失業率の増大、低成長、高インフレなどといった経済パ

表5-2　オーストラリアのマクロ経済状況（単位：%）（竹田ほか編 2007, p. 289 より一部抜粋）

年	1970	71	72	73	74	75	76	77	78	79	1980	81	82	83	84	85	86	87	88	89
失業率	1.5	1.4	1.7	2.5	1.8	2.4	4.6	4.7	6.5	6.1	6.2	5.9	6.1	8.9	9.5	8.5	7.9	8.3	7.8	6.6
インフレ率	2.6	3.2	4.8	6.8	6.0	12.9	16.7	13.0	13.8	9.5	8.2	9.4	10.4	11.5	6.9	4.3	8.4	9.3	7.3	8.0
成長率	9.3	5.2	4.3	3.1	3.2	7.5	1.7	3.7	1.1	4.9	2.4	3.3	3.9	−3.6	5.0	5.9	3.6	1.8	5.9	6.1
年	1990	91	92	93	94	95	96	97	98	99	2000	01	02	03	04	05	06			
失業率	6.2	8.4	10.4	11.0	10.5	8.3	8.5	8.6	8.1	7.5	6.3	6.9	6.4	6.1	5.5	5.1	5.0			
インフレ率	5.3	5.3	1.9	1.0	1.8	3.2	4.2	0.3	0.9	2.0	4.5	4.4	3.0	2.8	2.3	2.4	2.1			
成長率	3.6	1.0	−0.3	3.1	3.3	5.9	3.1	3.7	4.2	4.0	3.7	3.3	2.6	3.8	3.5	3.0	3.2			

フォーマンスの悪化に直面することになる（表5-2を参照）。まず第一に、経済政策領域では、国際・国内経済構造の変化によって保護主義的政策の有効性が失われ始めた。七三年には、主要な貿易相手国であるイギリスのＥＣ加盟により、重要な貿易市場を喪失することになった。また、一次産品の輸出価格の伸び悩みや価格変動という問題にも直面した。さらに、戦後期に「国内的保護の政治」が政党政治レベルでもコンセンサスを得ることによって、関税政策は、当初の製造業の保護という目的を越えて、生活水準の維持・拡大など幅広い目的のために利用されることになり、競争セクターがコストを負担できない水準まで達することになった[11]。そのため、六〇年代末頃には、諸アクター間で、高関税政策への疑問が生じ始めていた（Bell 1993, Castles 1988）。

第二に、仲裁制度を通じた賃金政策についても問題点が明らかになり始めた。賃金稼得者モデルが円滑に機能するためには、仲裁制度による賃金決定の水準がモデルの維持可能なレベルに抑制されることが必要となる。しかし、七

○年代には、恒常的な労働力不足を背景として、労働と資本の権力バランスで前者に有利な状態をもたらし、賃金要求も高くなり、その結果として高インフレに陥った（Schwartz 2000）。また、仲裁裁判所の決定を通じて、相対的に高水準の賃金が国全体へと広がっていくことで、経済成長のために必要な資本蓄積や投資を脅かすことにつながった。

第三に、限定的な社会政策も大きな問題点に直面することになった。まず、上述のように、限定的な社会政策による効率的な成果の達成には、完全雇用の実現が前提となる。しかし、経済構造の変化によって、保護主義的な諸政策による完全雇用の維持可能性の限界に直面していた。また、女性の労働市場への参加が増加していく中で、従来の性別役割分業に基づく男性稼得者モデルは妥当性を失い、男女平等の実現や女性の社会進出に伴う社会政策ニーズへの対応なども必要となった。さらに、将来的な高齢化の進展が予測される中で、高齢者向けの社会政策の充実を図る必要性に迫られた。そして、六〇年代には、高齢者、移民労働者、女性戸主世帯、アボリジニの人々、および小規模農家などで、貧困世帯が多く存在していることが（再）発見され、貧困対策のための諸政策が必要となった（Mendes 2003）。

そして、七〇年代に入り、これらの各政策領域における諸問題はそれぞれ相互作用することで、高失業、低成長、高インフレという形で顕在化し始めた。七〇年代に誕生したウィットラム労働党政権およびフレーザー自由党・国民党連立政権は、それぞれ新たな政策対応によって、賃金稼得者モデルの諸側面の改革を目指していくことになる。しかし、両者の政策対応は、以下で簡単にみるように、「ケインズ主義的段階」から「競争志向段階」への移行を示すとはいえない。

3　七〇年代における政策対応――ウィットラム政権とフレーザー政権――

七二年に政権を獲得したウィットラム労働党政権[12]は、社会政策および経済政策において、新たな試みをなしている。前者に関して、完全雇用を前提とした資産・所得調査に基づく限定的な社会政策から、社会的公正をより重視したモデルへの転換[13]を目指し、諸制度を整備している（Smyth 2002, Maddox 1989, Mendes 1999, 2003, Castles 1988など）。例えば、七二年の児童福祉法の制定によって、幼児を持つ親の雇用を支援するため、保育サービスへの助成が始められた。また、貧困に関する政府委員会（ヘンダーソン委員会）の調査をふまえて、貧困対策として既存の年金や給付の拡充がなされた。例えば、新たなプログラムとして孤児年金や障害児年金などが導入された一方で、老齢年金の所得制限の部分的な廃止がなされた。これらに加えて、最も注目に値する政策は、メディバンクと呼ばれる連邦レベルの医療保険制度の導入である。これは、オーストラリアで初めての強制加入による普遍的な医療保険制度であり、従来の資産・所得調査に基づく給付からの離脱を示している。経済政策においても、新たな展開がみられる。六〇年代末には関税政策決定の中心的アクターである関税委員会を中心に、保護主義政策の問題点（高関税政策の維持不可能性や経済的非効率性、政治的恩顧主義の温床になっていることなど）が議論され始めていた（cf. Bell 1993）が、それらの議論を受ける形で、ウィットラムは二五％の一律の関税カットを決断する（Leigh 2002）[14]。以上のように、社会政策および経済政策において新たな一面がみられる一方で、公的社会支出の増大によって財政状況が悪化し、また調整能力が十分でなかったため、経済構造の転換へ向けた積極的な政策対応をとることができなかった。さらに、賃金上昇によるインフレ増大にも歯止めをかけることができず、全体的にみると経済状況は悪化してしまった。まとめると、ウィットラム政権の政策対応は、関税の一律削減にとどまる点で、競争力を実現するためのミクロ競争力政策の積極的な導入とはいえず、普遍主義的政策の導入などの社会政策の拡充という点で、再商品化を促す政策とはいえないため、競争志向段階への移行を示しているとは評価できない。むしろ、ケインズ主義的段階における社会民主主義路線を追求したものと考えられる（Mendes 2003, Castles 1988）。

経済運営の失敗を背景として、カー連邦総督によって、七五年一一月にウィットラム首相が解任され、その後に実施された総選挙で政権交代が起こり、フレーザー政権が誕生する。フレーザー政権も、経済政策および社会政策において新たな試みをなしている。例えば、経済政策領域で、前政権の遺産である経済不況からの脱出のため、インフレ抑制を第一目標として、マネタリスト的な金融政策の追求や財政支出の削減が目指され、また諸規制の緩和が導入された（Bell 1993）。しかし、七九年からの資源ブームによる好景気下で支出拡大を選択するなど、従来型の対応に回帰した（Schwartz 2000）。社会政策領域においては、七八年にメディバンクが廃止され、失業給付の受給資格の厳格化など縮減がなされた一方で、家族手当の導入、若年失業者対策プログラムの導入、年金の物価スライド制の導入など拡充という側面もある[15]。フレーザー政権でとられた政策の特徴に関して、シュワルツは、保護されたサービスセクターの拡大をもたらした点、従来型の仲裁制度を弱めることができなかった点、従来型の政策対応に回帰した点から、「賃金稼得者モデル」の転換に成功しなかったと結論づけている（Schwartz 2000）。まとめると、フレーザー政権期の政策対応は、経済政策に関して、マネタリズムの採用や規制緩和の試みなど競争志向段階への移行を示す傾向がある一方で、従来型対応への回帰やその他の領域での持続性を考慮すると、「賃金稼得者モデル」からの転換を示しているとは評価できない。

以上のように、七〇年代には、低成長、高インフレ、高失業という形で顕在化しつつあった賃金稼得者モデルの諸問題に直面する中で、ウィットラム労働党政権およびフレーザー連立政権は、三つの政策領域に関して、新たな試みをなしているといえるが、仲裁制度の抜本的な改革は行われず、またミクロレベルの競争力政策および再商品化・脱家族化政策が十分に実施されたともいえない。したがって、両政権の試みは競争志向段階への再編をもたらしたと評価することはできない。ここで重要な点として、両政権の対応は、福祉国家再編プロセスに関する重要な知見を提示している。すなわち、第一に、ケインズ主義的段階における諸問題の発生と段階の移行をもたらす政策対応の間に時間的ギャップが存在すること、第二に、採用された政策に差異はあるが、七〇年代には党派性にかかわらず、従来型の政策対応が取られ続けたことを示している。これらは、福祉国家の段階的移行を説明する上では、政治アクターの党派性のみに注目することでは不十分ということを示している。次節では、八〇年代のホーク・キーティング労働党政権で採用された政策対応を確認する。

第三節　ホーク・キーティング労働党政権による再編の試み

八三年から九六年まで続いたホーク・キーティング労働党政権のもとで採用された政策対応を確認する。ここでは、「アコード（accord）」と呼ばれる政労協調メカニズムに依拠することで、穏健的な手法によって「国内的保護の政治」からの離脱が実施された後、十分な成果が挙げられないという状況に直面し、九〇年代に入り、経済政策に関して、戦略的産業政策が導入され、社会政策に関して、アクティベーション戦略や女性の社会進出促進政策が採用されたことを確認する。つまり、「戦略的介入戦略」が採用され、「協調モデル」に接近したことを確認する。

1　政労協調に基づく「国内的保護の政治」からの離脱

新たに政権を獲得したホーク労働党政権の課題は、経済構造の転換により、経済危機からの回復を果たすことにあった（竹田ほか編2007）。すなわち、高関税政策に依拠した競争力のない製造業を国内に抱える一方で、鉱山資源や一次産品輸出に依存した経済構造から、競争力を高めて多様な製品の輸出に依拠した経済構造への転換である。したがって、ホーク政権（そして、それ以降のキーティング労働党政権およびハワード連立政権）は、経済政策に関して、ウィットラムおよびフレーザーの両政権下で部分的に採用されていた自由主義化・規制緩和などの諸政策をさらに推し進めていくことになる。その結果「経済合理主義」と呼ばれる新自由主義路線が八〇年代以降のオーストラリアを特徴づけることになる（Pusey 1991）。そのため、労働党政権および連立政権に共通する傾向として、経済政策における目標の転換[16]を確認することができる。すなわち、政策目標は、従来の保護主義的な関税政策とマクロ需要管理政策による完全雇用の実現から、自由化や規制緩和の推進による国際競争力の確保へと転換し、完全雇用よりもインフレ抑制が重視され、財政赤字の削減が目指されることになった（cf. Goldfinch 2000, Goldfinch and t'Hart 2003）。結果として、経済政策では、マクロレベルの需要管理政策と関税政策のミックスから、ミクロレベルにおけるサプライサイド政策へと重点がシフトしていくことになる。例えば、八三年の政権交代後に速やかに変動相場制への移行がなされた。また、規制緩和による競争の促進、関税引き下げおよび貿易自由化なども引き続き実施された。さらに、インフレ抑制という目標へのコミットメントを確立するため、九六年には中央銀行の独立性を高める権限強化も実施された。

自由化・規制緩和の促進はそれまでの政権との共通性を示しているといえるが、ホーク政権はそれ以前の政権と大きく異なる特徴を持つ。すなわち、政府と労働組合の間で「アコード（accord）[17]」と呼ばれる一連の協約を結び、政労協調に基づく諸改革を進めたのである。まず、初期のアコード（ALP / ACTU 1983）は、インフレを抑制し、将来の経済成長および雇用の確保のために賃金抑制を実現し、その引き替えとして社会賃金の充実を図ることを目的としていた（Bell 1997a, Castles 1988, Schwartz 2000）。例えば、賃金上昇を物価上昇率に連動させる賃金インデックス制を実施する一方で、フレーザー政権のもとで廃止されていた医療保険制度をメディケアという形で再導入し、低所得者層向けの税制改革を実施した。その後の八五年のアコードの改訂において、さらなる賃金抑制との引き替えに、退職年金制度への積み立てが実施されることになった（これは九二年に退職年金保障法として法制度化され、使用者の拠出に基づく強制加入型の所得比例の退職年金制度へと再編された）。これらの社会政策の拡充の試みは、従来型の資産・所得調査に基づく画一的給付からの離脱を示し、高齢者の生活保障を充実させる側面を持つといえる（Castles 1994, C. Pierson 2002）。また、女性の社会進出を促すため、八四年に男女雇用平等法が制定され、保育サービスのさらなる充実のため、八三年には児童サービスプログラムを打ち出し、八八年には全国児童福祉戦略が制定され、九四年には児童成長戦略が打ち出されている。また、子供のいる家庭を支援するため、八九年には児童扶養手当が導入された。その一方で、この時期の社会政策改革は、厳しい財政状況をふまえて、ターゲットを強化することによってニーズがある人々へ給付を限定するという側面も伴っている[18]（Mendes 2003）。例えば、八七年には所得制限がなかった児童手当に対して所得制限が導入されるなど、富裕層を対象から外すことによるコスト削減も目指された。

「アコード」の展開によって、仲裁制度の役割にも大きな変化がみられることになる（Schwartz 2000）。すなわち、仲裁制度は、賃金稼得者モデル下における高水準の公正賃金を提供するメカニズムから、八三年には賃金抑制の手段として利用され、さらに八〇年代後半にはフレキシビリティの導入手段として利用されるなど、その機能を大きく変化させてきた。例えば、八七年のアコードの改訂（アコードⅢ）に際して、新たに二層賃金制が導入されることになった。インフレ率以下に抑えられる従来の第一層に加え、生産性上昇にリンクした形での上昇が認められる第二層が付加されたのである。これは、従来の集権的な賃金決定システムからフレキシブルな賃金決定システムへの転換を示すものであり、労働者に対して生産性上昇に協力することへのインセンティブを提供するという側面も持つ。

さらに、経済政策（特に、産業政策）でも注目すべき展開がある。上述のように、八〇年代以降、経済政策一般において自由化・規制緩和の推進という傾向があるが、労働党は独自の政策も実施している。すなわち、国内製造業に対する産業政策の実施である（Capling and Galligan 1992, Bell 1993）。従来の「国内的保護の政治」では、政府はマクロレベルにおける需要管理政策および関税政策を通じて、一国経済を管理・運営し、セクターレベルにおける関与・介入を十分に実施してこなかった。それに対して、ホーク政権は、関税の切り下げや緊縮財政政策を採用し、マクロレベルにおける関与を縮小させる一方で、単に経済政策領域から撤退するのではなく、自由化のマイナス側面を緩和させ、競争力を育成するため、ミクロレベルおよびセクターレベルでの介入を実施した。初期の労働党政権における重要な試みは、バトン商工大臣のイニシアティブのもと、製造業セクターにおける構造調整や競争を促すために実施された産業調整プラン[19]である（Capling and Galligan 1992）。

以上のように、労働党政権の前半においては、「アコード」を中心とした政労協調に基づく穏健的な手法[20]によって、「国内的保護の政治」からの離脱が試みられた。経済政策では、自由主義化・規制緩和が促進される一方で、産業政策の展開によって、そのマイナス側面を緩和することが目指された。労働市場政策では、賃金上昇から賃金抑制へと重点が移され、賃金決定におけるフレキシビリティの導入など仲裁制度の改革がなされた。また社会政策では、賃金抑制の補償として社会政策の拡充、女性の社会進出を促す試みがなされた一方で、ターゲット化もなされた。労働党政権の初期では、三つの政策領域で実質的な変化が起きているため、「賃金稼得者モデル」からの離脱という側面は鮮明になっているが、新たな福祉国家モデルを積極的に打ち出すという側面は十分に展開されていない。新たなモデルが明確になるのは、主に労働党政権の後期である。

2 新たな政治経済モデルの形成へ

初期アコードの成功により、インフレは安定化し、経済成長も回復傾向にあったものの、九〇年代には再び景気後退に直面し、さらなる政策対応が必要となった（表5－2）。労働党政権の後期に採用された諸政策は、経済政策の促進手段としての労働市場政策、および、雇用政策と社会政策の連携強化として特徴づけられる。

まず、労働市場政策は、八〇年代末から進み始めていた生産性上昇と賃金上昇をリンクさせるという方向性を深化させることで、ミクロ競争力政策を支えることになった（Gardner 1995, Bell 1997, Ramia and Wailes 2006 など）。ここにおいて仲裁制度は、マクロレベルの賃金政策という性格から、ミクロ経済政策とリンクし、効率性の促進手段として利用されるようになる。例えば、重要な変化として、九三年の労使関係法の制定が挙げられる。この法律によって、賃金交渉の基本的単位として、生産性上昇とリンクした企業レベルでの決定が推奨され、集権的賃金決定システムとしての仲裁制度の役割を終えることになった。仲裁制度の役割は、最低賃金の設定などに限定されることになった（Schwartz 2000）。以上のように、「アコード」の展開の中で、労働市場政策は、労働市場のフレキシビリティの促進によって、競争力の確保という経済（政策）目標を支えていくという特徴（生産性上昇へのインセンティブとしての賃金格差の承認とそれを支えるための賃金決定の脱集権化）を持つことになった。

他方、社会政策[21]に関しては、雇用政策を社会政策の中心に置くという要素が強まり、積極的労働市場政策が注目を集め、政策目標として労働市場への統合が重視されることになった（Johnson and Tonkiss 2002, Mendes 2003, C. Pierson

2002など)。例えば、八八年にカスにより提出された政府報告書(Cass 1988)では、新たな労働市場の状況に対応するために、受給者が社会政策へ依存する状態から脱出し、自律した生活を送れるような機会を提供するため、よりアクティブな形態の社会政策への転換の必要性が主張されていた。特に、社会政策と教育・トレーニングなど労働市場政策を統合する必要性が強調されている。この報告書をもとに、例えば、九一年には長期失業者向けの「New Start」プログラム、八九年にはひとり親のための「Jobs, Education, and Training」プログラム、九一年には障害者のための障害者サポートパッケージなどが導入された。そして、この方向での改革の到達点といえるのが、九四年の「Working Nation」である(Keating 1994)。ここでは、経済成長の実現のみでは失業問題を解決できないことを前提として、政府と受給者の「互恵的義務(reciprocal obligation)」に基づいた新たな政策(長期失業者の受給条件として労働市場もしくは教育・トレーニング・ボランティアなどへの参加の要求、個別ケース管理システムなど)が導入された(Finn 1999)。これらの一連の諸改革は、給付と諸プラグラムへの参加をリンクさせることで、従来型の権利に基づいた給付から、互恵的義務に基づく受給者と政府の契約に基づく給付へと、社会権概念の転換をもたらした(Harris 2001, Macintyre 1999, Shaver 2001, Goodin 2001b, McClelland 2002, O'connor 2001など)。

これらをふまえると、八〇年代から九〇年代のホーク・キーティング労働党政権における社会政策の変容を整理すると、再商品化に関して、失業者や「新しい社会的リスク」に直面した人々を労働市場に統合するため、教育やトレーニングの整備を重視するという点で、アクティベーション政策が採用され、脱家族化に関して、児童扶養手当の導入など現金給付の整備に加え、保育などの社会サービスの拡充やひとり親家族における労働と家庭のバランスの再考の支援を行うという点で、女性の社会進出促進政策が採用されたと考えられる。

また、この「Working Nation」は「雇用と成長のための白書」でもあり、経済成長のための諸戦略も提示されてい

図5-2　労働党政権における再編の試み（筆者作成）

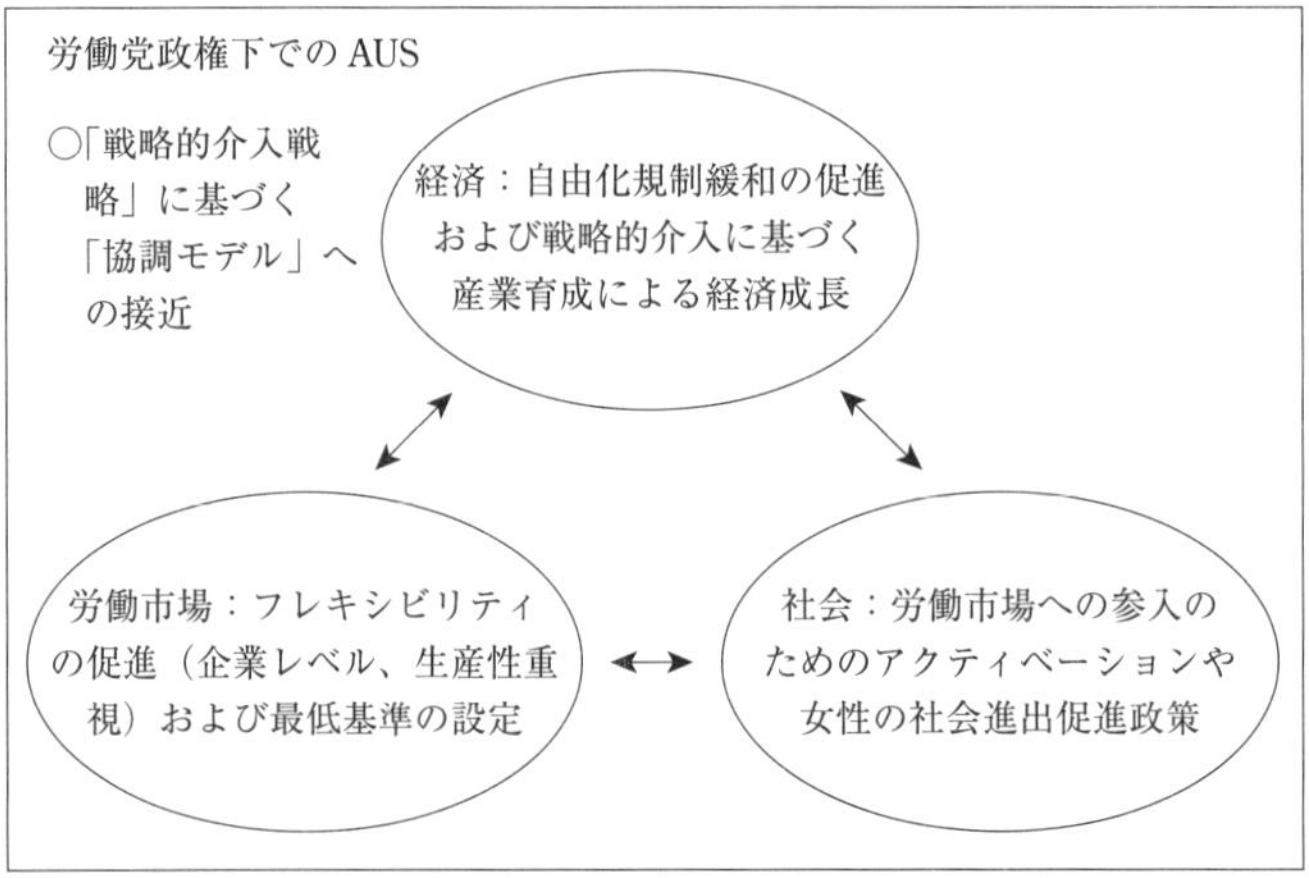
労働党政権下でのAUS
○「戦略的介入戦略」に基づく「協調モデル」への接近
経済：自由化規制緩和の促進および戦略的介入に基づく産業育成による経済成長
労働市場：フレキシビリティの促進（企業レベル、生産性重視）および最低基準の設定
社会：労働市場への参入のためのアクティベーションや女性の社会進出促進政策

る（Waring 2005, Ramsay and Battin 2005, Jones 2005）。ここで注目すべきは、その産業政策にある。八〇年代における産業調整政策と自由化・規制緩和のリンクという環境変化への対応の支援・促進だけでなく、成長産業（IT産業やハイテク産業など）を育成・発展させていくため、政府がより積極的な役割を担う経済発展戦略が示されている。これらは、構造調整の促進という傾向から、産業育成を目指して積極的・戦略的に介入していくという形態への戦略の変化を示しているといえる。

以上のように、ホーク・キーティング労働党政権による福祉国家の段階の移行は、政権初期における穏健的な手法に基づく賃金稼得者モデルからの離脱という特徴から、カスによる報告書や「Working Nation」において明らかになっているように、経済・社会政策領域への政府の積極的介入による福祉国家再編の実現という特徴を示している（図5-2）。その中で、①経済政策に関しては、自由化・規制緩和の促進および戦略的産業政策の導入がなされ、②労働市場政策に関しては、生産性上昇と賃金上昇をリンクさせ、企業レベルでの賃金決定を促進するなどのフレキシビリティを追求することで、競争力への寄与を目指す一方で、最低保障を提供するメカニズムとしての仲裁制度の維持がなされ、③社会政策に関しては、財政負担を減らしつつ社会的公正の実現を目指し、失業者や新しい社会的リスクに直面した人々を労働市場に統合するため、教育やトレーニングの整備などのアクティベーション政策や、保育などの社会サービスの拡充や労働と家庭のバランスの再考の支援を行うなどの女性の社会進出促進政策が実施された。

ここで検討すべき論点は、ホーク・キーティング労働党政権による福祉国家再編の試みが、「競争志向」段階のどのモデルに合致するかという点である。第三章で検討してきたように、政治経済システムの特徴を考える上で重要なポイントは、経済社会問題に関する調整システムである。労働党政権の試みの特徴は、「国内的保護の政治」から離脱を図る上で、単に市場メカニズムを導入するのではなく、アコード、産業政策の展開、「Working Nation」などに代表されるように、政労協調を重視していたという点にある。言い換えれば、経済政策、労働市場政策、社会政策の各領域で生じる諸問題の解決を市場メカニズムに委ねるのではなく、社会パートナーとの協力関係を形成しつつ、国家が主体的に関与し、問題解決を図るという特徴を持つ。したがって、労働党政権の再編の試みは、「戦略的介入戦略」に基づく「協調モデル」への接近と評価できる。

また、重要な点として、このモデルが機能するためには、①戦略的産業政策および自由化・規制緩和によって、競争力を確保し、十分な経済成長および雇用の拡大が実現する一方で、②アクティベーション政策によって、失業者や新しい社会的リスクに直面する人々を労働市場へ積極的に統合することで、社会政策の受給者を減少させ、財政負担を減らし、さらなる経済成長のための投資や資本蓄積が行われていくという正の循環が前提となる。つまり、この福祉国家再編の戦略が成功するか否かは、継続的な経済成長による雇用の拡大と労働市場へのスムーズな統合に依存しており、そのためにはビジネス勢力（経済政策の活用による競争力の向上と将来への投資）・労働勢力（生産性上昇への協力）・労働市場外の人々（労働市場（および諸プログラム）への積極的な参加）の各アクターの協調が不可欠となる。しかし、これらの諸アクターは常に利益が一致するとは限らず、安定的な連合が形成されるとは限らない。そこで労働党政権は、固有の正統化言説を用いて支持連合の形成を試みている（Johnson 2000, Johnson and Tonkiss 2002, Conley 2001, 2004, Lavelle 2005a, 2005b）。例えば、「創造的国家」（Department of Communication and the Arts 1994）という政策文書の中で、先住民の存在や多様なサブカルチャーなど、市民社会における文化的多様性が国家の競争力にとってプラスであることを強調している（Keating 1993も参照）。また「Working Nation」（Keating 1994）において、国家と受給者の関係を「互恵的義務」として、社会問題解決における政府の役割を強調している（労働党政権の国家観については、Conley 2001, 2004も参照）。しかし、労働党政権による支持連合形成の試みは安定的基盤を創出するまでには至らず、九六年には政権交代が生じることになる。次節では、ハワード連立政権の政策対応の特徴を検討する。

第四節　ハワード連立政権による改革の試み

本節では、ハワード自由党・国民党連立政権下でなされた政策対応を整理する。ここでは、政治的な譲歩や妥協を行いながらも、労働党政権下での「経済合理主義」路線をさらに推し進める形で、労働市場政策および社会政策の領域においても自由主義化が進展したことを確認する。つまり、「市場化戦略」が採用され、「交換モデル」に接近したことを確認する。

九六年に政権を獲得したハワード自由党・国民党連立政権は、労働党政権下で採用されていた「経済合理主義」路線を継承し、それまで実施されてこなかった政策領域にも適応していく一方で、政治的な考慮からプラグマティックな政策対応も行っている。まず経済政策については、すでに労働党政権下で自由主義化・規制緩和が進められており、残されていた争点として、さらなる民営化と税制改革が挙げられる（Quiggin 2004）。前者に関して、政権獲得時に、連邦政府により所有されていたテルストラは、数度にわたる株式売却を通じて、最終的に〇五年に完全民営化された。また後者に関して、直接税・間接税の比率を改め、資本蓄積や投資を促すことで競争力を向上させるため、〇〇年に財・サービス税と呼ばれる間接税が導入された。そもそも財・サービス税は低所得者層に与える影響が大きいとして従来批判されてきた。しかし、多数を確保していなかった上院における妥協・譲歩の結果として、食品などへの課税が緩和されたため、指摘されていた低所得者層への悪影響は緩和されることになった。また、産業政策や関税政策においても、プラグマティックな対応がなされている（Conley 2001）。例えば、九六年には、関税引き下げへの政治的支持が低くなっていることを受け、産業委員会によるアドバイスにかかわらず、予定されていた関税引き下げの凍結を決定した。また九七年には「成長のための投資」（Howard 1997）と呼ばれる政策文書を示し、R＆Dへの投資や輸出へのインセンティブ付与など、戦略的な産業政策を展開した（その後についてはHaward 2002を参照）。

他方、社会政策に関しては、縮減に向かう動きがみられる。例えば、ハワード政権の社会政策の特徴として、市場メカニズムの重視、個人責任や義務の強調、保守的価値や主流派の価値の強調などが挙げられる（Mendes 2008, 2009, Ryan 2005）。特に、注目に値する領域が失業給付の改革である。ここでは、労働党政権下で導入されていた、給付と諸プログラムへの参加のリンクおよび個別ケース管理の導入という方向性がさらに強化された。政府と受給者の関係は「相互的義務（mutal obligation）」とされ、政府の役割は減少する一方で、受給者の義務が強調されることになった。例えば、政権獲得後に積極的労働市場政策の予算を大幅に削減する一方で、諸プログラムへの参加やそれに関連したペナルティを強化することで、失業給付へのアクセスが厳格化された。若年者（一八歳から二四歳）の失業対策とし

図5-3　連立政権における改革の試み（筆者作成）

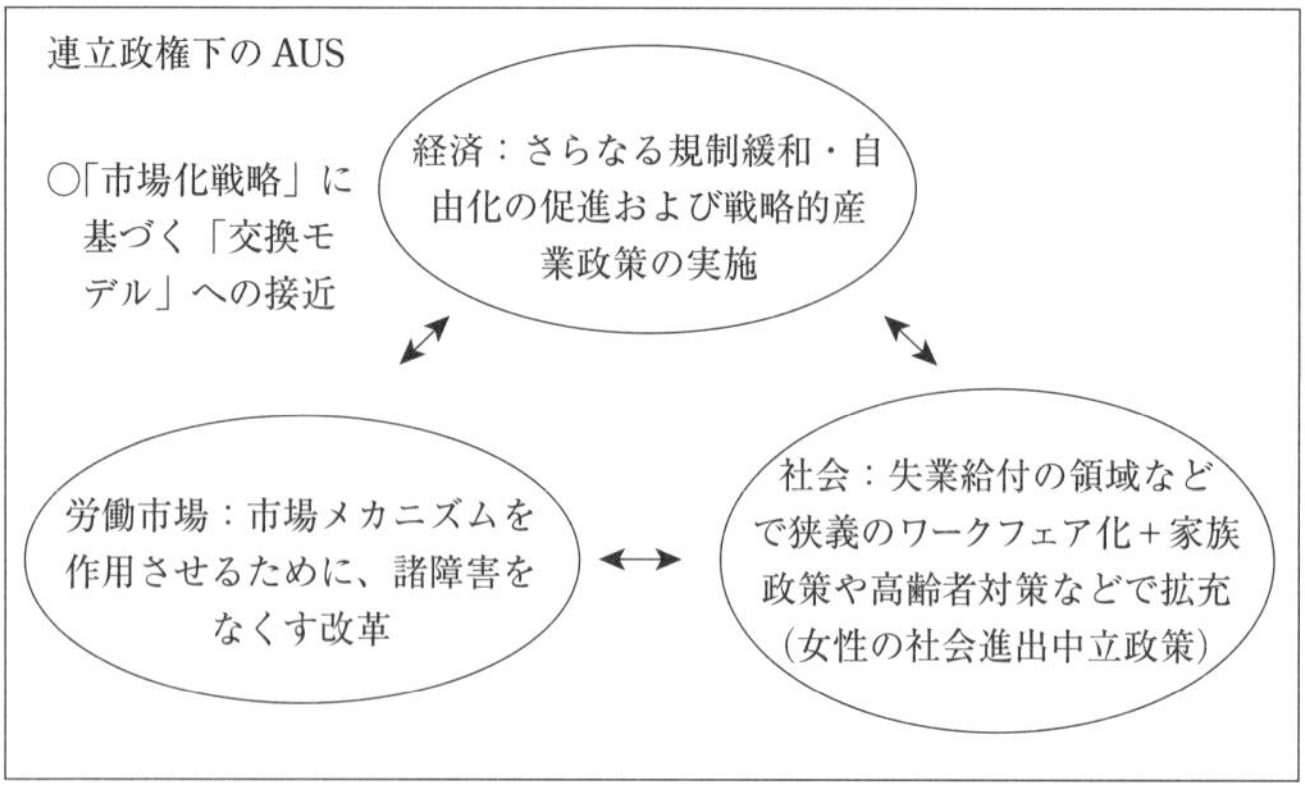
連立政権下のAUS
○「市場化戦略」に基づく「交換モデル」への接近
経済：さらなる規制緩和・自由化の促進および戦略的産業政策の実施
労働市場：市場メカニズムを作用させるために、諸障害をなくす改革
社会：失業給付の領域などで狭義のワークフェア化＋家族政策や高齢者対策などで拡充（女性の社会進出中立政策）

て「Work for Dole」が採用され、半年以上受給していた者に対して、諸プログラムへの参加が強制されることになった（後に対象年齢が拡大される）(Parker and Fopp 2004)。また、「Working Nation」で導入された、個別ケース管理を提供していた雇用サービスを市場化するため、「Job Network」が導入された（Carney 2006）。その一方で、家族政策や高齢者向けの政策など政治的支持が大きい領域では、拡充もなされている（Mendes 2008, Hill 2006, Disney 2004）。例えば、女性が主にケア活動に従事し労働市場に限定的に参加する家庭を優遇する家族税給付の改革、出産手当の導入（所得保障のある育児休暇の導入は拒否される）、子供ケア手当の導入などが実施され、また老齢年金の給付調整や高齢者向けの税控除などが実施された。

ここで検討すべき論点は、連立政権における社会政策の変化の特徴である。再商品化に関しては、受給者の義務を強調し、労働市場への参加を強いるという点で、労働市場拘束モデルに代表される狭義のワークフェア化が進んだといえる。脱家族化に関しては、性別役割分業を前提とする世帯に有利に働く税制や、出産手当や子供ケア手当など現金給付の拡充にとどまり、社会サービスの積極的拡充がなされていないという点で、採用された政策のみでは必ずしも女性の社会進出を促進するとはいえない。つまり、女性の社会進出に中立的な政策が展開されたと考えられる。

また、労働市場政策では自由主義化が進められた。ハワード政権は、九七年に、仲裁制度のさらなる権限縮小、労働組合の権限縮小、職場協約の導入などを目的とした職場関係法を成立させた（竹田ほか編 2007）。しかし、上院で多数を保持していなかったため、法案成立のための譲歩が必要となり、その内容は当初の予想に比べて穏健的なものにとどまった（Schwartz 2000, Ramia and Wailes 2006）。その後、ハワード政権は、上院で多数派を獲得し、〇五年に職場選択法を制定した（Mendes 2008, 2009, 杉田 2008）。この法律は、賃金・雇用条件に関する決定レベルの個人化、仲裁制度の権限のさらなる限定化、裁定を下回る不利益禁止条項の廃止を促すなど、労働市場の自由主義化を推し進める性格を持っている。

以上のように、ハワード連立政権下の政策対応は、失業給付における諸改革や仲裁制度改革などで示されているように、労働党政権下で進められていた自由主義化・規制緩和をさらに進めるという側面を持つ一方で、妥協や譲歩を行うなどプラグマテイックな側面を持つといえる（図5－3）。連立政権の試みは、①経済政策に関しては、自由主義化・規制緩和のさらなる推進および戦略的介入の実施を行い、②労働市場政策に関しては、仲裁制度の役割を極限まで縮小し、個人契約化を促進するなど、市場メカニズムの導入を図り、③社会政策に関しては、職業紹介サービスへの入札制度の導入や相互義務の強調などによる労働市場への統合の強制という側面が強くなる一方で、性別役割分業を前提とした世帯を優遇する税制や出産手当・子供ケア手当の整備など、一部の領域では拡充・維持が行われた。したがって、再商品化に関しては、労働市場拘束モデルに代表される狭義のワークフェア化が進展し、脱家族化に関しては、女性の社会進出中立的な政策が進められたといえる。

ここで検討すべき論点は、ハワード連立政権による改革の試みが「競争志向」段階のどのモデルに当てはまるかという点である。第三章で検討してきたように、政治経済システムの特徴を考える上で重要なポイントは、経済社会問題に関する調整システムである。この点に関するハワード連立政権の特徴は、市場メカニズムを重視した点にある。例えば、民営化の推進、労働市場における規制緩和や自由主義化の促進、失業給付改革における狭義のワークフェア戦略の導入など、労働党政権が行わなかった政策領域において、市場メカニズムを導入しようと試みている。したがって、ハワード連立政権の試みは、市場メカニズムを重視する「市場化戦略」に基づく「交換モデル」への接近と評価することができる。

また重要な点として、連立政権による福祉国家の再編が成功するか否かは、労働党政権下での再編と同様に、継続的な経済成長による雇用の拡大と労働市場へのスムーズな統合に依存している。連立政権の政策対応は、労働党政権下における諸アクターの協調というよりも、失業給付改革に顕著に示されているように、市場メカニズムによる調整プロセスへの参加を強いるという特徴を持っている。また、連立政権は、労働党政権とは異なる正統化言説を用いて、支持連合の形成を試みている（Mendes 2008, Ryan 2005, Johnson 2000）。例えば、政府と受給者の関係を「相互的義務」とみなし、政府の役割を減少する一方で、受給者の義務を強化することで、社会問題の原因として、福祉依存など個人の責任が強調されることになった。また、主流派の価値や伝統が強調され、マイノリティーを保護する政策への攻撃がなされた。以下では、福祉国家論の理論的課題のひとつである特徴把握という論点に注目して、労働党政権と連立政権における福祉国家再編の共通性と差異を明らかかする。

第五節　分析①　オーストラリアにおける再編の諸特徴
――両政権の共通性と差異――

本節では、福祉国家論の理論的課題である特徴把握という論点に注目して、理論研究で得られた段階論と類型論の知見を用いながら、労働党政権と連立政権における福祉国家再編の試みの共通性と差異を検討する。

第一節で確認したように、先行研究では、オーストラリアにおける福祉国家の再編に関して、多様な評価がなされてきた。第一に、労働党政権の試みを、いわゆる「ネオリベラリズム」への接近とみなすか、それとも「第三の道」や「新しい社会民主主義」の採用とみなすかについて、評価が分かれている。第二に、一点目と関連するが、労働党政権の試みと連立政権の試みの共通性が強調されて、両者の差異があるモデルへの接近の程度の差異を意味するのか、それとも質的に異なるモデルを意味するのかが不明確のままである。これらの評価の差異は、各論者が特徴把握のための理論枠組を十分に意識しないまま、分析を行っていることに由来している。ここで重要な点は、第一章で論じたように、多様な評価が存在すること自体が問題なのではなく、特徴把握という論点に説得的に応えるためには、通時比較のための段階論と共時比較のための類型論という理論枠組が不可欠という点にある。以下では、理論研究で得られた知見をもとに、オーストラリアにおける再編の特徴を整理する。

まず、「ケインズ主義的段階」のオーストラリアは、第二節で整理したように、「国内的保護の政治」に基づき形成された「賃金稼得者モデル」であった。このモデルは、関税障壁などの保護主義的な経済政策の利用、高賃金を波及させるための強制仲裁制度の利用など、狭義の社会政策以外の手段によって、市民に社会的保護を提供していた点で、「国家主導」メカニズムに依拠した「国家主導経済モデル」の類型に当てはまると考えられる。

それに対して、まずホーク・キーティング労働党政権とハワード連立政権による政策対応は、「国内的保護の政治」に基づいた「賃金稼得者モデル」からの離脱という点で共通性を持つ。すなわち、両政権は、①経済政策に関して、保護主義的な関税政策とマクロ需要管理政策の撤回、および、自由化・規制緩和の促進、②労働市場政策に関して、フレキシビリティの追求、③社会政策に関して、再商品化政策および脱家族化政策の実施という共通した傾向を示している。また、政策目標に関しては、保護による完全雇用の実現から競争力の確保に重点が変化し、社会権の概念においても、シティズンシップを基礎とした給付から諸プログラムへの参加を条件とした給付に重点が変化し、労働市場政策における介入形態も、集権的で画一的なものから個別性を重視したものへと変化している。

他方で、各領域で採用された政策対応には、上述のように、見逃すことができない差異も存在している。第一に、経済政策に関して、労働党政権では、バトン商工省による産業調整プラン、そして、雇用戦略としての「Working Nation」に示されていたように、社会パートナーとの協力のもと、経済発展のための戦略的産業政策が導入されていた。他方、連立政権では、民営化の追求など、市場メカニズムが重視されていた。第二に、労働市場政策に関しても、労働党政権では、仲裁制度は最低保障メカニズムとして維持されたが、連立政権では、職場選択法の制定に示されているように、労働市場の規制緩和・自由化が推し進められた。第三に、社会政策に関しても差異がある。まず再商品化に関して、労働党政権では、国家と受給者の関係は「互恵的義務」とされ、政府は、労働市場への参加を促すだけでなく、教育・トレーニングなど多彩なプログラムの提供にコミットするなど、アクティベーション政策に近い。他方で、連立政権では、「相互的義務」とされ、政府は、予算を削減した上で、規律やペナルティの強化および受給資格の厳格化などによって、受給者の義務を強めるなど、狭義のワークフェア化に近い。脱家族化に関しては、労働党政権は、ひとり親世帯における労働と家庭の両立を目指す政策の導入や保育などの社会サービスの拡充など、女性の社会進出を促進する政策を実施した一方で、連立政権は、性別役割分業を前提とした世帯を支援する税制、出産手当や児童ケア手当などの現金給付の拡充など、それのみでは必ずしも女性の社会進出を促進しない政策を実施してきた。

さらにこの政策対応の差異は、正統化言説の差異とも関連している（Johnson and Tonkiss 2002, Johnson 2000, Conley 2001, 2004, Lavelle 2005a, 2005b, Mendes 2003, 2008, Ryan 2005, McClelland 2002, 2004, Macintyre 1999, など）。第一に、国家

と受給者の関係性の捉え方に大きな差異がある。上述のように、労働党政権下では、「互恵的義務」とされ、政府は労働市場への参加を促すだけでなく、多彩なプログラムの提供にコミットする一方で、連立政権下では、「相互的義務」とされ、政府は予算を削減した上で受給者の義務を強めている。その結果として、貧困や社会的排除などの諸原因に関して、労働党政権では、経済・社会構造的な要因も重視される一方で、連立政権では、個人化された上でモラルの問題として捉えられることになる。第二に、社会政策の対象となりやすいマイノリティーの位置づけも異なる。労働党政権では、マイノリティーの存在や文化的多様性の持つ価値が強調され、経済・社会政策の中で積極的に位置づけられる（例えば「創造的国家」という政策文書）のに対して、連立政権では、主流派の価値や伝統が重視され、マイノリティーを疎外する傾向が強い。つまり、労働党政権では、社会における多様性を積極的に意義づけ、市民全体の主体的な参加による社会統合を促すことで支持調達が目指されたのに対して、連立政権では、自覚的に市民の間に分断線を設け、その分断を政治的に利用することで支持調達が目指されたといえる。

そして重要な点として、これらの差異は、両政権が重視する調整メカニズムの差異に由来すると考えられる。つまり、経済社会問題の調整に関して、労働党政権は、社会パートナーとの協調に基づく、国家の主体的な役割を重視する一方で、連立政権は、市場メカニズムの役割を重視している（Schwartz 2000, Ramia and Wailes 2006など）。したがって、「競争志向」段階に関して、労働党政権は、「三者協調」メカニズムに基づく「協調モデル」に接近し、連立政権は、「自発的交換」メカニズムに基づく「交換モデル」に接近したと考えられる。言い換えれば、両政権は、経済のグローバル化の進展とポスト産業社会への移行という変容圧力に対して、質的に異なる政治経済モデルの構築を試みていたといえる。

以上のように、段階論と類型論を用いることによって、オーストラリアにおける再編の特徴を、より適切に理解することができる。第一に、ホーク・キーティング労働党政権は、福祉国家の再編を目指し、「国内的保護の政治」に基づく「賃金稼得者モデル」からの離脱を目指した点で、過去の政権（や労働党の伝統）と断絶を示している。第二に、第一点と関連するが、ホーク・キーティング労働党政権とハワード連立政権は、「賃金稼得者」モデルを再編し、新たな政治経済システムの形成を目指したという点で、共通性を持つ。しかし、第三に、政策対応だけでなく、国家の役割やマイノリティーの位置づけなど正統化言説のレベルにおいても、両政権は大きく異なる。ホーク・キーティング労働党政権は、社会パートナーとの協力関係を形成し、国家の主体的な役割を重視する一方で、ハワード連立政権は、市場メカニズムの役割を重視していたといえる。このように段階論と類型論を用いることによって、先行研究において生じていた議論の混乱を整理することができる。言い換えれば、段階論と類型論は、福祉国家の特徴把握という論点に関して、新たな知見をもたらすといえる。次節では、理論研究で得られた動態論をもとに、オーストラリアにおける再編プロセスを分析する。ここでも動態論が先行研究の知見に、新たな知見を加えられるかに注目する。

第六節　分析②　オーストラリアにおける再編をもたらした諸要因
――再編のタイミングと分岐を説明する要因としてのアイデア――

本節では、前節までで整理されたオーストラリアにおける再編プロセスを、理論研究で得られた動態論をもとに分析する。特に、利益中心アプローチや制度中心アプローチなど、既存の理論枠組と比べて、新たな知見を提供できるかという点に重点を置く。

まず前節までの議論を整理し直すと、一九七〇年代初頭の「賃金稼得者モデルの危機」に直面した後の、オーストラリアにおける福祉国家の再編プロセスは、主に三つの局面に区分することができる。第一期は、一九七〇年代の

表5-3　オーストラリアにおける福祉国家再編（筆者作成）

	オーストラリア
第一期 （再編以前）	賃金稼得者モデルからの部分的離脱（70年代～80年代初め） ・経済政策の領域を中心に、部分的な自由主義化・規制緩和 ・仲裁制度の改革は生じない ・再商品化、脱家族化はあまり進まない
第二期 （再編以後）	「戦略的介入戦略」による「協調モデル」への接近（83～96年の労働党政権） ・経済政策：自由化・規制緩和と代償となる戦略的産業政策 ・社会政策：①政権前半では「アコード」に示されているように、賃金抑制と社会的賃金の取引 ②政権後半では「working nation」に示されるように、アクティベーション政策（再商品化）＋女性の社会進出促進戦略（脱家族化） ○ポイント ・「国内的保護の政治」を脱正統化する政策パラダイム（「経済合理主義」）の台頭 ・積極的な社会政策や戦略的産業政策など、国家の積極的役割を重視する政策アイデアへの収斂
第三期 （再編以後）	「市場化戦略」による「交換モデル」への接近（96年以後の連立政権） ・経済政策：自由化・規制緩和の推進 ・労働市場政策：市場メカニズムの徹底による自由主義化 ・社会政策：失業給付など狭義のワークフェア化（再商品化）＋現金給付の拡充など女性の社会進出中立政策 ○ポイント ・経済合理主義パラダイムの持続 ・市場メカニズムの効率性を重視する政策アイデアによる刷新

「賃金稼得者モデル」の改革の時期である。この時期は、ウィットラム労働党政権およびフレーザー連立政権の両政権とも、それぞれ賃金稼得者モデルの諸側面の改革（関税改革や規制緩和など）を試みたものの、社会政策や労働市場政策において、抜本的な変化は生じなかった。第二期は、八〇年代以降のホーク・キーティング労働党政権期である。第二期を通じて、経済政策では、規制緩和や自由主義化が進められる一方で、戦略的な産業政策が実施された。政権の前期においては、「アコード」における政労協調のもと、賃金抑制と社会的賃金の拡充の取引がなされた。政権後期には、アクティベーション戦略が採用されていく。八八年に、積極的な社会政策への転換を提言したカスによる報告書が出された後、社会政策において様々な改革がなされ、九四年の

「working nation」に結実することになった。ここでは、受給者と国家の関係を「互恵的義務」として捉え、政府による諸プログラム（教育・トレーニングの提供や労働市場の活性化）の提供と、受給者によるそれらへの参加が結びつけられることになった。第三期は、九〇年代以降のハワード連立政権期である。ここでは、労働市場政策と社会政策の領域においても、自由主義化・規制緩和が進められた。上院で多数を確保した後に、仲裁制度の権限の縮小や雇用関係の個人化など、労働市場の自由主義化を目指した職場選択法が制定された。また、社会政策においては、受給者と国家の関係を「相互的義務」として捉え、諸プログラムへの大幅な予算削減、失業給付の受給資格の厳格化や労働市場への参加の強化などがなされた。以上のように、オーストラリアにおける福祉国家の再編に関して、第一期は、賃金稼得者モデルからの部分的離脱（再商品化・脱家族化の推進という側面は弱い）、第二期は、「戦略的介入戦略」による「協調モデル」への接近、第三期は、「市場化戦略」による「交換モデル」への接近と整理することができる（表5―3）。

このような再編プロセスを、第四章で紹介した既存の理論枠組は十分に説明できるであろうか。以下では、主流派アプローチとして、権力資源動員論、ビジネス勢力に注目する比較政治経済学、歴史的制度論、公的政治制度への注目という各枠組（第四章で検討したように、福祉国家論におけるアイデア的要因への注目は、利益中心アプローチや制度中心アプローチの補完として発展してきたため、ここでは検討しない）の妥当性を検討した上で、理論研究で得られた動態論の知見を検討する。

まず再編戦略に関する各理論枠組の仮説[22]を簡単に振り返る。第四章で検討したように、階級間対立のあり方が差異を説明すると考える権力資源動員論では、政権の党派性に注目する場合、左派政権ならば社会パートナーとの協力を重視するため「戦略的介入戦略」を採用し、保守政権ならば市場メカニズムを重視するため「市場化戦略」を採用すると予測される。ビジネス勢力の制度的基盤に注目する比較政治経済学では、自由市場経済（ＬＭＥ）に属するオーストラリアの場合、戦略的調整の基盤がないために、市場メカニズムが重視され、結果として「市場化戦略」が採用されると予測される。過去の政策遺産を重視する歴史的制度論では、経路依存的な発展が生じると捉えるため、福祉国家（の依拠する調整メカニズム）の持続性が予測される。公的政治制度に注目する議論では、政治制度に大きな変化がない限り、福祉国家（の依拠する調整メカニズム）の持続性が予測される。オーストラリアは、当該期間内において公的政治制度に関する大きな変化を経験していないため、持続性が示唆される。

それでは、各理論枠組から得られる仮説と再編プロセスの特徴を整理してみると、各理論枠組の説明力に差異があることが分かる。まず、歴史的制度論と公的政治制度への注目は持続性を想定するが、「国家主導」に依拠していた「賃金稼得者モデル」から、労働党政権下での「三者協調」に依拠した「協調モデル」への接近、連立政権下での「自発的交換」に依拠した「交換モデル」への接近という再編プロセスを説明できない。また、比較政治経済学は、連立政権下での試み（交換モデル化）を説明する上では有効性があるが、労働党政権下での試み（協調モデル化）には合致しない。最後に、権力資源動員論は、理論枠組から得られる仮説と各政権で採用された戦略が合致しており、最も説明力を持つ。したがって、権力資源動員論の知見によって、オーストラリアの事例は適切に分析することができるように思われる。言い換えれば、理論研究で得られた動態論の知見は不必要のように思われる。

しかし、権力資源動員論にも、オーストラリアにおける再編を説明する上で、説明が困難な論点がある。まず第一の問題点は、賃金稼得者モデルからの離脱が生じたタイミングを十分に説明できないことにある。七〇年代には、すでに経済パフォーマンスの悪化という形で、賃金稼得者モデルの客観的な問題点に直面していたにもかかわらず、ウイットラム労働党政権（および、フレーザー連立政権）では抜本的な改革がなされなかった。抜本的な改革が実施されたのは、八〇年代のホーク労働党政権以降である。権力資源動員論では、賃金稼得者モデルの客観的危機という経済社会環境は共通し、また同じ左派政権であったにもかかわらず、なぜウィットラム政権とホーク政権の政策対応が異なるかを十分に説明できない。つまり、客観的危機と福祉国家再編の時間的ギャップをうまく説明することができない。第二に、労働党政権下での政策対応の変化という論点である。そもそも、八三年に政権に就いた段階では、社会政策に関して、初期アコードに示されているように、賃金抑制と社会的賃金の充実の取引という性格が強く、再商品化・脱家族化のための政策という側面は強調されていなかった。再商品化の促進のために、雇用政策と社会政策の結びつきが強調されるのは、八八年にカスによる報告書が政府に提出された後である。言い換えれば、八八年以降になりようやく、政治アクターの間で、再商品化政策としてのアクティベーション戦略の重要性が認識され、経済政策や労働市場政策もそれに適合的な形で修正され、九四年の「working nation」に結実したと考えられる。これらの労働党政権下での政策変化を説明する必要がある。第三に、前節で確認したように、福祉国家再編プロセスが進む中で生じた政治言説の変化という論点である。政策変化および支持調達を目指す中で両政権は、国家–受給者関係、社会問題の原因の捉え方、マイノリティーの位置づけなど言説を変化させてきた。政治アクターの党派性に注目する権力資源動員論では、これらの変化を十分に分析できないおそれがある。

これらの残された論点に関して、理論研究で得られた動態論は、一定の知見を提供する。第四章で検討したように、動態論のポイントは、アイデアの二つの役割（①アイデアによって、アクターの利益が形成されるという構成的役割と②アクターがアイデアを利用して支持調達を図るという因果的役割）を、制度変化プロセスに自覚的に位置づけるという点にある。例えば、第一の点に関して、「賃金稼得者モデル」の有効性や正統性を打破する、政策パラダイムの台頭が指摘できる。八〇年代に入り、オーストラリアでは「経済合理主義」と呼ばれる、国家による保護主義の限界を指摘し、市場メカニズムの有効性を強調するアイデアが広く影響力を持つに至った（Pusey 1991, Goldfinch 2000）。この知的潮流の変化を背景に、ホーク政権は、「国内的保護」の政治に基づく「賃金稼得者モデル」の危機をアピールし、新たな政治経済システムの構築を目指していった。つまり、保護主義批判および市場メカニズムの有効性の承認という政策パラダイムの台頭が、ウィットラム政権とホーク政権の対応の差異をもたらしたといえる。

第二の点に関して、十分に再編の成果が挙げられない中で、カスにより提出された政策アイデアが、政治アクター間の議論を規定したと考えられる。初期アコードにおける、賃金抑制と社会的賃金の充実という政策ミックスが十分な成果を残さない状況（とりわけ失業率の高止まり）の中で、九〇年代初頭には、政治アクターはさらなる改革の必要性に直面していた（Schwartz 2000）。そこで注目されたのが、「消極的社会保障システムから積極的な社会保障システムへの転換」を唱えたカス報告書（Cass 1988）である。この政策アイデアは、社会政策改革として注目されるだけでなく、政権獲得以来実施されてきた産業政策と接合されることによって、「Working Nation」に結実したと考えられる（Keating 1994）。言い換えれば、再編の十分な成果が挙げられないという状況において、保護主義批判および市場メカニズムの有効性の承認という政策パラダイム内で、アクティベーション戦略や戦略的産業政策など国家の積極的役割を重視する政策アイデアが受容されたといえる。

また第三の点に関して、福祉国家再編は、「国内的保護の政治」に基づく支持調達からの転換を意味する以上、新たな正統化言説の必要性を示唆する。労働党政権は、社会政策の対象となりがちなマイノリティーを積極的に位置づけ直し、文化的多様性がオーストラリア政治経済にとってプラスであることを主張し、国家と受給者の関係を「互恵的義務」として位置づけ直し、国家による社会政策の展開の妥当性や適切性を訴え、支持調達を図ったといえる。他方で、連立政権は、マイノリティーが社会政策の既得権者となっており、福祉依存が生じていることを批判し、国家と受給者の関係を「相互的義務」として位置づけ、社会政策の縮減こそが多数派の利益にかなうことをアピールし、支持調達を図ったといえる。つまり、両政権は、支持調達のために、主体的に正統化言説を駆使していたといえる。理論研究で得られた動態論は、アイデアを利用した支持調達に注目する点で、この論点を考察する上でも有益といえる。

以上のように、理論研究で得られた動態論は、制度変化プロセスにおける、アイデアの構成的役割と因果的役割に注目することにより、既存研究で十分に説明できない論点に一定の知見を提供することができる。より詳細な実証分析が必要なのはいうまでもないが、動態論の有効性は一定程度確認できたといえる。次節では、本章のまとめとして、オーストラリアの再編に関する事例分析の知見を整理し、理論研究の成果の妥当性を確認する。

第七節　結論――理論枠組の妥当性――

本節では、本章のまとめとして、オーストラリアの再編に関する事例分析の知見を整理した上で、理論研究の成果である段階論・類型論・動態論の妥当性を検証する。

オーストラリアにおける福祉国家再編の先行研究では、特徴把握のための理論枠組に明示的に位置づけないために、賃金稼得者モデルとホーク・キーティング労働党政権の試みの差異が適切に把握されず、また労働党政権と連立政権の共通性と差異も十分に検証されていなかった。そのため、動態の説明に関しても、多様な議論が並存している状況であった。本章では、理論研究で得られた成果をもとに、オーストラリアにおける福祉国家再編を分析した。

まず特徴把握という論点に関して、「ケインズ主義的段階」のオーストラリアの特徴は、「国内的保護」の政治に基づいて形成される「賃金稼得者モデル」と整理できた。このモデルの特徴は、①完全雇用を実現するための保護主義的諸政策およびマクロ需要管理政策から構成される経済政策、②市場で決定される水準よりも高賃金を実現する仲裁制度を通じた賃金（労働市場）政策、③一般税を財源として、資産・所得調査に基づく画一給付という形態をとる限定的な社会政策という三点に整理できる。このモデルは、保護主義的な経済政策や労働市場政策を通じて、市民に社会的保護を提供している点で、「国家主導」メカニズムに依拠した「国家主導経済」モデルの類型に位置づけられる。そして、経済のグローバル化とポスト工業社会への移行という変容圧力に直面して、七〇年代の両党派は、「賃金稼得者モデル」を修正する試みをなしたが、抜本的な再編と評価することはできなかった。

そして、福祉国家の再編は、八〇年代のホーク・キーティング労働党政権により実施された。労働党政権の試みは、政労協調のもと、①経済政策に関しては、自由化・規制緩和の促進および戦略的産業政策の導入がなされた。②労働市場政策に関しては、生産性上昇と賃金上昇をリンクさせ、企業レベルでの賃金決定を促進するなどのフレキシビリティを追求することで、競争力への寄与を目指す一方で、最低保障を提供するメカニズムとしての仲裁制度の維持がなされた。③社会政策に関しては、財政負担を減らしつつ社会的公正の実現を目指し、失業者や新しい社会的リスクに直面した人々を労働市場に統合するため、教育やトレーニングの整備などのアクティベーション政策や、保育などの社会サービスの拡充および労働と家庭のバランスを見直す政策などの女性の社会進出促進政策が実施された。これらの労働党の試みは、政労協調に依拠した「戦略的介入戦略」を採用した結果として、「三者協調」に基づく「協調モデル」への接近と評価できる。

他方、ハワード連立政権は、労働党政権で実施されなかった領域に関して、さらなる自由化・規制緩和を進める一方で、上院で多数派を占めるまでは政治的妥協を繰り返した。結果として、①経済政策に関しては、自由主義化・規制緩和の推進および戦略的介入の実施を行い、②労働市場政策に関しては、仲裁制度の役割を極限まで縮小し、個人契約化を促進するなど、市場メカニズムの導入を図り、③社会政策に関しては、職業紹介サービスへの入札制度の導入や相互義務の強調などによる労働市場への統合の強制という側面が強くなる一方で、性別役割分業を前提とした世帯を優遇する税制や出産手当・子供ケア手当の整備など、一部の領域では拡充・維持が行われた。したがって、再商品化に関しては、労働市場拘束モデルに代表される狭義のワークフェア化が進展し、脱家族化に関しては、女性の社会進出中立的な政策が進められたといえる。これらの連立政権の試みは、市場メカニズムの役割を信頼し、「市場化戦略」を採用した結果として、「自発的交換」に基づく「交換モデル」への接近と評価できる。

したがって、特徴把握のための段階論・類型論を用いることで、「賃金稼得者モデル」とホーク・キーティング労働党政権による再編の差異、労働党政権による再編とハワード連立政権による改革の共通性と差異をより適切に理解することができる。労働党政権の特徴は「国内的保護の政治」からの離脱を目指した点にあり、賃金稼得者モデルとは異なる。また、労働党政権と連立政権の試みの差異は、政策レベルだけでなく、国家の役割やマイノリティーの位置づけなど正統化言説レベルでも生じており、両者は質的に異なる政治経済モデルの構築に向かっていたと考える必要がある。

次に「動態の説明」という点に関して、まずオーストラリアにおける福祉国家再編は、三つの時期に整理できる。第一期は、賃金稼得者モデルからの部分的離脱（再商品化・脱家族化の推進という側面は弱い）、第二期は、「戦略的介入戦略」による「協調モデル」への接近、第三期は、「市場化戦略」による「交換モデル」への接近と整理することができる（表5-3）。これらの再編パターンは、既存研究（とりわけ党派性に注目する権力資源動員論など）の理論枠組によって説明できる点が多いが、再編のタイミング、労働党政権内部での政策転換、再編に伴い生じている言説の変化を捉えるためには、不十分といえる。そこで、制度変化プロセスにおけるアイデアの構成的役割と因果的役割に注目する動態論は、政策パラダイムの転換、政策アイデアによってもたらされるアクター間の予想の収斂、アイデアを駆使した支持調達などを射程に収めることで、より適切に分析することができる。

以上のように、本格的な実証分析によるさらなる検証が求められるが、理論研究で得られた成果である段階論・類型論・動態論は、先行研究で十分に分析できなかった論点に関して新たな知見をもたらす点で、それぞれ有効性を持っていることが確認できた。言い換えれば、前章までで行ってきた福祉国家論の理論研究の成果は、経験分析においても一応の妥当性を持つことが確認できたため、現実の政治経済システムの「特徴を把握」し、その「動態を説明」することを目的とする福祉国家研究の成果として、一定程度意味のあるものといえる。補説では、オーストラリアと同じ賃金稼得者モデルに属すると考えられてきた、ニュージーランドにおける福祉国家再編を簡単に振り返り、オーストラリアの再編と比較することによって、理論研究の成果の妥当性を考察する。

補説　ニュージーランドとの比較
――八〇・九〇年代の分岐とその後の収斂――

この補説では、ニュージーランドにおける福祉国家再編プロセスを簡単に整理した上で、オーストラリアの再編と比較することを通じて、理論研究の成果の妥当性を確認する。以下の議論の目的は理論研究の成果を検証することにあり、ニュージーランドの再編を本格的に分析することにはない。本格的な経験分析は今後の課題として残されている。

戦後のニュージーランドにおける政治経済システムは、オーストラリアと類似したものとして捉えられてきた（両国の比較研究として、例えば、Bary and Wailes 2004, Bray and Walsh 1998, Castles 1985, 1996, Castles et al. 1996, Castles and Pierson 1997, Cox 2006, Goldfinch 2000, Harbridge and Walsh 2002, Quiggin 1998, Ramia and Wailes 2006, Schwartz 2000, Wailes and Ramia 2003, 小松ほか編 1999, 仲村ほか編 2000など)。すなわち、①完全雇用を実現するための保護主義的諸政策およびマクロ需要管理政策から構成される経済政策、②市場で決定される水準よりも高賃金を実現する仲裁制度を通じた賃金（労働市場）政策、③一般税を財源として、資産・所得調査に基づく画一給付という形態をとる限定的な社会政策という「賃金稼得者モデル」の特徴を、ニュージーランドも共有していたとされる。

したがって、一九七〇年代以降、ニュージーランドは、オーストラリアと同様に、経済のグローバル化の進展およびポスト産業社会への移行という変容圧力に直面することになる。しかし、以下で簡単に確認するように、福祉国家再編のプロセスには両国で大きな差異がある。ここでは、その差異を明確にするため、特に社会政策の再商品化に重点を置いて整理する。

(1) 七〇年代の政策対応——国家介入の拡大——

まず一九七〇年代のニュージーランドでは、労働党と国民党の得票獲得戦略の結果として、社会政策が拡大していくことになる（Castles and Shirely 1996, 七〇年代の社会政策の展開に関しては、Easton 1980も参照)。例えば、雇用における男女平等を目指す動きが強まり、七二年に同一賃金法、七七年に人権委員会法が制定され、八〇年には出産育児休業に関する法律が制定された。また、ひとり親家族の財政的支援のため、七三年には家事専従手当が導入されている。前七〇年代の社会政策の展開の中で特に重要な政策は、七四年の事故補償法と七六年の老齢年金制度の改革である。前者は、対象が労働者に限定されていたものを全国民に広げる試みであり、従来の選別主義という特徴からの離脱を示している。後者は、高齢者の生活水準を向上させるために導入され、六〇歳以上のすべての市民に対して普遍的な給付を提供するものである。この老齢年金制度も、資産・所得調査をやめ普遍化を目指した点で過去の諸政策と異なる。

経済政策でも、新たな試みがなされている（Dalzieal and Lattimore 1996, James 1986）。カーク（そして、その後のローリング）労働党政権は、オイルショックなどによる経済不況に対して、賃金抑制や大幅な財政支出によって対処しようと試みる。しかし、仲裁制度が十分に機能せず[23]、インフレ率の上昇をもたらす一方で、財政支出のために、海外からの借り入れへの依存をもたらした。そして、十分な成果を上げることができないまま、政権交代が起きた。その後のマルドーン国民党政権は、部分的に規制緩和を進める一方で、「Think Big Project」と呼ばれる新たな経済戦略を打ち出す。これは、輸入への依存を減らし、持続的な経済成長を実現するため、国家主導による重化学工業化や大規模な資源開発などを推進するという開発計画である。しかし、この開発戦略も十分な成果を上げることができず、交易条件の変動や賃上げ圧力に直面した。そのため八〇年代には、失業率の増大とインフレ上昇という経済不況に陥ることになった。これに対して、マルドーン政権は、賃金政策の手段として十分に機能しない仲裁制度の利用を断念し、八二年から八四年にかけて、賃金および物価の凍結という直接的な介入を行った（七〇年代から八〇年代の変容に関しては、Schwartz 2000 も参照）。

以上のように、七〇年代のニュージーランドでは、社会政策において、政党間競争の結果による拡充という傾向（脱商品化の進展）がみられ、経済政策において、財政支出の増大や大規模な開発計画の実施など、国家介入の拡大による危機の克服の試みという側面がある。また、賃金政策に関しては、仲裁制度が円滑に機能しないという限界に直面したものの、新たな方向性を打ち出すには至らず、場当たり的な国家介入がなされた。これらのことから、七〇年代には従来型モデルからの離脱は生じなかったと評価できる。

(2) 八〇年代の政策対応——労働党政権による賃金稼得者モデルからの離脱の試み——

八四年に政権を獲得した労働党は、前政権の介入主義政策の結果として生じていた、厳しい経済状況に直面していた。オーストラリアとは異なり、政権交代以前に労働党と労働組合の間に採用するべき政策に関する合意は存在しておらず、また、党内においても、一方的な経済自由主義路線を採用するか、それとも単なる自由化・規制緩和にとどまらず、補償策を伴う政策を採用するかに関して合意が存在していなかった(24)(Oliver 1989, James 1986 など)。このような党内・外で経済政策に関するコンセンサスがない状況で、ロンギ政権は賃金稼得者モデルの諸問題へと対処していくことになる。通貨危機などに直面し、規制緩和や自由化の推進を決断していく中で、ダグラス蔵相を中心とした経済自由主義路線が政府内の主流を占めていくことになり(Schwartz 2000)、政府主導でラディカルな自由化・規制緩和が実施されていく(Easton and Gerritsen 1996)。経済政策に関しては、八五年に変動相場制へ移行し、八九年に中央銀行の権限強化が導入された。また、八六年には国内の市場競争を促進するための法律である競争促進法が導入され、輸出補助金の廃止や自由化・規制緩和(投資規制の緩和、外資規制の緩和など)が進められた。さらに、税基盤を拡大するため、一〇%の物品サービス税を導入した。その一方で、大規模な国有資産の売却が進められ、公社化や民営化などの公的セクター改革も実施された。ここで、オセアニア両国の比較という観点で重要なことは、ニュージーランドにおいて、経済自由主義路線が包括的かつ一貫して進められたこと、諸アクターの協調に基づいた構造調整のための産業政策が実施されなかったことにある(Goldfinch 2000, Goldfinch and Malpass 2007, Castles et al. 1996, Hazledine and Quiggin 2006, Quiggin 1998, Schwartz 2000など)。

また、ニュージーランドでは、オーストラリアとは異なり自由化・規制緩和の代償としての社会政策や労働市場政策の刷新はなされていない。しかし、経済政策領域と異なり、両領域においては、ラディカルな自由化・規制緩和政策は実施されず、穏健的な改革に止まった（Castles and Pierson 1997, Castles and Shirely 1996, Schwartz 2000, Boston, et al. 1999など）。例えば、労働市場政策に関しては、八七年に労使関係法が制定された。この法律によって、労働市場のフレキシビリティを高めるため、企業レベルでの賃金決定の推進、小規模労組の統合の促進、仲裁制度の機能分離（賃金関係と労働法関係）などが導入された。他方、社会政策に関しては、コストを削減するための諸調整がなされている。例えば、老齢年金のコストを引き下げるために、年金の課税強化やスライド方式の変化など、諸改革が導入された。また、児童手当を実質的に切り下げ、ニーズのある世帯へと限定を図った。そして、利用者負担制度を導入し、医療部門に競争の契機を導入した。

以上のように、八〇年代の労働党政権は、各政策領域において賃金稼得者モデルからの離脱の試みがなされている。政策領域間の比較という点では、経済政策においてラディカルな自由主義化・規制緩和が進められた一方で、労働市場政策および社会政策の領域では穏健的な改革にとどまったといえる。ここで考察すべきは、どちらの再商品化戦略が採用されたかという点である。まず、オーストラリアとは異なり、ニュージーランドでは、政府主導で、経済政策におけるラディカルな自由主義化・規制緩和が進展し、その代償となる政策対応が十分になされなかった点が注目されるべきといえる。さらに、マクレランドらは、九〇年代以降の社会政策の自由主義化の基礎が、労働党政権下ですでに存在していたことを指摘している（McClelland and St. John 2006）。したがって、労働党政権は、少なくともアクティベーション戦略を積極的に採用したとはいえず、また経済政策におけるラディカルな自由主義化・規制緩和を実施し、その補償を行わなかった点で、狭義のワークフェア化戦略の基礎を提供したと考えられる。

(3) 九〇年代以降の政策対応――狭義のワークフェア化戦略の実施と揺れ戻し――

九〇年に政権に復帰した国民党は、労働党政権による自由主義化・規制緩和を継承し、労働市場政策および社会政策の領域でも実施していく（Boston et al. 1999, Goldfinch 2000, Easton 1994, Castles and Pierson 1997, Schwartz 2000, McClelland and St. John 2006, Ramia and Wailes 2006, Cox 2006など）。例えば、ボルジャー政権は、労働市場政策において、九一年に雇用契約法を制定した。これは、八七年の労使関係法に不満を抱いていたビジネス勢力からの強い要求を受けて立法化された。この法律により、国家介入が弱められ、労働市場の規制緩和がなされた。また、企業レベルではなく、むしろ個人レベルでの労働契約が促進される一方で、また労働組合の特権的な地位を侵食するような試みがなされた。この法律によって、仲裁制度は廃止されることになり、賃金稼得者モデルの重要な構成要素が消滅することになった。他方、社会政策に関して、財政支出削減を名目に、九一年の予算編成において、公的社会支出が大幅にカットされた。その後、老齢年金の受給資格の厳格化、医療システムの改革（利用者負担やターゲット化の強化、マネジメントの強化など）、事故補償法の適用の厳格化、失業給付の大幅カット、就労インセンティブの強化などの諸改革が進められるなど、全体の傾向としては、社会政策の縮減という性格を示している。以上のように、国民党政権は、前政権の自由主義化・規制緩和路線を継承し、それを労働市場政策および社会政策にも適用していったと考えられる。結果として、労働市場政策の自由主義化が進展し、社会政策における縮減が生じた。したがって、国民党政権は、狭義のワークフェア化戦略を実施したと評価することができる。

その後、九九年に政権を獲得した労働党は、前政権によって導入された政策の修正を試みている（Ramia and Wailes 2006, McClelland and St. John 2006, Cox 2006など）。例えば、クラーク政権は、労働市場政策に関して、雇用契約法を廃止し、二〇〇〇年に雇用関係法を導入している。ここでは、労働組合の権限が承認され、九一年法のラディカルな側

表5-4　ニュージーランドにおける福祉国家再編（筆者作成）

	ニュージーランド
第一期 （再編以前）	国家介入の強化による対応（70年代～80年代初め） ・政党間競争の結果として、社会政策の拡充 ・財政支出や開発計画の実施 ・仲裁制度の改革は生じない
第二期 （再編以後）	狭義のワークフェア戦略（84～99年の労働党政権および国民党政権） ・労働党：経済政策領域におけるラディカルな自由化・規制緩和、代償となる政策の実施はない ・国民党：労働市場政策の自由主義化、社会政策の縮減
第三期 （再編以後）	アクティベーション戦略（99年以後の労働党政権） ・労働市場政策の規制強化、積極的社会政策への注目

面が緩和された。他方、社会政策に関して、社会的包摂という概念が注目され、教育・トレーニングの充実や労働市場における機会の改善など、積極的な社会政策が注目を集めている。このように、労働党政権の政策対応は、国民党政権の狭義のワークフェア化戦略の行き過ぎを、アクティベーション政策により修正する試みといえる。

以上のように、九〇年代のニュージーランドにおける福祉国家再編は、まず国民党政権下で、労働市場政策および社会政策の領域において、自由主義化・規制緩和が促進され、結果として福祉国家の縮減がなされたという点で、狭義のワークフェア化戦略が採用されたといえ、その後の労働党政権下で、労働市場政策の修正や社会政策における積極的側面の重視など、アクティベーション戦略による修正が行われたと整理できる。

（4）ニュージーランドにおける再編――狭義のワークフェア化戦略からアクティベーション戦略へ――

したがって、賃金稼得者モデルの危機に直面した後のニュージーランドにおける福祉国家の再編プロセスは、主に三つの局面に区分することができる。まず、第一期は、七〇年代における国家介入の強化の時代である。まず社会政策に関して、政党間競争の結果として拡充が生じる一方で、経済政策に関しては、財政支出の拡大や大規模な開発計画の実施など国家介入の強化によって、経済危機への対応がなされた。第二期は、賃金稼得者モデルからの抜本的離脱が生じる八〇年代の労働党政権と、前政権が進めた自由主義化・規制緩和路線をさらに徹底させた九〇年代の国民党政権の時代である。再商品化に関して、ロンギ労働党政権下でなされた政策対応を評価することは難しいが、オーストラリアとは異なり、経済政策においてラディカルな自由主義化・規制緩和がなされ、その一方で十分な代償がなされなかった点で、狭義のワークフェア化戦略に近いと思われる。ボルジャー国民党政権下では、労働市場政策の自由主義化および社会政策の大幅な縮減が生じており、狭義のワークフェア化戦略が採用されたといえる。そして、第三期は、九〇年代後半以降のクラーク労働党政権下での揺り戻しである。ここでは、社会的包摂に注目が集まり、積極的な社会政策の導入が図られた点で、アクティベーション戦略が採用されたといえる。したがって、ニュージーランドにおける福祉国家再編は、第一期の国家介入の強化による対応、第二期の狭義のワークフェア化戦略の進展、第三期のアクティベーション戦略による修正、と整理することができる。

(5) 段階論・類型論・動態論による分析

オーストラリアとニュージーランドにおける福祉国家再編プロセスを比較すると、ケインズ主義的段階の「賃金稼得者モデル」という共通した出発点にもかかわらず、再編プロセスは大きく異なったことが分かる。七〇年代の「賃金稼得者モデル」を修正する試みの後、本格的な再編が試みられた八〇年代の労働党政権下において分岐が始まり、九〇年代半ばにはさらなる分岐が進み、近年再び接近しているといえる（九〇年代の分岐に関しては、Castles et al. 1996, Schwartz 2000。その後の最近の傾向については、Ramia and Wailes 2006, Cox 2006, McClelland and St. John 2006, Hazledine and Quiggin 2006など）。

まず七〇年代には賃金稼得者モデルの諸問題に直面し、両国では諸改革が試みられた。オーストラリアでは、経済政策を中心に、自由主義化・規制緩和が漸進的に進められたが、ニュージーランドでは、むしろ国家介入の強化による打開が模索された。八〇年代に入り、まずオーストラリアでは、ホーク・キーティングの両労働党政権下で、政労協調により「賃金稼得者モデル」からの離脱が試みられ、試行錯誤の結果として、九〇年代半ばには、戦略的産業政策が導入され、アクティベーション戦略が実施された。政権交代後、ハワード連立政権は、すでに経済政策の領域で実施されていた自由主義化・規制緩和路線を、労働市場政策および社会政策の領域にも適用し、労働市場政策の自由主義化および社会政策の縮減をもたらした。言い換えれば、狭義のワークフェア化戦略による再商品化がなされたと考えられる。他方、ニュージーランドでは、八〇年代のロンギ労働党政権下で「賃金稼得者モデル」からの抜本的離脱が生じた。ここでは、オーストラリアよりもラディカルな自由主義化・規制緩和（経済政策）がなされた一方で、それへの十分な代償はなされなかった。その後、九〇年代に入り、ボルジャー国民党政権は、自由主義化・規制緩和路線を、労働市場政策および社会政策の領域にも適用し、労働市場政策の自由主義化および社会政策の縮減をもたらした。ロンギ政権の評価は難しいが、八〇年代から九〇年代にわたり、ニュージーランドでは狭義のワークフェア化戦略が実施されたと考えられる。その後、九〇年代後半のクラーク労働党政権下では、社会的包摂に注目が集まるなどアクティベーション戦略による揺り戻しが生じている。

つまり、福祉国家の再編（特に再商品化に注目）に関して、オーストラリアでは、「アクティベーション戦略（九〇年代半ばまで）→狭義のワークフェア化戦略（それ以降）」という経路をたどったのに対して、ニュージーランドでは、「狭義のワークフェア化戦略（九〇年代後半まで）→アクティベーション戦略（それ以降）」という経路をたどることで、両国は、九〇年代半ばには大きく分岐した一方で、近年では再び接近しているのである。もちろん、これは両国の間の差異が消滅したことを意味しない。賃金稼得者モデルからの離脱の際にたどった経路は、政策遺産として、今なお影響を残していることが指摘されている（Ramia and Wailes 2006, Cox 2006, McClelland and St. John 2006など）。

両国における再編プロセスの差異に関して、先行研究では「賃金稼得者モデルからの離脱」という両国の共通性が重視される（両国の比較研究として、例えば、Bary and Wailes 2004, Bray and Walsh 1998, Castles 1985, 1996, Castles et al. 1996, Castles and Pierson 1997, Cox 2006, Goldfinch 2000, Harbridge and Walsh 2002a, 2002b, Quiggin 1998, Ramia and Wailes 2006, Schwartz 2000, Wailes and Ramia 2003, 小松ほか編 1999, 仲村ほか編 2000など）一方で、両国の差異が、ネオリベラルモデルへの収斂の程度差という量的な差異を意味するのか、それとも質的に異なるモデルへの分岐を意味するのか、については十分に検討されていない。これらの論点に関して、理論研究で得られた段階論と類型論を用いることで、新たな知見をもたらすことができる。オーストラリアは、第五節で検討したように、八〇・九〇年代の労働党政権では、アクティベーション戦略が採用され、「協調モデル」に接近した後、九〇年代後半以降の連立政権では、ワークフェア戦略が採用され、「交換モデル」に接近した。まず、ニュージーランドでは、八〇年代のロンギ労働党政権および九〇年代のボルジャー国民党政権は、市場メカニズムを重視した狭義の「ワークフェア戦略」を採用することで、「交換モデル」に接近したと考えられる。ロンギ政権とボルジャー政権の差異は、質的なものというよりも「交換モデル」の理念型への接近の程度差と捉えうる。その後のクラーク労働党政権は、社会パートナーと協力し、国家の主体的役割を重視する「アクティベーション戦略」を採用することで、「協調モデル」に接近したと考えられる。したがって、両国の八〇・九〇年代の分岐は、質的に異なる政治経済モデルの追求の結果と評価でき、その後の収斂は、各モデルの行き過ぎを修正する中で生じたものと評価できる。以上のように、理論研究で得られた段階論と類型論を用いることによって、両国における再編の特徴をより適切に理解することができる。

そして、この両国の差異の動態を分析する上で、特に重要な論点は、八〇年代の労働党政権下で、政策対応が大きく異なったという点である。[25]すなわち、オーストラリアにおけるホーク（およびその後のキーティング）労働党政権では、アクティベーション戦略が採用されたのに対して、ニュージーランドのロンギ労働党政権では、狭義のワークフェア戦略が採用された。この分岐は、オーストラリアの再編分析において有効性を示していた、党派性に注目する権力資源動員論の知見では十分に説明できない点である。これに対して理論研究で得られた動態論は、政治的危機を構築する際に用いられたアイデア的要因が両国の分岐をもたらしたことを示唆する。すなわち、経済社会問題を解決するために、オーストラリアでは、市場メカニズムを重視しつつも、社会パートナーと協調し、国家の主体的な役割を重視する政策アイデアが優位だったのに対して、ニュージーランドでは、当初は別のアイデアも存在していたが、時が経つにつれ、市場メカニズムを信頼し、できる限り各政策領域に導入していくという政策アイデアが優位に立ったといえる。福祉国家再編のきっかけとなる政治的危機の構築に用いられたアイデアの差異、八〇年代以降の両国の分岐をもたらしたといえる。以上のように、理論研究で得られた動態論は、アイデア的要因による危機構築（の差異と、その後のフィードバック）という側面に注目することで、八〇年代から九〇年代のオセアニア両国における分岐の差異をより適切に分析することを可能にする。

この補説では、ニュージーランドにおける再編を簡単に紹介した上で、オーストラリアとニュージーランドにおける再編を比較することを通じて、理論研究の成果の有効性を検討してきた。特徴把握という点に関して、段階論と類型論を用いることにより、両国の再編の試みに関する質的な差異に注目することが可能となる。また、動態の説明という点に関して、動態論を用いることにより、既存研究では十分に説明できない、八〇年代の労働党政権による政策対応の分岐を分析することが可能となる。つまり、オセアニア両国における福祉国家再編に関する二つの論点に関して、理論研究の成果は一定の知見をもたらすことができる。言い換えれば、オーストラリアとニュージーランドの比較分析においても、理論研究の成果は一定程度の有効性を確認できたといえる。

注

（1）　質的差異もしくは量的差異かという論点が十分に検討されていない点は、オーストラリアとニュージーランドの両国を比較する研究にも共通した問題点である。この点については、補説における議論を参照。

（2）「他の手段による社会的保護」は、キャッスルズ（Castles 1989）の論文のタイトルである。オセアニア諸国における、国家による再分配的な社会政策（狭義の社会政策）ではなく、仲裁制度と保護主義的な関税政策により、一次所得の平等を目指す傾向を端的に示している。第三章で言及したように、キャッスルズの研究は、近年注目を集めている社会政策の機能的代替物の重要性を考慮した初期の研究のひとつといえる（近年の業績としては、Bonoli 2003, Estevez-Abe 2008など）。

また、シュワルツ（Schwartz 2000）も、「フォーマルな福祉国家（例：国家が提供する所得移転やサービス）」と「インフォーマルな福祉国家（例：完全雇用状態における社会的に設定された賃金の供給をサポートする諸政策）」に分けて、オセアニアモデルが、福祉国家の黄金期において、後者に依拠していたことを強調する。

（3）　国内補償戦略と国内保護戦略には、共通点と差異が存在する。両者は、混合経済を前提として、外的な経済環境によりもたらされる脅威に対して、社会的保護を提供する必要性を強調する点で共通性を持つ（Castles 1988, pp. 105–9）。しかし、国際経済状況に対して、前者がフレキシブルな調整などを通じて積極的・能動的に対応するのに対して、後者は保護主義的政策により非効率な製造業セクターを温存するなど消極的に対応するため、経済成長の可能性に大きな差異がもたらされることが示唆される。また、前者は社会政策の充実によって社会的保護を提供するのに対して、後者は主に賃金規制を通じて社会的保護を提供するため、福祉国家アウトカムにも大きな差異がもたらされることが示唆される。

（4）　カッツェンシュタイン（Katzenstein 1985）は、小国内における政策対応の差異も指摘している。彼は、ビジネス組織が強く、グローバルな調整と私的補償が特徴となるリベラル・コーポラティズム（例：スイス）と、労働組織が強く、国内調整と公的補償が特徴となるソーシャル・コーポラティズム（例：オーストリア）に整理する。

（5）　オーストラリア型福祉国家の持つ脆弱性を理解するためには、他国と比較した場合のオーストラリアモデルの特殊性を確認することが有益となる。ここで宮本（1999, 2008）によるスウェーデンモデルと日本モデルの整理は、オーストラリアの特殊性を理解する重要な手がかりを示している。これらの三国は、完全雇用を目指し、また平等の実現を目指している点で共通点を持っているが、利用された戦略や手法は大きく異なる。

宮本（1999, 2008）によれば、スウェーデンモデルのカギは、レーン・メイドナーモデルと呼ばれる連帯的な賃金制度と積極的労働市場政策のミックスである。平均的なレベルでの連帯的賃金は、生産性の高いセクターにとっては、多くの資本蓄積を可能にし、それをさらなる生産や投資へと利用することを可能にする。他方、生産性の低いセクターにとっては、過剰な人件費の負担を意味するため、生産性向上のための努力をもたらし、十分に適応できない場合には市場からの撤退を余儀なくされることを意味する。市場からの撤退に伴い生じた余剰労働力は、積極的労働市場政策を通じて、生産性の高いセクターへと配置される。このようなメカニズムに加えて、それを支えるマクロ経済政策が連動することにより、一国経済全体の生産性や競争力を維持してきた。他方、日本モデルは、スウェーデンと異なり、公共事業を積極的に展開することを通じて、生産性の低いセクターも維持してきた点に特徴がある。しかし、その一方で、スウェーデンと同じように、生産性の高いセクターが持続的に拡大していくようなメカニズムも存在している。つまり、行政指導などを通じて、将来性のある競争セクターを育成するための支援を行うが、それらのセクターの中では激しい競争を展開させることによって、継続的に発展していくようにするのである。さらに、賃金設定に関しても、生産性上昇を上回らないようにする独自のメカニズム（春闘）を築きあげた。つまり、日本では、保護セクターの維持と競争力あるセクターの支援を両立させながら経済発展を可能とする政治経済システムを形成したといえる。

両国と比べた時のオセアニアモデルの特徴は、その保護的・消極的な性格にある。国内製造業セクターと労働者階級という政治的基盤にも明らかなように、競争力あるセクターを支援するための政策手段を欠く一方で、競争力のないセクターを肥大化させる傾向も持つ。すなわち、経済領域への国家介入は関税政策やマクロ需要管理にとどまり、積極的な労働市場政策や産業政策は十分に実施されず、保護主義的政策によって、競争力のないセクターが維持されることになった。これが示唆することは、オーストラリアは、日本やスウェーデンと比べると、経済成長の潜在的可能性が低く、そのため早期に福祉国家の危機に直面しやすいということである。

（6）　その他の批判として、ワッツ（Watts 1997）は、キャッスルズの分析が機能主義的で実証主義的な方法論に依拠しているため、社会政策の歴史的展開を軽視していることを批判する。また、シュワルツ（Schwartz 1998）は、キャッスルズの分析がオーストラリアモデルの特徴を捉えているものの、なぜそのような特殊なモデルが形成されたのかが明らかにされていないことを指摘し、アクターの合理的な選択によって形成されたことを主張する。すなわち、資本の流動性および借り入れへの依存というオーストラリアの経済状況を前提とすると、諸アクターは、将来の賃金および給付への高い割引率を持つために、オーストラリアモデルの形成に向かう動機を持つのである。

（7）　キャッスルズ（Castles 1996）によれば、持ち家率は戦後を通じて高く、近年でも安定している。

（8）　フーバーら（Huber and Stephens 2001, Table7.3）のデータによると、九〇年における高齢者一人あたりの生産年齢人口の数は六・〇人である。ＯＥＣＤ平均の四・九人に比べると人口構造の若さが分かる。また、キャッスルズ（Casltes 2004, Table6.1）のデータによると、六五歳以上の人口比は、オーストラリア（とＯＥＣＤ平均）で、六〇年で八・二％（九・六％）、八〇年で九・六％（一二・六％）、九八年で一二・二％（一四・九％）となっている。

（9）　シェーバー（Shaver 1999）は、近年のオセアニアモデルの変化の傾向を、男性稼得者モデルから、二人稼ぎ手モデルへの移行と整理する。そこでは、女性労働の増大や女性のライフコースの変化に適応するため、①所得保障の適格性の基礎として、配偶者依存から雇用可能性を重視する改革が実施され、②給付のエンタイトルメントの個人化が進み、③普遍的サポートからターゲット化された給付へと転換しているという傾向を持つ。一方、九〇年代の政策展開を分析した論文（Shaver 2002）では、アクティベーションや参加が強調されるようになった結果として、福祉が社会権に基づき提供されるものから条件に依存したサポートへと転換され、受給者は独立した主体として扱われることからパターナリスティックに監督されるようになりつつあることを説いている。

（10）　その後、八二年には、イギリスが占める輸出の割合は三・七％になり、輸入先として占める割合は七・二％にまで落ち込んだ（Castles et al. 1996, Table2.1）。イギリスに代わる新たな貿易先として、アジア（特に日本および東南アジア諸国）やアメリカが台頭している。

（11）　一九六八年における製造業の実効保護率は、セクターごとに大きなばらつきがあるが、製造業全体で三六％であった（竹田ほか編 2007）。

(12)　ウィットラム政権の特徴が最も現れているのは、外交政策や教育政策と考えられている。外交政策では、アジア太平洋地域の重視を打ち出し、白豪主義を正式に撤回し、多文化主義へのコミットを強めていった。教育政策では高等教育の無料化を推進している。

(13)　各論者は、社会政策の伝統の位置づけやウィットラム政権の特徴をどう位置づけるかに関しては評価が分かれるものの、ウィットラム政権が再分配を重視し、社会政策の充実を目指したという点に関しては概ねの合意がある。スミス (Smyth 2002) はフェビアン社会主義的な福祉国家の試みと捉え、マドックス (Maddox 1989) は労働党の潮流の中でも、自由・平等・連帯を重視するキリスト教社会主義の伝統に依拠しているとみなすのに対して、メンデス (Mendes 1999, 2003) やキャッスルズ (Castles 1988) はヨーロッパ型の社会民主主義への転換とみなす。他方、ジョンソンは、人道主義的な資本主義システムの形成のために、階級利益の共通性を前提として、経済成長の促進に重点を置いた社会政策の整備がなされたことを主張し、従来の伝統と合致していることを主張する (Johnson 1989)。

(14)　ベル (Bell 1993) は、この関税政策の転換が可能となった背景として、関税委員会の独立性、産業資本の弱体化、政府内のバランス変化、および、経済状況の悪化などを指摘する。ラーイ (Leigh 2002) は、労働組合や党内からの積極的な支持が存在しなかったにもかかわらず、関税のカットが実現したのは、経済危機という状況下で、ウィットラムの個人的な信念の影響が大きかったことを指摘する。

(15)　メンデスは、フレーザー政権の社会政策の特徴を、社会的リベラルと個人主義という二つの理念に由来するものとして整理する (Mendes 2003)。

(16)　ゴルドフィンチは、経済政策の傾向として、①変動相場制の導入および金融市場の規制緩和、②緊縮財政による財政赤字削減へのコミット、③税基盤の拡大、④インフレ撃退へのコミット（金融政策目標の転換）、⑤労働市場の規制緩和、⑥経済の効率性を高めることを目指したミクロ経済的な自由化、⑦公社化や民営化の実施などを挙げる (Goldfinch 2000)。

行政組織の改革は、支出の削減や経済の効率性を追求する手段として、重要な政策課題とされた。例えば、大規模な省庁再編、エージェンシー化の導入、決定と実施の分離などに代表される政府部門の組織改革、公営企業の公社化・民営化の推進、国有資産の売却などが進められた。シュワルツは、これらが可能となった要因として、支持調達基盤の動揺や経済のグローバル化の進展という文脈の中で、支持調達手段として利用する政治家、生産性に見合った賃金分散を求める輸出セクター労組、小さな政府を実現し税負担を下げることにより競争力の確保を求める輸出セクタービジネス、および、経済運営における自律性の回復を目指す経済官僚など、諸アクター間での利益が一致したことを挙げている（Schwartz 1994a, 1994b, またConsidine and Lewis 1999, 2003も参照）。

（17）アコードについては、以下の文献も参照（Singleton 1990, Stilwell 1986, 石垣 1999, 杉田 2007）。

（18）メンデス（Mendes 2003, 2008）は、ターゲット化戦略の問題点として、賃労働における不平等を改善せず、既存の社会保障システム内における財源の再配置にとどまるため、全体として再分配効果が少なく、他者の権利を犠牲にした上での改善にすぎないことを指摘する。そのため、社会における不平等の改善につながらず、貧困の緩和・除去に役立つのみであることを主張する。

（19）カプリングらは、バトン大臣の産業調整プランの特徴を、関税・非関税障壁を除去する一方で、困難に直面している製造業セクターに産業調整支援策を提供する点にあることを指摘している（Capling and Galligan 1992）。この産業調整支援策は、バトンが大臣就任後のヨーロッパ訪問時にスウェーデンに立ち寄った際に、小国で開放経済下という状況で強い製造業セクターに依拠したスウェーデンモデルのパフォーマンスの高さに、国内製造業の復活のヒントを発見したことに由来している。主に、製鉄業、自動車産業、繊維・服飾産業などを対象に実施された。

（20）他国との比較という点では、「アコード」を利用した政労協調による改革の試みは、従来型の社会的保護の非効率性を緩和し、生産性上昇のための諸政策を導入することで、効率と公正の新たな両立を模索しているため、第三章で言及した、ヨーロッパ諸国における政労協調による刷新の試み（Bonoli 2000, Ebbinghaus and Hassel 2000, Levy 1999）や「競争的コーポラティズム」（M. Rhodes 1998, 2001）と類似している。

（21）八〇年代のオーストラリアの再編に関する評価が分かれるポイントが「アコード」にあるとすれば、九〇年代の評価の分かれるポイントは「Working Nation」にある。好意的に評価する論者は、経済のグローバル化という新たな状況における社会民主主義的な政策（アクティベーションと戦略的な経済介入に基づく成長戦略）とみなし（cf. C. Pierson 2002, 2007）、好意的に評価する論者と同じくその意義を認めながらも諸要因（国家の調整能力不足や経済状況など）から成果が達成できなかったとみなす論者（cf. Bell 1997a, 1997b, Jones 2005）もいる。

（22）本文中で提示した以外の仮説を導き出すことも可能と思われる。しかし、ここでは最も標準的と思われるものを検討する。

（23）仲裁システムが六八年以降大きく政治化し、労使双方からの信頼を失ったことに由来している（Schwartz 2000, RamiaやWailes

による一連の研究など)。

(24)　オリバーは、八〇年代はじめのニュージーランド労働党における党内論争に注目し、両立できると考えられていた経済再編の必要性とコーポラティズム的なコンセンサス路線の矛盾が認識された結果、経済自由主義路線が台頭してきたことを指摘している(Oliver 1989)。すなわち、コーポラティズムの導入が、労働組合に政策決定・実施プロセスにおける再編コスト負担への拒否権を与えることになり、結果として改革の障害になりうるという点を、党内の非主流派が批判したことが経済自由主義台頭の重要な契機であったことが指摘されている。

(25)　オセアニア両国の比較研究は、比較福祉国家研究という文脈ではなく、主に地域研究、比較政治経済学や比較労使関係研究の事例分析として進められてきたものが多い(Castles et al. 1996, Goldfinch 2000, Schwartz 2000, Cox 2006, Ramia and Wailes 2006, Quiggin 1998, Hazledine and Quiggin 2006, Mclelland and St. John 2006, Barry and Wailes 2004, Bray and Walsh 1998, Gardner 1995, Harbridge and Bray 2002a など)。そのため、個別の研究ごとに、様々な要因が指摘されてきた。差異をもたらした要因は、主にアクター要因、制度要因、および環境要因に整理することができる。まず、アクター要因としては、両国における政治家のリーダーシップスタイルの差異、政党内の派閥の有無、労働党と組合の関係の差異、および、ビジネス団体の組織の差異が指摘され、制度要因では、国家構造の差異、選挙制度の差異、政策決定システムの差異、および、仲裁制度の歴史的差異が指摘される。環境要因としては、八〇年代の労働党政権への政権交代当時の経済環境がニュージーランドで悪化していたことなどが挙げられる。ここで重要な点として、コックス(Cox 2006)が示唆するように、これらの要因は相互に排他的ではないため、多くの論者は複数の要因の重要性を指摘する傾向がある。言い換えれば、先行研究の多くは、諸要因の複合の結果として、オセアニア両国において、九〇年代の分岐とそれ以降の再接近が生じたと主張する。

第六章　結　論——構成・戦略論的アプローチによる福祉国家再編分析——

本章では、これまでの議論を要約した上で、残された課題を明らかにする。また、本書が依拠してきた、アイデアを媒介とした構造と行為主体の相互作用に注目する構成・戦略論的アプローチに基づく政治分析の可能性について言及する。

第一節　議論の要約と残された課題

(1) 議論の要約

本書は、アイデアを媒介とした構造と行為主体の相互作用に注目する構成・戦略論的アプローチというメタ理論に依拠し、「現代福祉国家の特徴を把握し、その動態を説明するための理論枠組」を提示し、それをもとにオーストラリアの事例分析を行うことによって、比較福祉国家論および政治学の理論的発展に貢献することを目的としていた。

まず第一章では、福祉国家論の理論的課題と構成・戦略論的アプローチの特徴を明らかにした。ここでは、福祉国家論が現代福祉国家の「特徴を把握」すること、および、その「動態を説明」することという二つの理論的課題から構成されていることを確認した。そして、「従属変数問題」および「ビジネス勢力の影響力」という論争を手がかりに、福祉国家研究を進めていく上では、福祉国家の定義を明確にし、段階論と類型論という二つの枠組を用いることによって、現代福祉国家の特徴を把握し、変容結果を明確にした後、環境の変化に主体的に対応する政治アクターという視角を盛り込んだ動態論によって、その現象を説明していく必要があることを導いた。つまり、福祉国家論を展開する上では、「特徴把握」という理論的課題に取り組むため、通時比較のための段階論と共時比較のための類型論という二つの理論枠組と、「動態の説明」という理論的課題に取り組むため、動態論という理論枠組が必要となる。また、各論点と取り組み、すでに提出された諸知見を統合する上では、新たなメタ理論的基盤が必要となる。そこで、本書では、アイデアの二つの役割を媒介とした構造と行為主体の相互作用に注目する構成・戦略論的アプローチが、実体的側面だけでなく理念的側面に注目する点で福祉国家の特徴把握に貢献し、アイデアの構成的・因果的役割に注目する点で再編プロセスにおける二つの政治的ダイナミズム（目標設定および支持調達）の理解に役立つことを確認した。

第二章では、政治経済システムとしての福祉国家の変容を捉えるための理論枠組を検討した（通時比較のための段階論）。第一章の考察をふまえ、まず福祉国家を「国家が経済過程に介入し、経済成長と雇用の確保を実現し、公共政策による再分配を通じて、市民に社会的保護を提供することにより統合を図る政治的メカニズム」と定義づけた。そして、戦後の安定的な経済成長を支えた段階を、①埋め込まれたリベラリズムおよびフォーディズム的発展様式、②性別役割分業を前提とした雇用と家族の安定性、③経済成長とその分配による平等の実現というコンセンサスに依拠し、④マクロ需要管理政策および⑤脱商品化政策から特徴づけられる「ケインズ主義的福祉国家」と捉えた。そして、先行研究をもとに、グローバル化の進展およびポスト産業社会への移行に伴い、福祉国家が大きく変容を遂げつつあることを確認した。そして、現在の段階を、①経済自由主義優位の国際経済レジームおよびポストフォーディズム的発展様式、②雇用の流動化と家族形態の多様化、③競争力の確保と社会的包摂や個人の自律という正統化言説に依拠し、④ミクロ競争力政策および⑤再商品化・脱家族化政策から特徴づけられる「競争志向の福祉国家」とした。重要な点として、諸基盤および諸政策に大きな変化はみられるものの、経済過程への介入および公共政策を通じた政治的統合という福祉国家の定義の中核部分は維持されているため、これらの変容は福祉国家の「再編」として理解できることを確認した。

第三章では、福祉国家の多様性を捉えるための理論枠組を検討した（共時比較のための類型論）。まず、比較福祉国家研究における類型論の到達点であるエスピン-アンデルセンの議論を簡単に振り返り、その意義を明らかにした。まず、彼の議論の意義は、発展段階の差異に解消できない「福祉国家の質的な多様性」という論点を、比較福祉国家研究の重要な課題として位置づけた点にある。その上で、福祉レジーム論に関する近年の議論を検討することで、エスピン-アンデルセンの分析枠組では彼自身の問題設定に十分に応えられないことを確認した。そこで福祉国家の定義に戻り、目的達成のための多様な選択肢の存在を前提として、政策領域間の機能的代替性や補完性などに注目した新しい分析枠組が必要となることを導いた。本書では、新たな分析枠組として、調整メカニズムに注目した各段階の類型論を提示した。まず資本主義の多様性論をめぐる諸議論を手がかりに、国家と社会パートナーという両調整主体の関与度から四つの調整メカニズムの理念型（国家主導、自発的交換、自主的調整および三者協調）を導いた。その上で、ケインズ主義段階に関して、先行研究の知見を参考にして、四類型（国家主導経済、市場リベラル、社会的市場経済および社民コーポラティズム）を導いた。他方、競争志向段階に関して、調整メカニズムに注目することで、政策領域間における親近性を発見し、二つの再編戦略（市場化戦略および戦略的介入戦略）および二つの政治経済モデル（交換モデルおよび協調モデル）を導いた。そして、このケインズ主義段階における四類型から競争志向段階における二類型というモデルが、再編プロセスにおける変化パターンを捉える上でヒューリスティックな価値を持つことを確認した。つまり、依拠する調整メカニズムの利用可能性が、変化パターン（経路依存的で漸進的な対応、もしくは抜本的な転換）を規定づけるという仮説が得られる。

第四章では、多様な再編プロセスをたどる現代福祉国家の動態を分析するための理論枠組を検討した（動態分析のための動態論）。まず第一節では、福祉国家再編のアウトカムを説明するための理論枠組の意義と限界を検討した。ここでは、先行研究を、利益中心アプローチ、制度中心アプローチ、そしてアイデア的要因への注目に分け、それぞれの意義と限界を明らかにし、諸理論枠組間の関係性を検討した。各アプローチはそれぞれ注目する要因は異なるが、諸環境の変化に対して、諸アクターの戦略的相互行為の結果として、福祉国家再編が生じると捉える点で、政治の重要性を考慮しているという意義を持つ。しかし、経路依存性などの概念を重視することで制度の持続性に注目する点、また諸アクターの利益・選好形成における政治性を十分に考慮しない点で、制度変化の政治的ダイナミズムが十分に考慮できていないという問題点を持つことを確認した。これらが示唆することは、福祉国家再編を説明するためには、制度変化の政治的ダイナミズムを射程に収めた理論モデルが必要になるということである。

そこで第二節では、制度変化に関する新制度論の理論的刷新を批判的に検討した上で、それらの意義と限界を明らかにし、各知見を統合した制度変化モデルの構築を目指した。歴史的制度論と合理的選択制度論の理論的交錯、および、アイデア的要因の役割に注目する第四の新制度論という二つの理論的刷新を批判的に考察した。そこでは断続平衡モデルによる制度変化の理解を相対化し、制度変化のダイナミズムを捉えようとしているという意義はあるが、アクターの利益・選好の形成局面のダイナミズムを十分に考慮できていないこと、および、各知見を統合する上での理論的基盤（メタ理論）が明確でないことという課題が残されていることを明らかにした。本書では、これらの問題点をふまえて、アイデアを媒介とした構造と行為主体の相互作用に注目する構成・戦略論的アプローチというメタ理論に依拠した制度変化モデルを提示した。このモデルの特徴は、アイデアの二つの役割（①アイデアがアクターの利益・選好を形成するという構成的役割、および、②目的達成のためにアクターがアイデアを主体的に利用するという因果的役割）を、制度変化プロセスに自覚的に位置づけることにより、二つの政治的ダイナミズム（目標設定局面および支持調達局面）を捉えようとする点にある。この制度変化モデルは、制度変化の時間性に関する理論仮説と、アイデアが制度変化の規模と性格に影響を与えるという理論仮説をもたらす。そして、この制度変化モデルは、福祉国家再編の分析に関して、以下の知見をもたらす。まず第一に、経済のグローバル化およびポスト産業社会への移行が進展し、ケインズ主義的段階における福祉国家のパフォーマンスの低下に直面する中で（客観的危機）、政治的アクターが現状をどのように把握し、改革が必要とされる政治的危機として定義づけていったかを検討する必要がある。第二に、政治的危機の構築の際に依拠していたアイデアを軸に展開される、福祉国家再編の政治に注目する必要がある。そして、第三段階として、複雑な政治過程の結果として新たに導入された政策の制度化に注目する必要がある（図6‐1）。

第五章では、理論研究で得られた段階論・類型論・動態論の有効性を確認するために、オーストラリアにおける福祉国家再編プロセスを分析した。まずオーストラリアにおける再編に関する先行研究では、特徴把握のための理論枠組に明示的に位置づけないために、賃金稼得者モデルとホーク・キーティング労働党政権の試みの差異が適切に把握されず、また労働党政権と連立政権の共通性と差異も十分に検証されていないことを指摘し、そのため、動態の説明に関しても、多様な議論が並存している状況であることを確認した。これらの問題点に関して、理論研究で得られた成果（段階論・類型論・動態論）が新たな知見をもたらすかを確認するために、「特徴把握」と「動態の説明」という各論点を検討した。

まず特徴把握という論点に関して、「ケインズ主義的段階」のオーストラリアの特徴を、「国内的保護」の政治に基

図 6–1　構成・戦略論的アプローチに基づく福祉国家分析のまとめ（筆者作成）

○構成・戦略論的アプローチ：アイデアの二つの役割（①構成的役割と②因果的役割）を媒介とした構造と行為主体の相互作用（共時的と通時的）に注目

○福祉国家の定義

・国家が経済過程に介入し、経済成長と雇用の確保を実現し、公共政策による再分配を通じて、市民に社会的保護を提供することにより統合を図る政治的メカニズム

○福祉国家再編プロセス

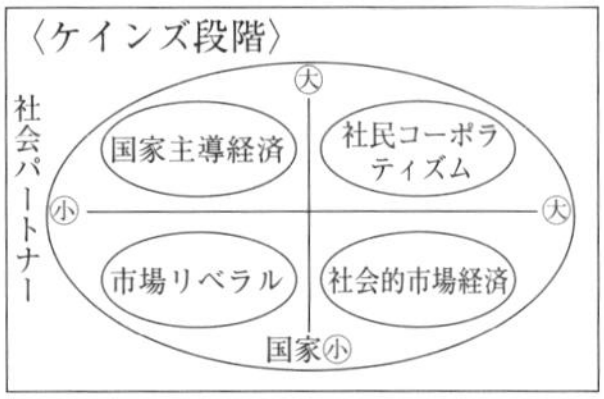

〈ケインズ主義段階〉

①経済：埋め込まれたリベラリズム＋フォーディズム的発展様式

②社会：性別役割分業を前提とした雇用と家族の安定性

③政治：階級・政党政治レベルにおける経済成長とその分配へのコンセンサス

→・マクロ需要管理政策＋脱商品化政策

〈ケインズ主義段階の多様性〉

①国家主導経済：国家が主導的な役割を担う、狭義の社会政策以外の重視

②市場リベラル：市場メカニズムの重視（国家は市場が機能するように条件整備）、資産・所得調査に基づく最低限給付による貧困の除去が目的

③社会的市場経済：社会パートナー間の調整に依拠（国家は補完的役割）、職域ベースの社会保険に基づく社会的地位の保全が目的

④社民コーポラティズム：国家と社会パートナーの三者協調、シティズンシップに基づく平等の実現

○二つの変容圧力：経済のグローバル化の進展＋ポスト産業社会への移行

〈動態論〉①ケインズ主義的段階の客観的危機状況において、新しいアイデアに依拠したアクターによる「政治的危機」の構築への注目

②政治的危機の構築の際に依拠していたアイデアを軸に展開される福祉国家再編の政治への注目

③複雑な政治過程の結果として新たに導入された政策の制度化への注目

含意：制度変化の時間性、制度変化の規模と性格に影響を与えるアイデア

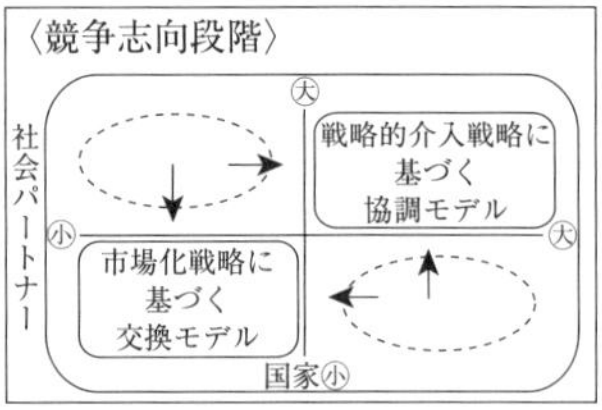

〈競争志向段階〉

①経済：経済自由主義の優位＋ポスト・フォーディズム的発展様式

②社会：雇用形態の流動化と家族形態の多様化

③政治：競争力の実現および個人の自律性や社会的包摂の強調

→・ミクロ競争力政策＋再商品化・脱家族化政策

〈競争志向段階の多様性〉

・経済政策：a 自由化・規制緩和の促進、b 戦略的産業政策

・社会政策：A 狭義のワークフェア化（＋女性の社会進出中立的政策）、B アクティベーション戦略＋女性の社会進出促進的政策

→調整メカニズムに注目することで、二つの再編戦略と二つのモデルの析出

①市場メカニズムを重視する市場化戦略（a＋A）＝交換モデル

②国家と社会パートナー間の協調を重視する戦略的介入戦略（b＋B）＝協調モデル

づいて形成される「賃金稼得者モデル」と整理した。このモデルは、①完全雇用を実現するための保護主義的諸政策およびマクロ需要管理政策から構成される経済政策、②市場で決定される水準よりも高賃金を実現する仲裁制度を通じた賃金（労働市場）政策、③一般税を財源として、資産・所得調査に基づく画一給付という形態をとる限定的な社会政策という三点から構成される。このモデルは、保護主義的な経済政策や労働市場政策を通じて、市民に社会的保護を提供している点で、「国家主導」メカニズムに依拠した「国家主導経済」モデルの類型に位置づけられる。そして、経済のグローバル化の進展とポスト工業社会への移行という変容圧力に直面して、七〇年代の両党派は、「賃金稼得者モデル」を修正する試みをなしたが、抜本的な再編と評価することはできないことを指摘した。

オーストラリアにおける福祉国家の再編は、八〇年代以降のホーク・キーティング労働党政権により実施された。労働党政権の政策対応の特徴は、以下のように整理できる。政労協調のもと、①経済政策に関しては、自由化・規制緩和の促進および戦略的産業政策の導入がなされた。②労働市場政策に関しては、生産性上昇と賃金上昇をリンクさせ、企業レベルでの賃金決定を促進するなどのフレキシビリティを追求することで、競争力への寄与を目指す一方で、最低保障を提供するメカニズムとしての仲裁制度の維持がなされた。③社会政策に関しては、財政負担を減らしつつ社会的公正の実現を目指す一方で失業者や新しい社会的リスクに直面した人々を労働市場に統合するため、教育やトレーニングの整備などのアクティベーション政策や、保育などの社会サービスの拡充および労働と家庭のバランスを見直す政策などの女性の社会進出促進政策が実施された。これらの労働党の試みは、政労協調に依拠した「戦略的介入戦略」を採用した結果として、「交換モデル」に接近したと評価できる。

他方、ハワード連立政権は、労働党政権で実施されなかった領域に関して、さらなる自由化・規制緩和を進める一方で、上院で多数派を占めるまでは政治的妥協を繰り返した。結果として、①経済政策に関しては、自由主義化・規制緩和の推進および戦略的介入の実施を行い、②労働市場政策に関しては、仲裁制度の役割を極限まで縮小し、個人契約化を促進するなど、市場メカニズムの導入を図り、③社会政策に関しては、職業紹介サービスへの入札制度の導入や相互義務の強調などによる労働市場への統合の強制という側面が強くなる一方で、性別役割分業を前提とした世帯を優遇する税制や出産手当・子供ケア手当の整備など、一部の領域では拡充・維持が行われた。したがって、再商品化に関しては、労働市場拘束モデルに代表される狭義のワークフェア化が進展し、脱家族化に関しては、女性の社会進出中立的な政策が進められたといえる。これらの連立政権の試みは、市場メカニズムの役割を信頼し、「市場化戦略」を採用した結果として、「交換モデル」に接近したと評価できる。

以上のように、「特徴把握」のための段階論・類型論を用いることで、「賃金稼得者モデル」とホーク・キーティング労働党政権による再編の差異、ホーク・キーティング労働党政権による再編とハワード連立政権による改革の共通性と差異をより適切に理解することができる。まず両政権の共通性は、「国内的保護の政治」に基づく「賃金稼得者モデル」からの離脱を目指した点にあり、差異は、上述のような政策レベルだけでなく、国家の役割やマイノリティーの位置づけなど、正統化言説のレベルでも生じている。したがって、両者は質的に異なる政治経済モデルの構築に向かっていたと考える必要がある。

次に「動態の説明」という点に関して、まずオーストラリアにおける福祉国家再編は、三つの時期に整理できる。第一期は、賃金稼得者モデルからの部分的離脱（再商品化・脱家族化の推進という側面は弱い）、第二期は、「戦略的介入戦略」による「協調モデル」への接近、第三期は、「市場化戦略」による「交換モデル」への接近と整理することができる。これらの再編パターンは、既存研究（とりわけ党派性に注目する権力資源動員論など）の理論枠組によって説明できる点が多いが、再編のタイミング、労働党政権内部での政策転換、再編に伴い生じている正統化言説の変化を捉えるためには、不十分といえる。そこで、制度変化プロセスにおけるアイデアの構成的役割と因果的役割に注目する動態論は、政策パラダイムの転換、政策アイデアによってもたらされるアクター間の予想の収斂、アイデアを駆使した支持調達の重要性を射程に収めることで、より適切に分析できることを確認した。

以上のように、オーストラリアにおける福祉国家再編の分析を通じて、理論研究で得られた成果である段階論・類型論・動態論は、先行研究で十分に分析できなかった論点に関して、新たな知見をもたらしたという点で有効性をもっていることが確認できた。

(2) 残された課題

以上のように、ここまでの議論によって、構成・戦略論的アプローチというメタ理論に依拠し、「現代福祉国家の特徴を把握し、その動態を説明するための理論枠組」を提示し、それをもとにオーストラリアの事例分析を行うことによって、比較福祉国家論および政治学の理論的発展に貢献するという本書の目的は一定程度果たされたと思われる。しかし、本書には多くの課題が残されている。今後取り組むべき課題として、経験分析上の課題および理論上の課題に分けて整理する。

経験分析上の課題として、まず第一に、より詳細な事例分析が不可欠である。本書では、理論研究で得られた成果の妥当性を確認するために、オーストラリア（およびニュージーランド）における福祉国家再編を分析してきた。そこでの分析はあくまでも理論枠組を用いて、先行研究の知見を再解釈するレベルにとどまっており、経験分析としては不十分といわざるを得ない。とりわけ、動態論に関しては、再編プロセスにおけるアイデア的要因の重要性を証明する必要があり、より厳密な分析が望まれる。今後は、オーストラリア研究としてもより意義のある研究になるように、本格的な実証分析を行う必要がある。

第二に、事例の対象を広げることが望まれる。具体的には、対象国となる事例を増やすこと、および、時系列を広げることが考えられる。本書では、オーストラリアにおける再編を中心に、ニュージーランドにおける再編に簡単に言及したのみである。理論研究の妥当性がこれらの事例において確認されたことは、他の先進諸国の分析においても有効であることを必ずしも意味しない。したがって、オセアニア両国に他国も加えることで、事例分析をより充実させていくことが望まれる。その候補としては、例えば、日本が考えられる。近年の研究（新川 2005, 宮本 2008, Estevez-Abe 2008など）が明らかにしているように、日本も、オーストラリアと同様に、「福祉国家の黄金時代」には、狭義の社会政策以外の手段（例えば、企業福祉や公共事業による雇用保障など）を用いて、市民に社会的保護を提供してきた。したがって、再編以前の出発点には類似点がある。しかし、その後の再編プロセスは、大きく異なるものとなっている。本書で確認してきたように、オーストラリアでは八〇年代以降、ホーク・キーティング労働党政権およびハワード連立政権によって、多様な再編戦略が実施されたが、日本では九〇年代以降、市場メカニズムを重視し、自由主義化・規制緩和が進められた。これらの差異（再編の方向性およびタイミング）をもたらした要因を比較分析することには、比較福祉国家研究上の意義があると思われる。次に、時系列を広げるという点に関して、福祉国家の形成・発展段階から、事例分析を始めることが望まれる。本書では、「ケインズ主義的段階」から「競争志向段階」への再編という「福祉国家の変容期」に重点を置いて、理論枠組を形成し、簡単な経験分析を行った。現在の福祉国家の形態が過去の政治プロセスの遺産である以上、現在の特徴を把握し、その動態を分析する上では、時系列を広げることが必要となる。具体的には、福祉国家の形成・発展段階にも分析の射程を広げることが望ましい。福祉国家の展開が経路依存的なプロセスをたどることは、第四章で言及したように、多くの研究で明らかにされている。福祉国家の歴史性を理解することは、現在の特徴を把握し、政治的ダイナミズムを理解する上で有益といえる。

次に本書には、理論的課題も残されている。まず「特徴把握」という点に関して、例えば、本研究は、ジェンダー研究による福祉国家分析の知見を十分に吸収できているとはいえない。第二章・第三章では一部の研究に言及しているが、近年では、福祉国家と家族の関係について、多くの研究成果が蓄積されつつある。これらの知見を参考にして、段階論と類型論の刷新が必要となる。また、両理論枠組とも福祉国家研究の先行業績を批判的に検討する中から導き出したものであるが、研究の分業化が進み、多くの成果が蓄積されている現状をふまえると、特徴把握のための理論枠組を形成する上で検討しなければならない業績を見落としていることも考えられる。そのため、経済・社会・政治という三つの基盤、および、経済政策および社会政策という二つの政策領域から、特徴を把握するという本書の理論枠組は、常に再検討に開かれていなければならない。例えば、オーストラリアの再編を分析する際に注目していたように、労働市場政策という領域を加えることも、特徴把握にとって有効かもしれない。

続いて、「動態の説明」という点に関して、まず再編プロセスにおけるアイデアの役割（構成的役割と因果的役割）を検証するための理論上・方法論上の工夫が不可欠である。第四章で紹介したように、福祉国家論に限らず、現代政治学において、アイデア的要因の重要性に注目する研究は増えつつある。その中で採られている方法も参考にして、より説得的な分析が展開できるように工夫が必要となる。また、実証分析を説得的に行うために、より検証しやすい仮説に分解するなど、制度変化モデルをさらに精緻化していくことも望まれる。本書で提示した制度変化モデルは新制度論における理論的刷新の意義と限界をふまえたものとなっているが、制度変化をどう捉えていくかという論点に関しては、近年でも多くの業績が蓄積されている。本書で批判的に検討できなかった業績の中にも、重要なものが残されているかもしれない。新たに蓄積される研究成果をふまえて、提出した動態論を適宜刷新していく必要がある。

そして、「メタ理論」としての構成・戦略論的アプローチもより精緻化していく必要がある。アイデアを媒介とした構造と行為主体の相互作用に注目する本アプローチは、①政治学における構成主義的視角をベースに、②ストラクチャー・エージェンシー問題における先行研究を批判的に検討することを通じて得られたものである。まず構成主義的視角については、第一章で言及したように、(国際)政治学だけでなく、社会諸科学で多くの業績が蓄積されている。これらの知見の中に、自らのアプローチを、あらためて位置づけ直す必要がある。またストラクチャー・エージェンシー問題についても、社会理論を中心に多くの業績が蓄積されている。本アプローチは、多様な業績の中でも、アーチャーの形態生成論およびジェソップとヘイの戦略・関係論アプローチを、批判的に検討することを通じて得られたものである。この論点に関しても、第一章の注で言及したように、ギデンズの構造化理論やバスカーの批判的実在論をはじめ、ビーバーとローズの解釈アプローチなど、社会理論や政治学の領域で多くの研究が蓄積されており、本書では十分に検討できていない理論も存在している。今後はこれらの理論を批判的に検討する中で、本アプローチをさらに精緻化していくことが望まれる。

以上のように、本書は、構成・戦略論的アプローチに基づく、「現代福祉国家の特徴を把握し、その動態を分析するための理論枠組」を提出するという目的を一定程度達成したものの、そこには理論上および経験分析上の課題が残されている。今後は、これらの課題について取り組んでいくことが必要である。

第二節　現代政治学における構成・戦略論的アプローチの可能性

本節では、本書全体の結論として、本書で提示した構成・戦略論的アプローチの政治学における可能性について言及する。本アプローチに基づく政治分析は、現代政治学に一定の理論的貢献をなし得ると思われる。例えば、第四章で提示した制度変化モデルは、先行研究の意義と限界をふまえ、制度変化の二つの政治的ダイナミズムを射程に収めようとしている点で、新制度論の理論的発展に貢献している。以下では、その他の貢献として、まず現代政治学の重要な論点のひとつである、国家の変容、それに関連した権力のあり方という論点に関して得られる知見を取り上げる。そして、最後に本アプローチの政治学上の意義について言及する。

(1) 国家の変容に関する知見

まず構成・戦略論的アプローチが国家の変容に関してもたらす知見から検討してみよう。第二章で論じたように、国家の衰退を強調する論者は、経済のグローバル化によるマクロ経済政策能力の衰退、超国家機関や地方自治体への権限委譲などの傾向を根拠として、国家全体の衰退を主張した。しかし、オーストラリアの事例においても確認されたように、国家は、マクロ経済政策領域での政策能力を喪失したとしても、その他の政策領域（産業政策、労働市場政策、社会政策など）での介入能力を保持し続けており、諸困難に直面しながらも政策目標を達成している。さらに、オーストラリアでは、保護主義やマクロ需要管理政策というマクロレベルでの介入を放棄する一方で、産業レベルでの介入を強化させた。つまり、目標達成のため、国家は多様な政策手段を保持しており、それらを創造的に組み合わせることによって、ある領域で失った能力を補完・代替しているといえる。しかしながら、国家の変容に関する従来の研究では、特定の政策領域に注目し、機能的補完性や代替性など、制度間の関係性をふまえた分析が不十分であった。したがって、国家の変容を検討する上では、諸政策領域間の関係性の変化を分析することが重要となる。例えば、オーストラリアの再編では、その当初賃金抑制の手段として利用されていた「アコード」が、経済的な効率性獲得の手段として利用され、「再商品化」が論点になる中で、社会政策と労働市場政策の結びつきが強化された。

この政策領域間の関係性の変化に加え、諸アクター間の相互依存が深まることは、国家の間接的な影響力行使の可能性の拡大を示唆する。アクターの相互依存による国家の影響力の拡大という視点は、第二章で言及したように、マン（Mann 1984）の「インフラストラクチャーパワー」への注目[1]、ワイス（Weiss 2003）の「管理された相互依存の増大」への注目[2]、EUなど多アクターが関与する政体の政策能力に関するシャープ（Scharpf 1988, 1996, 2002）による研究など[3]、すでに先行研究で多くの知見が蓄積されている。ここで、構成・戦略論アプローチが新たに付加できる知見は、その影響力行使の形態である。先行研究は、間接的な影響力行使の基盤として、政策ネットワークやアクター間の調整手続など、相互依存の深化を支える制度的な側面の重要性を強調する。これらの制度的な基盤に加えて、構成・戦略論的アプローチは、理念的側面の重要性を示唆する。すなわち、国家は、アイデアの二つの役割を通じて、政治的な影響力を行使することができる。例えば、第二章で紹介したグローバル化のアイデア的インパクトにあるように、国家は、政治目標の設定や政治行為の文脈を規定すること（構成的役割）、政府介入の必要性や正統性のアピールによる支持調達を実現すること（因果的役割）などができる。つまり、国家は、相互依存の制度的基盤の利用だけでなく、アイデア的要因を用いて、政治目標や文脈の設定および支持調達を行うことによって、国家の影響力を強化すると考えられる。

これらの知見は、より一般的に、国家など大規模な組織における協力・連帯の基盤としてのアイデア的な要因の重要性を示唆している。「合理的個人ならば協力しない」という集合行為問題に関するオルソン（Olson 1965）の問題提起を受けて、社会科学では「なぜ合理的個人が協力をするのか」という課題に取り組んできた。小規模集団であることや選択的誘因の存在というオルソン自身の知見に加え、自己管理的な監視メカニズムの設置や情報を共有し討議による解決を促す決定手続など、合理的個人が協力するための基盤としての制度メカニズムの重要性[4]が指摘されてきた（cf. Ostrom 1990, Rothstein 1998）。近年では、パットナムによる問題提起（Putnam 1993）以来、社会関係資本や信頼が注目を集め、これらの重要な機能として、個人間の協調の促進が指摘されている[5]（cf. Putnam 2000, Rothstein 2005, Farrell 2005）。

構成・戦略論的なアプローチは、これらに加えて、アイデア的要因の重要性（特に構成的役割）も示唆している。確かに、アイデア的要因の可能性自体は、国家におけるイデオロギーの重要性[6]を指摘するノース（North 1981, 1990）やリーヴィ（Levi 1981, 2002）そして、アクター中心制度論[7]を展開するシャープ（Scharpf 1997）などでも指摘されている。しかし、これらの諸研究は、特定の利益を持つアクターを前提として、諸個人が協力するための制度的基盤を補完する要素としてのアイデア的要因に注目するにすぎない。しかし、アイデアは、アクターの利益を形成するという構成的役割も持つ。つまり、アイデア的要因は、アクターの利益や「合理性」観念自体を形成し、また政治的行為の文脈の意味を設定することによって、協力の基盤を提供しうるのである。言い換えれば、構成・戦略論的アプローチに依拠し、アクターの利益や選好がアイデア的要因によって形成されると考えることによって、協調や連帯の基盤への視野は大きく広がるといえる。

（2）権力に関する知見

続いて、権力に関する議論にもたらす知見について検討しよう。福祉国家研究では、権力資源動員論に代表されるように、観察可能な対立に注目する行動論的な権力理解を克服する理論的な試みがなされてきた。例えば、第四章で紹介した権力資源動員論の代表的論者であるコルピ（Korpi 1985, 2001）は、既存の権力論が権力の行使に注目し、因果的説明に依拠していることを批判する。彼は、権力に関する研究は、権力行使ではなく、権力資源[8]に注目しなければならないことを主張し、因果的説明を、アクターの願望や信念を考慮に入れた意図的説明によって補完する必要を説く（Korpi 1985, p. 31）。そうすることによって、権力論の射程が大きく広がるのである。具体的には、権力資源の行使形態として、直接・短期的行使のみならず、間接・長期的投資を捉えることが可能となる。コルピは前者が行動論的な権力行使であることを示唆する一方で、後者の例として、「権力資源の動員のためのチャネルの発達」、「決定や対立調整のための制度形成」、「コストがかかる権力資源からより少ないタイプへの転換」および「予期された反応の促進」という四つのパターンを示す。つまり、権力を資源として捉えることによって、従来の行動論的な権力論では十分に分析されていなかった間接・長期的な行使形態にまで理論的射程を広めたという点で、コルピの試みには大きな意義がある。

ここで構成・戦略論的アプローチは、権力資源の行使形態に関する知見をもたらすことができる。コルピの整理では、権力行使における形態（直接—間接）と効果が現れる時間軸（長期—短期）が十分に区別されておらず、間接的な行使は長期的な効果を持つものとして想定されている。しかし、アイデアの二つの役割を考慮することによって、行使形態と時間軸を区分することが可能となり、権力資源の行使形態を四類型に拡大しうる。つまり、権力の行使形態として、第一に、行動論的な権力行使（決定の場で観察可能であり短期的に効果が現れるという点で、直接的—短期的）、第二に、制度形成への投資（決定の場で観察可能だが長期的なインパクトを持つという点で、直接的—長期的）、第三に、アイデアの因果的役割を駆使した支持調達（決定の場で権力行使を直接的には観察できないが、短期的な効果をもたらすという点で、間接的—短期的[9]）、そして、第四に、アイデアの構成的役割を利用した利益の形成プロセスへの介入（決定の場で観察できず、さらに長期的な効果をもたらすという点で、間接的—長期的）に整理できる。この整理を利用すれば、権力資源動員論による福祉国家分析は、権力資源の行使形態として、理念的側面の重要性も考慮することにつながり、より充実した分析につながると考えられる（アイデアと権力の関連については、Béland 2010も参照）。

これらの多様な権力行使の形態の発見は、権力そのものの定義の刷新へとつながる。権力論のひとつの到達点(10)として、ルークス（Lukes 1974）の三次元的権力がある。彼は、権力の行使を観察可能なものと捉える行動論的な決定権力（一次元的権力）、および、アジェンダ設定など観察不可能な行使形態を指摘し、行動論的な想定を批判した非決定権力（二次元的権力）に対して、両者とも主観的な利益の対立を前提としていることを批判し、利益の対立を顕在化させない選好形成としての権力（三次元的権力）を提示する。ルークスの三次元的権力の特徴は、客観的な利益対立の存在を前提としている点にある。しかし、上述の権力の行使形態の四類型が示すように、権力は必ずしも利益の対立（主観的もしくは客観的）を前提とするとは限らない。すなわち、アイデアの構成的役割を通じて、利益や選好を形成するという側面も存在する。これが示唆することは、権力概念を、対立の契機を前提とするものとして捉えることを相対化する必要である。ここで、ヘイによる整理は有効な手がかりを提供している。例えば、ヘイは、権力を、直接的な「行為を形成する力」に加えて間接的な「文脈を形成する力」として定義する（Hay 1997, pp. 50–51, 2002, pp. 184–187）。ここで重要な点は、ヘイの権力概念が直接的な権力行使だけでなく、間接的な権力行使の形態も含み、さらに必ずしも対立を前提としていない点にある。つまり、彼の議論を手がかりとして、構成・戦略論的アプローチに基づくと、「権力とは、あるアクターが、直接的・間接的手段を通じて、短期的・長期的に、他者の行為を変化させる能力を意味し、その行使形態は手段（直接的もしくは間接的）および効果が現れる時間的側面（短期的もしくは長期的）に応じて四つのタイプが存在する」として捉えられる。以上のように、構成・戦略論的アプローチは、多様な権力行使の形態の整理につながり、権力論に対しても一定の貢献をなすと期待できる。

（3）構成・戦略論的アプローチの可能性

それでは最後に、構成・戦略論的アプローチの政治学における可能性について検討する。構成・戦略論的アプローチは、本書が主として検討してきた福祉国家論の理論研究に関する基礎となる点に加え、新たな制度変化モデルの提示、国家の変容や権力の捉え方への知見など、政治学における重要な論点への貢献も期待される。これらに加えて、以下で確認するように、本アプローチは、政治分析一般におけるメタ理論的な基礎となることが期待される。

現代政治学において、理論潮流のひとつとなっているのは、第四章で紹介した新制度論[11]である。当初は、合理的選択制度論、歴史的制度論、社会学的制度論という三つのアプローチが提示された。その後、多くの研究成果が蓄積され、各アプローチ間の批判的対話が続けられる中で、近年では、合理的選択制度論と歴史的制度論の間に収斂がみられる一方で、アイデア的要因に注目する第四の新制度論が提出されるなど、現在も理論的刷新が続いている。そして、上述のように、これらの理論的刷新の知見の間には補完性があり、さらなる理論的発展が進むことも予想される。

しかし、この新制度論における理論的収斂は、その当初の問題提起を思い起こすと、驚くべきことのようにも考えられる。なぜならば八〇年代に初めて「新制度論」という用語を利用したとされるマーチとオルセン（March and Olsen 1984, 1989, 1996）は、行動論と合理的選択論を強く批判する形で、自らの議論を提出していたからである。彼らは、当時の主流派であった両潮流を、文脈主義、還元主義、功利主義、道具主義、機能主義として批判し、政治のシンボル的な側面や適切性の論理の重要性を強調していた。少なくとも、新制度論を「社会科学の理解に関する重要な認識論的パースペクティブ」とみなしうる（March and Olsen 1984, p. 738）としていた点に明らかなように、彼らは、政治学におけるパラダイム転換を模索していたと考えられる。しかし、「新制度論」を主導したマーチとオルセンの当初の問題提起にもかかわらず、その後の理論的な到達点は、パラダイム転換の成功ではなく、合理的選択制度論を含む形での理論的収斂である。

それでは、なぜマーチとオルセンの問題提起は、当初の批判対象であった合理的選択論の流れを汲む、合理的選択制度論を含んだ新制度論の理論的収斂へと展開していったのであろうか。この問題を考える上では、社会科学における制度論的転回に関して考察したジェソップの整理が有益となる。彼は、制度論的転回を、諸制度が研究の主要なテーマに含まれることを意味するテーマ的転回、諸制度が社会生活を調査・研究する際の有益な出発点を提供することを意味する方法論的転回、諸制度が社会的存在の根本的な基礎を形成しているということを意味する存在論的転回に分ける（Jessop 2001, p. 1214）。このジェソップの整理を用いると、マーチとオルセンの問題提起は、その意図にもかかわらず、テーマ的転回および方法論的転回の次元にとどまっていたために、パラダイム転換を示唆する存在論的転回に成功せず、結果として、批判の対象であった合理的選択論の流れを汲んだ合理的選択制度論を含む、現在の新制度論における理論的収斂へと展開していったと考えられる。すなわち、彼らは、新制度論を「認識論的パースペクティブ」とみなしうると主張したものの、それが政治分析にどのような知見をもたらすかに関して、議論を深めることはなかった。むしろ、主流派が制度的要因を見落としている点を批判し、テーマや分析の出発点としての制度の重要性を指摘するにとどまっていたのである。言い換えれば、マーチらは、政治現象の特徴に言及しながらも、どのようにアプローチするかというメタ理論的な基盤に関する議論を正面から展開しなかったために、政治学のパラダイム転換を模索するという当初の問題提起を深めることができなかったと考えられる。[12]

ここで検討すべきは、現在生じている新制度論の理論的刷新のメタ理論としての可能性である。もしこの理論的刷新に政治学のアプローチとして問題点がないのであれば、政治分析のメタ理論として期待を持つことができる。しかし、第四章で検討したように、そこには制度変化プロセスにおける利益形成局面の軽視という問題点が残されていた。

言い換えれば、政治の目標設定局面のダイナミズムが軽視されているのである。したがって、マーチとオルセンの当初の問題提起を引き継ぎ、そして、政治の支持調達局面だけでなく、目標設定局面を射程に収めた政治分析を行うためには、新たなメタ理論が必要となる。

ここでアイデアの二つの役割（①構成的と②因果的）を媒介とした、構造と行為主体の相互作用に注目する構成・戦略論的アプローチは大きな意義を持つといえる。第一章で整理したように、アイデアの構成的役割は、漠然とした社会現象を解釈・意味づけることによって達成すべき政治目標を設定するという点で、政治の目標設定機能とリンクしている。因果的役割は、特定のアイデアにより設定された目標に向けて、アイデアなどを主体的に利用することにより支持を調達するという点で、政治の支持調達機能とリンクしている。言い換えれば、アイデアの二つの役割を政治プロセスの連続に位置づけることによって、二つの政治的ダイナミズムを分析の射程に収めることができるのである。ホールが指摘するように、政治とは「単に権力を求める争いだけではなく、利益の解釈をめぐる争いでもある」（Hall 1997, p. 197）ならば、政治の目標設定局面と支持調達局面という二つのダイナミズムを射程に収めた構成・戦略論的アプローチは、政治分析のメタ理論として有効性を持つと期待できる。

以上のように、アイデアを媒介とした構造と行為主体の相互作用に注目する構成・戦略論的アプローチは、本書で主として検討してきた福祉国家論の理論研究の基礎となるだけでなく、政治学上の重要な論点への知見を提供したり、政治分析のための有効なメタ理論になりうると考えられる。実際の経験分析に利用するためには、本書で福祉国家論に即して検討してきたように、本アプローチに基づいた段階論・類型論・動態論を展開するなど、まず理論研究が不可欠となる。この作業は手間のかかるものであるが、そこで得られた成果は、第五章で行った端緒的な事例分析でも確認されたように、先行研究では十分に検討されていない新たな知見をもたらすことができる。つまり、構成・戦略論的アプローチに基づく政治分析は、現代政治学に新たな貢献をなしうると考えられる。

注

（1）マン（Mann 1984）は、国家の二つの権力として、「専制的パワー」と「インフラストラクチャーパワー」を提示する。前者は、市民社会集団と制度化された交渉なくしてエリートが実施しうる行為の範囲を指し、後者は、国家が市民社会に浸透しその領域で政治的決定を実施しうる能力を指す。彼の主著（Mann 1986）では、この権力行使の形態の差異などに注目しながら、社会システム（特に国家）の形成・発展・変容の歴史分析が行われる。社会の構造や歴史は、四つの源泉（軍事的諸関係、経済的諸関係、イデオロギー的諸関係、政治的諸関係）を持つパワーの相互関係から理解できると指摘する。

（2）ワイス（Weiss 2003, p. 308）は、国家の変容に関して、「グローバル市場の主要な制度的インパクトは、支配のステイティスト的形態を弱め、管理された相互依存の諸形態の増大をもたらす傾向がある」としている。「管理された相互依存」には、公私のパートナーシップ、政策ネットワーク、情報交換、および自己規制などが含まれる。

（3）シャープ（Scharpf 1988, 1996, 2002）は、利害の異なる多様なアクターが参加し、全会一致原則が存在するために政策決定が困難となる状況（いわゆる「共同決定の罠」）における、合意達成能力を補完するための諸制度・手続きや諸戦略に注目する。その中で、共通の利益や価値に言及する政策決定スタイル（問題解決型）の採用（1988）やEUレベルにおける多様な政策調整メカニズムの存在（1996, 2002）の有効性を指摘する。しかし、その一方で、これらの諸制度や諸戦略の限界も指摘し、根本的な制度改革の必要性を強調する。

（4）例えば、オストロムは、共有資源の管理という社会的ジレンマ状況の解決策として、国家もしくは市場というメカニズムしか存在しないと捉えることが誤りであることを指摘し、自己管理的な制度メカニズムによる協調の可能性が存在することを説く（Ostrom 1990）。（その後、オストロムは、「合理性の第二世代モデル」として、「互恵性、評判、および信頼」を盛り込むことを提唱している（Ostrom 1998）。オストロムの議論に関する政治学上の意義については、小野（2001）を参照）。ロススタインは、利害関係者を公的討議プロセスへ参加させ合意へと導く決定手続きが個人間の協調を促すことを指摘する（Rothstein 1998）。合理的選択制度論における、合理的個人間の協調における制度が果たす役割については、ワインガストによるレビュー論文（Weingast 2002）で整理されている。

彼によれば、制度の果たす重要な役割は、協調へのクレディブルなコミットメントを実現する点にある。また、経済史研究（North 1981, 1990）の分野では、効率的な交換が成立する上で、所有権の確立が必要であったことが指摘される。

（5）社会関係資本の蓄積の差異から、イタリアにおける南北格差（政治的・経済的パフォーマンスの差異）を説明したパットナムの研究（Putnam 1993）以来、社会関係資本や信頼の果たす役割に関して、政治学では大きな注目が集まっている。社会関係資本や信頼が個人の協調を促すということ自体（つまり、両者の相関関係）には概ねの合意があるが、社会関係資本と諸制度の因果関係について、多くの議論が蓄積されてきた。社会関係資本→諸制度という因果性を指摘したパットナムに対して、ロスタインは、政治制度が社会関係資本をもたらすという方向性を強調する（Rothstein 1998, 2005, Kumlin and Rothstein 2005）。また、ファーレルは、生産プロセスにおける小企業間の協力の差異に関する比較研究において、諸アクター間の信頼の基盤として、制度が重要な役割を果たしてきたことを指摘している（Farrell and Knight 2003, Farrell 2005）。

（6）ノース（North 1981, 1990）やリーヴィ（Levi 1981）は、フリーライダーを防止し、合理的個人に協力を促す要因として、イデオロギーの重要性を指摘する。彼らのイデオロギーへの注目は、集合行為を実現し、自己利益を達成することへの寄与という側面にあり、アクターの利益は所与とされている。つまり、本書の整理でいえば、アイデアの因果的影響力を重視していることになる。

（7）シャープは、アクター中心的制度論の特徴を、社会現象を意図的なアクターの相互作用の結果として説明するが、その相互作用やアウトカムが制度的状況により条件づけられているものとして捉える点にあるとしている（Scharpf 1997）。通常のＲＣＩと比べて理論的に興味深い点は、①選好を、自己利益志向、規範志向、アイデンティティ志向、相互作用志向という類型に分けて考え、②客観的な状況配置がアクターによって主観的に読み替えられることを説き、狭義の合理主義想定から決別している点にある。この二つの理論的前提を置くことによって、多様な状況における意思決定パターンを分析することを可能としている。

（8）コルピは、権力資源を「他の諸アクターを報いるもしくは罰することを可能とする属性」として定義する（Korpi 2001, p. 244）。第四章でも触れているように、重要な点は、権力資源は非対称的に配分されており、その行使には固有のコストがかかるため、合理的なアクターは様々な行使形態の中から、適当なものを選択するという視角にある。

（9）バラックらが提示した「非決定」権力は、ある争点を政策決定プロセスの場から外すという形をとるため、政策決定プロセスで観察可能でないが、短期的な効果を持つという点で、間接―短期に当てはまると考えられる。

（10）　権力論に関するレビューとしては、以下の文献が有益である（盛山2000, 星野2000, 新川1985, 杉田2000, など）。
（11）　新制度論に関しては第四章を参照。
（12）　ジェソップは、テーマ的転回は理論的にあまり意味を持たず、方法論的転回はヒューリスティックな意味を持つことを指摘する一方で、存在論的転回の重要性は認めつつも、オルタナティブとして戦略・関係論的アプローチの有効性を主張している（Jessop 2001）。つまり、彼によれば、テーマとして制度に注目することは積極的な意味を持たず、独立変数としての制度や分析の出発点としての制度への注目も発見的な価値を持つにすぎないということである。

あとがき

本書は、二〇〇七年一二月に名古屋大学法学研究科に提出した博士学位論文「構成主義的アプローチに基づく現代福祉国家分析――構成主義的政治分析に向けて――」をもとに、その後の研究成果をふまえ、大幅に加筆・修正したものである。本書の各章は、それぞれ個別論文として公表されている。


「転換期の福祉国家分析に向けて――現代福祉国家論の到達点と課題――」『法政論集』２２８号、二〇〇八年。

「政治経済システムとしての福祉国家の再編――福祉国家の段階論の再考――」『北大法学論集』60巻1号、二〇〇九年。

「福祉国家の多様性・再考――新たな類型論の試み――」『北大法学論集』60巻2号、二〇〇九年。

「福祉国家再編分析におけるアイデア・利益・制度――制度変化の政治学的分析に向けて――(1)(2)(3)」『北大法学論集』61巻4号・62巻2号・64巻1号（予定）、二〇一〇年・二〇一一年・二〇一二年（予定）。

「オーストラリア型福祉国家の再編分析・序説――二つの新自由主義的改革?――」『新世代法政策学研究』6号、二〇一〇年。


個別論文として公表する際には、学位取得後の研究成果をふまえる形で、大幅な加筆・修正を行ってきた。また今回、公表済みの各論文をあらためてまとめ直す過程で再度加筆・修正を行ったため、別稿といっても過言ではないほど、当初の博士論文とは大きく異なるものとなっている。しかし、筆者の力量不足、そして、時間的制約のため、公表済みの各論文を一冊の本にまとめ直す作業に十分な時間を割くことができず、内容の一部に重複がみられることを心よりお詫びしたい。

本書は、「①先進諸国の政治経済システムに共通した特徴は何か、②また通時的・共時的にみた場合にどのような共通性と差異があるのか、そして、③なぜ多様な発展パターンがもたらされたのかという三つの論点に関して、どうすれば理論的により適切に分析できるか」という大学院で研究を始めた際に感じた問題意識への筆者なりの解答である。同時に、大学院生時代より筆者を捉えて放さなかった、より抽象的なレベルの問題関心である「制度の複雑性（持続と変化の多様なパターン）を、政治学的にどのように分析すべきか」、「ストラクチャー・エージェンシー問題に、政治学的にどのようにアプローチすべきか」という論点への解答でもある。本書で提示した理論枠組が、筆者自身の問題意識を越えて、意義・価値を持つものかどうかについては、読者の方々の評価を待つ次第である。

私は、名古屋大学大学院で研究者になるためのトレーニングを受け、北海道大学大学院で研究者としてのスタートをきり、そして立命館大学で大学教員としての第一歩を踏み出した。このプロセスの中で多くの方々からいただいた温かいご指導と励ましに、あらためて感謝を申し上げたい。

まず名古屋大学法学部の学部生時代に、政治学のおもしろさを教えていただき、名古屋大学大学院法学研究科において指導教官としてご指導いただいた小野耕二先生に心よりお礼を申し上げたい。学部二年生の時に先生の政治学原論の講義を受講し、はじめて学問のおもしろさに気付き、三年生四月の段階で所属ゼミの変更（商法から小野ゼミへ）を申し出なければ、今の自分はなかったと思う。大学院では厳しくも温かいご指導を通じて、政治学の学問内容や魅力と厳しさだけでなく、学問に対する情熱と真摯さの重要性、知的誠実さと謙虚さの重要性など、研究者として大切なことを教わった。そして、学部生時代からお世話になり、大学院生時代には副指導教官をお引き受けいただいた田村哲樹先生には、ゼミや研究会の場だけでなく、研究上の行き詰まりや迷いを感じ、悩んでいた時にはいつも相談にのっていただき、温かく励ましていただいた。自分の持ち味を活かすことの大切さ、あきらめずに努力を続けることの大切さを教わった。後房雄先生には修士課程時代より副指導教官として、的確なご指導をいただいた。また政治学系の先生方からは、ゼミや研究会の場で、温かいご指導やアドバイスをいただき、大変お世話になった。特に、ゼミに参加させていただいた、北住炯一先生（現・愛知学院大学）、増田知子先生、進藤兵先生（現・都留文科大学）、三浦聡先生、中田瑞穂先生にお礼を申し上げたい。

続いて、北海道大学大学院法学研究科では、宮本太郎先生に特にお世話になった。北大で研究者としてのスタートをきる機会を与えてくださっただけでなく、福祉国家研究者として、研究上多くのご指導とアドバイスをいただいた。理論研究に偏りだった筆者に、現実政治の展開を意識した批判的な実証分析の重要性を教えてくださった。深くお礼を申し上げたい。また、GCOEプログラムの拠点リーダー・田村善之先生、法政策学班リーダーの吉田克己先生および瀬川信久先生（現・早稲田大学）、GCOE事務局のみなさんには、良好な研究環境を提供していただいた。そして、政治学系の先生方には、研究会やゼミの場で、温かいご指導とアドバイスをいただいた。特に、ゼミなどに参加させていただいた、空井護先生、遠藤乾先生、鈴木一人先生、吉田徹先生、松里公孝先生にお礼を申し上げたい。

そして、現在の勤務地の京都では、新川敏光先生に特にお世話になっている。演習や研究会への参加をお認めいただいただけでなく、福祉国家研究者として、研究上多くのご指導とアドバイスをいただいている。政治学における概念と理論の重要性、理論研究をふまえた実証分析の重要性を教えてくださった。深くお礼を申し上げたい。

名古屋、札幌、京都と歩んでいく中で、多くの先生方や先輩方、同世代の研究者のみなさんのお世話になってきた。学会や研究会などで、的確かつ鋭いコメントとアドバイスをくださった、近藤康史、渡辺博明、大嶽秀夫、篠田徹、岡本英男、阪野智一、池上岳彦、杉田敦、網谷龍介、内山融、松本俊太、河野勝、武田康裕、上村泰裕、北山俊哉、伊藤武、田中拓道、堀江孝司、西岡晋、佐々田博教の各先生方にお礼を申し上げたい。また大学院時代の先輩として、筆者の悩みを聞き励ましてくださった、三須拓也、梅田百合香、坂部真理、大園誠の各みなさまにもお礼を申し上げたい。そして、アプローチ・問題関心は異なるが、比較福祉国家論というフィールドを共有する同世代の研究者、近藤正基、安周永、稗田健志、辻由希、千田航の各みなさまにもお礼を申し上げたい。研究上の悩みを共有し、共通のテーマに関して真摯に議論できる友人に恵まれたことに感謝したい。彼らの活躍する姿は大きな刺激と励みになっている。また、岡本清、長屋裕佑、工藤博子、加藤容子、杉村和美、斎藤美香、小山僚子、小林正嗣、孫暁冬、安武裕和、俵健太郎、李正吉、綾部六郎、板橋拓己、花田智之、池直美、柴田晃芳、宮崎悠、下村太一、三上八郎、坂口一成、所浩代、稲垣美穂子の各みなさま、そして大学院生時代に同級生として苦楽をともに過ごし、互いに切磋琢磨した、松永ゆきさんにもお礼を申し上げたい。さらに、関西で研究生活を始めるにあたっては、德久恭子先生、城下賢一さんから温かいサポートをいただいている。上記のみなさま方に深く感謝を申し上げたい。

現在勤務する立命館大学産業社会学部では、有賀郁敏学部長をはじめとした、多くの先生方のご配慮のおかげで、良好な環境に恵まれている。あらためて教授会の各先生方にお礼を申し上げたい。その中でも特に、同じ年に着任した、黒田学、中西典子、長谷川千春、丸山里美の各先生方、そして研究領域が近い、國廣敏文、鎮目真人、筒井淳也、市井吉興の各先生方には大変お世話になっている。また「グローバル化と公共性」研究会の中谷義和、篠田武司、堀雅晴、高嶋正晴の各先生方にもお礼を申し上げたい。

本研究を進めるに当たって、多くの機関から研究上のご支援をいただいた。大学院生時代には、日本証券奨学財団（二〇〇五〜〇七年度）、大幸財団（二〇〇五年度）、三菱ＵＦＪ信託奨学財団（二〇〇六・〇七年度）の各財団から奨学金をいただいた。また本研究の遂行にあたっては、平成二一・二二年度科学研究費補助金（若手研究スタートアップ）「批判的実在論に基づく福祉国家再編分析――オーストラリアを事例として――」、および、平成二二年度日本証券奨学財団・研究調査助成金の交付を受けた。また本研究は、平成二三〜二五年度科学研究費補助金（若手研究Ｂ）「雇用保障重視型の福祉国家再編の比較分析――「言説の政治」からみた日豪比較――」、平成二三〜二六年度科学研究費補助金（基盤研究Ａ）「労働の国際移動が福祉国家政策および政治に与える影響に関する比較研究（研究代表者：新川敏光京都大学教授）」の研究成果の一部である。本書の出版に当たっては、立命館大学産業社会学会から学術図書出版助成を受けた。上記の諸機関にあらためてお礼を申し上げたい。

学術図書の出版事情が厳しいにもかかわらず、本書の刊行を快くお引き受け下さった御茶の水書房の橋本盛作社長、編集担当の小堺章夫さん、そして同社のみなさまに深くお礼を申し上げたい。原稿の提出が遅れるなど多大な迷惑をかけしてしまったにもかかわらず、小堺さんには出版に向けてご尽力いただいた。心から感謝している。

最後に私事になるが、これまで私を支えてくれた家族に心から感謝したい。行き先が見えない不安感・焦燥感の中でも、途中であきらめたり逃げ出したりすることなく、ここまで来ることができたのも、家族の温かい励ましと支援のおかげである。どんな時もやさしく見守ってくれた家族の深い愛情に感謝しながら、本書を、亡父・壽美雄、母・和子、姉・理絵に捧げたい。

二〇一二年一月二五日

加藤　雅俊

人名索引

ア行

カ行

サ行

タ行

ハ行

マ行

ラ行

ワ行

事項索引

サ行

マ行

ラ行

ワ行

参考文献

【邦語参考文献】

秋吉貴雄 2007『公共政策の変容と政策科学』有斐閣。

石垣健一 1997「オーストラリア・ニュージーランドの経済政策と経済パフォーマンス」『国際問題』第 446 号。

――― 1999「アコード時代の賃金政策（1983 年-1996 年）」『国民経済雑誌』第 179 号。

石田淳 2000「コンストラクティヴィズムの存在論とその分析射程」日本国際政治学会（編）『国際政治』第 124 号。

石田徹 1992『自由民主主義体制分析』法律文化社。

埋橋孝文（編）2003『比較のなかの福祉国家』ミネルヴァ書房。

内山融 1998『現代日本の国家と市場』東京大学出版会。

オッフェ、クラウス／寿福真美編訳 1988『後期資本制社会システム』法政大学出版局。

大矢根聡 2005「コンストラクティヴィズムの視座と分析」日本国際政治学会（編）『国際政治』第 143 号。

岡本英男　2008『福祉国家の可能性』東京大学出版会。

小野耕二 2000『転換期の政治変容』日本評論社。

――― 2001『比較政治』東京大学出版会。

―――（編）2009『構成主義的政治理論と比較政治』ミネルヴァ書房。

加藤榮一 2006『現代資本主義と福祉国家』ミネルヴァ書房。

グライフ、アブナー／河野勝訳 2006「歴史制度分析のフロンティア」河野勝（編）『制度からガヴァナンスへ』東京大学出版会。

河野勝 2002『制度』東京大学出版会。

―――（編）2006『制度からガヴァナンスへ』東京大学出版会。

小松隆二・塩野谷祐一（編）1999『先進諸国の社会保障　ニュージーランド・オーストラリア』東京大学出版会。

近藤正基 2009『現代ドイツ福祉国家の政治経済学』ミネルヴァ書房。

近藤康史 2001『左派の挑戦』木鐸社。

――― 2002-2003「現代福祉国家の変容に関する研究・序説（一）（二）（三）」『筑波法政』第 32・33・34 号。

――― 2007「比較政治学における「アイデアの政治」」日本政治学会編『政治学の新潮流』木鐸社。

――― 2008『個人の連帯』勁草書房。

佐々田博教 2011『制度発展と政策アイディア』木鐸社。

塩原良和 2005『ネオ・リベラリズム時代の多文化主義』三元社。

シュミット、ヴィヴィアン／加藤雅俊訳 2009「アイデアおよび言説を真摯に受け止める」小野耕二（編）『構成主義的政治理論と比較政治』ミネルヴァ書房。

新川敏光 1985「権力論の再構成に向けて」『法学』49 巻 1 号。

――― 1993『日本型福祉の政治経済学』三一書房。

――― 1999『戦後日本政治と社会民主主義』法律文化社。

――― 2005『日本型福祉レジームの発展と変容』ミネルヴァ書房。

――― 2009「福祉レジーム分析の可能性」社会政策学会（編）『社会政策学会誌』第1巻2号。

―――（編）2009『労働と福祉国家の可能性』ミネルヴァ書房。

―――（編）2011『福祉レジームの収斂と分岐』ミネルヴァ書房。

新川敏光・井戸正伸・宮本太郎・真柄秀子 2004『比較政治経済学』有斐閣。

杉田敦 2000『権力』岩波書店。

杉田弘也 2007「オーストラリア労働党の過去、現在、未来」『大原社会問題研究所雑誌』第584号。

――― 2008「何がハワードを敗北に追い込んだのか」『生活経済政策』第140号。

盛山和夫 2000『権力』東京大学出版会。

関根政美 2000『多文化主義社会の到来』朝日新聞社。

関根政美・鈴木雄雅・武田いさみ・加賀爪優・諏訪康雄 1988『概説オーストラリア史』有斐閣。

孫暁冬 2006『中国型ワークフェアの形成と展開』昭和堂。

武川正吾 2007『連帯と承認』東京大学出版会。

竹田いさみ・森健（編）1998『オーストラリア入門』東京大学出版会。

竹田いさみ・森健・永野隆行（編）2007『オーストラリア入門・第2版』東京大学出版会。

田口富久治 1989「序論」田口富久治（編）『ケインズ主義的福祉国家』青木書店。

――― 1993『政治学講義』名古屋大学出版会。

―――（編）1989『ケインズ主義的福祉国家』青木書店。

田村哲樹 2006「ジェンダー平等・言説戦略・制度変化」宮本太郎（編）『比較福祉政治』早稲田大学出版部。

――― 2008『熟議の理由』勁草書房。

田村哲樹・堀江孝司（編）2011『模索する政治』ナカニシヤ出版。

徳久恭子 2008『日本型教育システムの誕生』木鐸社。

富永健一 2001『社会変動の中の福祉国家』中公新書。

仲村優一・一番ヶ瀬康子（編）2000『世界の社会福祉　オーストラリア・ニュージーランド』旬報社。

ハーバーマス、ユルゲン／細谷貞雄訳 1979『晩期資本主義における正統化の諸問題』岩波書店。

ハンチントン、サミュエル、ミシェル・クロジェ、綿貫譲治 1976『民主主義の統治能力』サイマル出版会。

ヒルシュ、ヨアヒム／木原滋哉・中村健吾訳 1997『資本主義にオルタナティブはないのか?』ミネルヴァ書房。

―――／―――・―――訳 1999『国民的競争国家』ミネルヴァ書房。

―――／表弘一郎・木原滋哉・中村健吾訳 2007『国家・グローバル化・帝国主義』ミネルヴァ書房。

ブライス、マーク／加藤雅俊訳 2009「構成主義理論と政治経済学について」小野耕二（編）『構成主義的政治理論と比較政治』ミネルヴァ書房。

星野智 2000『現代権力論の構図』情況出版。

ボワイエ、ロベール／山田鋭夫訳 1990『新版　レギュラシオン理論』藤原書店。

―――／―――訳 2005『資本主義VS資本主義』藤原書店。

———／井上泰夫監訳 2007『ニュー・エコノミーとは何か』藤原書店。

三浦まり 2003「労働市場規制と福祉国家」埋橋孝文（編）『比較のなかの福祉国家』ミネルヴァ書房。

宮本太郎 1999『福祉国家という戦略』法律文化社。

——— 2002「社会民主主義の転換とワークフェア改革」日本政治学会（編）『年報政治学　三つのデモクラシー』岩波書店。

——— 2006「福祉国家の再編と言説政治」宮本太郎（編）『比較福祉政治』早稲田大学出版部。

——— 2008『福祉政治』有斐閣。

———（編）2002『福祉国家再編の政治』ミネルヴァ書房。

———（編）2006『比較福祉政治』早稲田大学出版部。

山田鋭夫 1994『レギュラシオン・アプローチ（増補新版）』藤原書店。

——— 2008『さまざまな資本主義』藤原書店。

渡辺博明 1996「W・コルピの福祉国家論とスウェーデン福祉国家の形成過程（一）（二）」『法政論集』第 165・166 号。

【外国語参考文献】

Abdelal, Rawi 2001: *National Purpose in the World Economy*, Cornell University Press.
——— 2009: “Constructivism as an Approach to International Political Economy” pp. 62–76 in *Routledge Handbook of International Political Economy*, edited by M. Blyth, Routledge.
Abdelal, Rawi, Mark Blyth and Craig Parsons (eds.) 2010: *Constructing the International Economy*, Cornell University Press.
Abrahamson, Peter 1999: “The Welfare Modelling Business” *Social Policy & Administration* 33: 394–415.
ALP / ACTU 1983: *Statement of Accord by Australian Labor Party and the Australian Council of Trade Unions Regarding Economic Policy*, ACTU.
Allan, P. James and Lyle Scruggs 2004: “Political Partisanship and Welfare State Reform in Advanced Industrial Societies” *American Journal of Political Science* 48: 496–512.
Amable, Bruno 2003: *The Diversity of Modern Capitalism*, Oxford University Press.（山田鋭夫ほか訳『五つの資本主義』藤原書店、2005 年。）
Amable, Bruno and Stefano Palombarini 2009: “A Neorealist Approach to Institutional Change and the Diversity of Capitalism” *Socio-Economic Review* 7: 123–43.
Anderson, M. Karen 2001: “The Politics of Retrenchment in a Social Democratic Welfare State: Reform of Swedish Pensions and Unemployment Insurance” *Comparative Political Studies* 34: 1063–91.
Aoki, Masahiko 2001: *Toward a Comparative Institutional Analysis*, The MIT Press.（瀧澤弘和・谷口和宏訳『比較制度分析に向けて』NTT 出版、2001 年。）
——— 2007: “Endogenizing Institutions and Institutional Changes” *Journal of Institutional Economies* 3: 1–31.
——— 2010: *Corporations in Evolving Diversity*, Oxford University Press.（谷口和宏訳『コーポレーションの進化多様性』NTT 出版、2011 年。）
Archer, S. Margaret 1995: *Realist Social Theory*, Cambridge University Press.（佐藤春吉

訳『実在論的社会理論』青木書店、2007 年。)
Armingeon, Klaus 2006: "Reconciling Competing Claims of the Welfare State Clientele: The Politics of Old and New Social Risk Coverage in Comparative Perspective" pp. 100–122 in *The Politics of Post-industrial Welfare States,* edited by K. Armingeon and G. Bonoli, Routledge.
Armingeon, Klaus and Giuliano Bonoli (eds.) 2006: *The Politics of Post-industrial Welfare States,* Routledge.
Arts, Wil and John Gelissen 2002: "Three Worlds of Welfare Capitalism or More? A State-of-the-Art Report" *Journal of European Social Policy* 12: 137–58.
Baldwin, Peter 1990: *The Politics of Social Solidarity,* Cambridge University Press.
Bannink, Duco and Marcel Hoogenboom 2007: "Hidden Change: Disaggregation of Welfare State Regimes for Greater Insight into Welfare State Change" *Journal of European Social Policy* 17: 19–32.
Bambra, Clare 2006: "Decommodification and the Worlds of Welfare Revisited" *Journal of European Social Policy* 16: 73–80.
——— 2007: "'Sifting the Wheat from the Chaff': A Two-dimensional Discriminant Analysis of Welfare State Regime Theory" *Social Policy & Administration* 41: 1–28.
Barry, Michael and Nick Wailes 2004: "Contrasting Systems? 100 Years of Arbitration in Australia and New Zealand" *The Journal of Industrial Relations* 46: 430–47.
——— 2005: "Revisiting the Australia-New Zealand Comparison" *New Zealand Journal of Employment Relations* 30: 4–20.
Bates, R. Stephen 2006: "Making Time for Change: On Temporal Conceptualizations within (Critical Realist) Approach to the Relationship Between Structure and Agency" *Sociology* 40: 143–61.
Bates, R. Stephen and Nicola J. Smith 2008: "Understanding Change in Political Science: On the Need to Bring Space into Theoritical Positions and Empirical Analyses" *Political Studies Review* 6: 191–204.
Béland, Daniel 2001: "Does Labor Matter ? Institutions, Labor Unions and Pension Reform in France and the United States" *Journal of Public Policy* 21: 153–72.
——— 2005a: "Ideas and Social Policy: An Institutionalist Perspective" *Social Policy & Administration* 39: 1–18.
——— 2005b: "Ideas, Interests, and Institutions: Historical Institutionalism Revisited" pp. 29–50 in *New Institutionalism*, edited by A. Lecours, University of Toronto Press.
——— 2006: "The Politics of Social Learning: Finance, Institutions, and Pension Reform in the United States and Canada" *Governance* 19: 559–83.
——— 2007a: "The Social Exclusion Discourse: Ideas and Policy Change" *Policy & Politics* 35: 123–39.
——— 2007b: "Ideas and Institutional Change in Social Security: Conversion, Layering, and Policy Drift" *Social Science Quarterly* 88: 20–38.
——— 2009: "Ideas, Institutions, and Policy Change" *Journal of European Public Policy* 16: 701–18.
——— 2010: "The Idea of Power and the Role of Ideas" *Political Science Review* 8: 145–54.

Béland, Daniel and Rober H. Cox 2011: *Ideas and Politics in Social Science Research,* Oxford University Press.
Béland, Daniel and Jacob S. Hacker 2004: "Ideas, Private Institutions and American Welfare State 'Exceptionalism': the Case of Health and Old-age Insurance, 1915-1965" *International Journal of Social Welfare* 13: 42-54.
Bell, Stephen 1993: *Australian Manufacturing and the State,* Cambridge University Press.
——— 1997a: *Ungovernig the Economy,* Oxford University Press.
——— 1997b: "Globalisation, Neoliberalism and the Transformation of the Australian State" *Australian Journal of Political Science* 32: 345-67.
Berman, Sheri 1998: *The Social Democratic Moment,* Harvard University Press.
Bevir, Mark and Richard A. W. Rhodes 2002: "Interpretive Theory" pp. 131-52 in *Theory and Methods in Political Science* (*2nd edn*), edited by D. Marsh and G. Stoker, Palgrave.
——— 2003: *Interpreting British Governance,* Routledge.
——— 2005: "Interpretation and its Others" *Australian Journal of Political Science* 40: 169-87.
——— 2006a: *Governance Stories,* Routledge.
——— 2006b: "Disaggregating Structures as an Agenda for Critical Realism: A Reply to McAnulla" *British Politics* 1: 397-403.
——— 2008: "Authors' Response: Politics as Cultural Practice" *Political Studies Review* 6: 170-77.
Bhaskar, Roy 1989: *The Possibility of Naturalism* (*3rd edn*), Routledge. (式部信訳『自然主義の可能性』晃洋書房、2006 年。)
——— 1997: *Realist Theory of Science* (*2nd edn*), Verso. (式部信訳『科学と実在論』法政大学出版局、2009 年。)
Bleich, Erick 2003: *Race Politics in Britain and France,* Cambridge University Press.
Blyth, Mark 1997: "Any More Bright Ideas? The Ideational Turn of Comparative Political Economy" *Comparative Politics* 29: 229-50.
——— 2002a: *Great Transformations,* Cambridge University Press.
——— 2002b: "Institutions and Ideas" pp. 292-310 in *Theory and Methods in Political Science* (*2nd edn*), edited by D. Marsh and G. Stoker, Palgrave.
——— 2003a: "Structure Do Not Come With an Instruction Sheet: Interests, Ideas, and Progress in Political Science" *Perspectives on Politics* 1: 695-706.
——— 2003b: "Globalization and the Limits of Democratic Choice: Social Democracy and the Rise of Political Cartelization" *Internationale Politik und Gesellschaft* 6: 60-82.
——— 2003c: "Same as It Never Was: Temporality and Typology in the Varieties of Capitalism" *Comparative European Politics* 1: 213-25.
——— 2005: "Domestic Institutions and the Possibility of Social Democracy" *Comparative European Politics* 3: 379-407.
——— 2007: "Powering, Puzzling, or Persuading? The Mechanisms of Building Institutional Orders" *International Studies Quarterly* 51: 761-77.
Bonoli, Giuliano 1997: "Classifying Welfare States: A Two-Dimension Approach" *Journal*

of Social Policy 26: 351–72.
——— 2000: *The Politics of Pension Reform,* Cambridge University Press.
——— 2001: "Political Institutions, Veto Points, and the Process of Welfare State Adaptation" pp. 238–64 in *The New Politics of Welfare States,* edited by P. Pierson, Oxford University Press.
——— 2003: "Social Policy through Labor Markets: Understanding National Differences in the Provision of Economic Security to Wage Earners" *Comparative Political Studies* 36: 1007–30.
——— 2005: "The Politics of the New Social Policies: Providing Coverage against New Social Risks in Mature Welfare States" *Policy & Politics* 33: 431–49.
——— 2006: "New Social Risks and the Politics of Post-Industrial Social Policies" pp. 3–26 in *The Politics of Post-industrial Welfare States,* edited by K. Armingeon and G. Bonoli, Routledge.
——— 2007: "Time Matters: Postindustrialization, New Social Risks, and Welfare State Adaptation in Advanced Industrial Democracies" *Comparative Political Studies* 40: 495–520.
Bonoli, Giuliano, Vic George and Peter Taylor-Gooby 2000: *European Welfare Future,* Polity Press.
Boston, Jonathan, Dalziel, Paul and Susan St. John 1999: *Redesigning the Welfare State in New Zealand,* Oxford University Press.（芝田英昭・福地潮人監訳『ニュージーランド福祉国家の再設計』法律文化社、2004 年。）
Bray, Mark and David Neilson 1996: "Industrial Relations Reform and the Relative Autonomy of the State" pp. 68–87 in *The Great Experiment,* edited by F. G. Castles, R. Gerritsen and J. Vowles, Allen & Unwin.
Bray, Mark and Pat Walsh 1995: "Accord and Discord: The Differing Fates of Corporatism under Labo（u）r Governments in Australia and New Zealand" *Labour and Industry* 6: 1–26.
——— 1998: "Different Paths to Neo-Liberalism?: Comparing Australia and New Zealand" *Industrial Relations* 37: 358–87.
Brooks, Clem and Jeff Manza 2006: "Why Do Welfare States Persist?" *The Journal of Politics* 68: 816–27.
Campbell, L. John 1998: "Institutional Analysis and the Role of Ideas" *Theory and Society* 27: 377–409.
——— 2002: "Ideas, Politics, and Public Policy" *Annual Review of Sociology* 28: 21–38.
——— 2004: *Institutional Change and Globalization,* Princeton University Press.
Campbell, L. John and Ove K. Pedersen（eds.）2001: *The Rise of Neoliberalism and Institutional Analysis,* Princeton University Press.
Capling, Ann and Brian Galligan 1992: *Beyond the Protective State,* Cambridge University Press.
Carney, Terry 2006: "Welfare to Work: or Work-discipline Re-visited?" *Australian Journal of Social Issues* 41: 27–48.
Cass, Bettina 1988: *Income Support for the Unemployed in Australia,* Social Security Review Issuses Paper No. 4.
Castles, G. Francis 1985: *The Working Class and Welfare,* Allen & Unwin.（岩本敏夫ほ

か訳『福祉国家論』啓文社、1991 年。）
——— 1988: *Australian Public Policy and Economic Vulnerability,* Allen & Unwin.
——— 1989: "Social Protection by Other Means: Australian's Strategy of Coping with External Vulnerability" p. 16–55 in *The History of Comparative Public Policy,* edited by F. G. Castles, Oxford University Press.
——— 1992: "On Sickness Days and Social Policy" *Australia and New Zealand Journal of Sociology* 28: 29–44.
——— 1994: "The Wage Earners' Welfare State Revisited: Refurbishing the Established Model of Australian Social Protection 1983–1993" *Australian Journal of Social Issues* 29: 120–45.
——— 1996: "Needs-Based Strategies of Social Protection in Australia and New Zealand" pp. 88–115 in *Welfare States in Transition,* edited by G. Esping-Andersen, Sage Publications.（埋橋孝文監訳「ニーズにもとづく社会保護の戦略」『転換期の福祉国家』早稲田大学出版部、2003 年。）
——— 1997a: "Historical and Comparative Perspectives on the Australian Welfare State: A Response to Rob Watts" *Australian and New Zealand Journal of Sociology* 33: 16–20.
——— 1997b: "The Institutional Design of the Australian Welfare State" *International Social Security Review* 50: 25–41.
——— 2001: "A Farewell to Australian's Welfare State" *International Journal of Health Services* 31: 537–44.
——— 2002: "Developing New Measures of Welfare State Change and Reform" *European Journal of Political Research* 41: 613–41.
——— 2004: *The Future of the Welfare State,* Oxford University Press.
——— 2008: "What Welfare States Do: A Disaggregated Expenditure Approach" *Journal of Social Policy* 38: 45–62.
Castles, G. Francis, Jennifer Curtin and Jack Vowles 2006: "Public Policy in Australia and New Zealand: The New Global Context" *Australian Journal of Political Science* 41: 131–43.
Castles, G. Francis and Deborah Mitchell 1993: "Worlds of Welfare and Families of Nations" pp. 93–128 in *Families of Nations,* edited by F. G. Castles, Dartmouth Publishing Company.
Castles, G. Francis, Rolf Gerritsen and Jack Vowles (eds.) 1996: *The Great Experiment,* Allen & Unwin.
Castles, G. Francis and Christopher Pierson 1997: "A New Convergence ?: Recent Policy Developments in the United Kingdom, Australia and New Zealand" *Policy and Politics* 24: 233–45.
Castles, G. Francis and Ian F. Shirley 1996: "Labour and Social Policy: Gravediggers or Refurbishers of the Welfare State" pp. 88–106 in *The Great Experiment,* edited by F. G. Castles, R. Gerrtitsen and J. Vowles, Allen & Unwin.
Castles, G. Francis and John Uhr 2007: "The Australian Welfare State: Has Federalism Made a Difference?" *Australian Journal of Politics and History* 53: 96–117.
Cerny, Philip 1990: *The Changing Architecture of Politics,* Sage Publications.
——— 1995: "Globalization and the Changing Logic of Collective Action" *International*

Organization 49: 595–625.

——— 1997: "Paradoxes of the Competition State: The Dynamics of Political Globalization" *Government and Opposition* 32: 251–774.

Checkel, T. Jeffrey 1998: "The Constructivist Turn in International Relations Theory" *World Politics* 50: 324–48.

Clarke, Chris 2009: "Paths between Positivism and Interpretivism: An Appraisal of Hay's Via Media" *Politics* 29: 28–36.

Clasen, Jochen 2005: *Reforming European Welfare States,* Oxford University Press.

Clasen, Jochen and Nico A. Siegel (eds.) 2007: *Investigating Welfare State Change,* Edward Elgar.

Clayton, Richard and Jonas Pontusson 1998: "Welfare-State Retrenchment Revisited: Entitlement Cuts, Public Sector Restructuring, and Inegalitarian Trends in Advanced Capitalist Societies" *World Politics* 51: 67–98.

Considine, Mark 1999: "Markets, Networks and the New Welfare State: Employment Assistance Reforms in Australia" *Journal of Social Policy* 28: 183–203.

Considine, Mark and Jenny M. Lewis 1999: "Governance at Ground Level: The Frontline Bureaucrat in the Age of Markets and Networks" *Public Administration Review* 59: 467–80.

——— 2003 : "Bureaucracy, Network, or Enterprise? Comparing Model of Governance in Australia, Britain, the Netherlands, and New Zealand" *Public Administration Review* 63: 131–140.

Conley, Tom 2001: "The Domestic Politics of Globalisation" *Australian Journal of Political Science* 36: 223–46.

——— 2004: "Globalisation and the Politics of Persuasion and Coercion" *Australian Journal of Social Issues* 39: 183–200.

Cox, Lloyd 2006: "The Antipodean Social Laboratory, Labour and the Transformation of the Welfare State" *Journal of Sociology* 42: 107–24.

Cox, H. Robert 2001: "The Social Construction of an Imperative: Why Welfare Reform Happened in Denmark and the Netherlands but Not in Germany" *World Politics* 53: 463–98.

——— 2004: "The Path Dependency of an Idea: Why Scandinavian Welfare States Remain Distinct" *Social Policy & Administration* 38: 204–19.

Crouch, Colin and Henrry Farrell 2004: "Breaking the Path of Institutional Development?: Alternatives to New Determinism" *Rationality and Society* 16: 5–43.

Crouch, Colin and Wolfgang Streeck (eds.) 1997: *Political Economy of Modern Capitalism,* Sage Publications.（山田鋭夫訳『現代の資本主義制度』NTT 出版、2001 年。）

Dalziel, Paul and Ralph Lattimore 1996: *The New Zealand Macroeconomy* (*2nd edn*), Oxford University Press.（青山則雄・岡田良徳監訳『ニュージーランド・マクロ経済論』梓出版社、1998 年。）

Deeg, Richard 2007: "Complementarity and Institutional Change in Capitalist Systems" *Journal of European Public Policy* 14: 611–30.

Deeg, Richard and Gregory Jackson 2007: "Towards a More Dynamic Theory of Capitalist Variety" *Socio-Economic Review* 5: 149–79.

Dessler, David 1989: "What's at Stake in the Agent-Structure Debate?" *International Organization* 43: 441–73.

——— 1999: "Constructivism within a Positivist Social Science" *Review of International Studies* 25: 123–37.

Dingeldey, Irene 2007: "Between Workfare and Enablement-The Different Paths to Transformation of the Welfare State: A Comparative Analysis of Activating Labour Market Policies" *European Journal of Political Research* 46: 823–51.

Department of Communication and Arts 1994: *Creative Nation,* Australian Government Publishing Service.

Disney, Julian 2004: "Social Policy" pp. 191–215 in *The Howard Years,* edited by R. Manne, Black Inc. Agenda.

Easton, Brian 1980: *Social Policy and the Welfare State in New Zealand,* Allen & Unwin. (唯是康彦・四郎丸文枝訳『ニュージーランドの社会保障』ニュージーランド調査委員会、1986年。)

——— 1994: "Economic and Other Ideas Behind the New Zealand Reforms" *Oxford Review of Economic Policy* 10: 78–94.

Easton, Brian and Rolf Gerritsen 1996: "Economic Reform: Parallels and Divergences" pp. 22–47 in *The Great Experiment,* edited by F. G. Castles, R. Gerritsen and J. Vowles, Allen & Unwin.

Ebbinghaus, Bernhard 1999: "Does a European Social Model Exist and Can it Survive?" Pp. 1–26 in *The Role of Employer Associations and Labour Union in the EMU,* edited by G. Huemer, M. Mesch and F. Traxler, Ashgate.

——— 2000: "Any Way Out of "Exit from Work" ? Reversing the Entrenched Pathways of Early Retirement" pp. 511–53 in *Welfare and Work in the Open Economy VOL. 2,* edited by F. W. Scharpf and V. A. Schmidt, Oxford University Press.

——— 2009: "Can Path Dependence Explain Institutional Change? Two Approaches Applied to Welfare State Reform" pp. 191–218 in *The Evolution of Path Dependence,* edited by L. Magnusson and J. Ottosson, Cheltenham.

Ebbinghaus, Bernhard and Anke Hassel 2000: "Striking Deals: Concertation in the Reform of Continental European Welfare States" *Journal of European Public Policy* 7: 44–62

Ebbinghaus, Bernhard and Philip Manow (eds.) 2001: *Comparing Welfare Capitalism,* Routledge.

Ellison Nick 2006: *The Transformation of Welfare State?,* Routledge.

Esping-Andersen, Gøsta 1985: *Politics Against Market,* Princeton University Press.

——— 1990: *The Three Worlds of Welfare Capitalism,* Polity Press. (岡沢憲芙・宮本太郎監訳『福祉資本主義の三つの世界』ミネルヴァ書房、2001年。)

——— 1999: *Social Foundation of Postindustrial Economies,* Oxford University Press. (渡辺雅男・渡辺景子訳『ポスト工業経済の社会的基礎』桜井書店、2000年。)

——— 2002: "Towards the Good Society, Once Again?" pp. 1–25 in *Why We Need a Welfare States,* edited by G. Esping-Andersen, Oxford University Press.

Esping-Andersen, Gøsta (ed.) 1996: *Welfare States in Transition,* Sage Publications. (埋橋孝文監訳『転換期の福祉国家』早稲田大学出版部、2003年。)

Estevez-Abe, Margarita 2002: "Negotiating Welfare Reforms: Actors and Institutions in

the Japanese Welfare State" pp. 157–83 in *Restructuring the Welfare State,* edited by B. Rothstein and S. Steinmo, Palgrave Macmillan.
——— 2008: *Welfare and Capitalism in Postwar Japan,* Cambridge University Press.
Estevez-Abe, Margarita, Iversen, Torben and David Soskice 2001: "Social Protection and the Formation of Skills: A Reinterpretation of the Welfare State" pp. 145–83 in *Varieties of Capitalism,* edited by P. A. Hall and D. Soskice, Oxford University Press.
Evans, B. Peter 1997: "The Eclipse of the State? Reflections on Stateness in an Era of Globalization" *World Politics* 50: 62–87.
Farrell, Henry 2005: "Trust and Political Economy: Institutions and the Sources of Interfirm Cooperation" *Comparative Political Studies* 38: 459–83.
Farrell, Henry and Jack Knight 2003: "Trust, Institutions, and Institutional Change: Industrial Districts and the Social Capital Hypothesis" *Politics & Society* 31: 537–66.
Fearon, James and Alexthander Wendt 2002: "Rationalism vs Constructivism: A Skeptical View" pp. 52–72 in *Handbook of International Relations*, edited by W. Carlsnaes, T. Risse and B. Simmons, Sage Publications.
Ferrera, Maurizio 1996: "The "Southern Model" of Welfare in Social Europe" *Journal of European Social Policy* 6: 17–37.
——— 1998: "The Four "Social Europes": Between Universalism and Selectivity" pp. 81–96 in *The Future of European Welfare,* edited by M. Rhodes and Y. Meny, Macmillan.
——— 2008: "The European Welfare State: Golden Achievements, Silver Prospects" *West European Politics* 31: 82–107.
Ferrera, Maurizio, Anton Hemerijck and Martin Rhodes 2000: "Recasting European Welfare State for the 21st Century" *European Review* 8: 427–446.
——— 2001: "The Future of the European "Social Model" in the Global Economy" *Journal of Comparative Policy Analysis* 3: 163–90.
Finlayson, Alan 2004: "Political Science, Political Ideas and Rhetoric" *Economy and Society* 33: 528–49.
——— 2007: "From Belief to Arguments: Interpretive Methodology and Rhetorical Political Analysis" *British Journal of Politics and International Relations* 9: 545–63.
Finlayson, Alan et al. 2004: "The Interpretive Approach in Political Science: a Symposium" *British Journal of Politics and International Relations* 6: 129–64.
Finn, Dan 1999: "Job Guarantees for the Unemploymend: Lessons from Australian Welfare Reform" *Journal of Social Policy* 28: 53–71.
Finnermore, Martha and Kathryn Sikkink 1998: "International Norm Dynamics and Political Change" *International Organization* 52: 887–917.
——— 2001: "Taking Stock: The Constructivist Research Program in International Relations and Comparative Politics" *Annual Review of Political Science* 4: 391–416.
Frankel, Boris 1997: "Beyond Labourism and Socialism: How the Australian Labor Party Developed the Model of 'New Labour'" *New Left Review* 221: 3–33
Frieden, A. Jeffry and Ronald Rogowski 1996: "The Impact of the International Economy on National Policies: An Analytical Overview" pp. 25–47 in *Internationalization and Domestic Politics,* edited by R. Keohane and H. Milner, Cambridge University Press.
Friedman, Milton and Rose Friedman 1980: *Free to Choose,* Harcourt Brace Jovanovich.

（西山千明訳『選択の自由』日本経済新聞社（文庫版）、2002年。）
Gamble, Andrew 1988: *The Free Economy and the Strong State*, Macmillan.（小笠原欣幸『自由経済と強い国家』みすず書房、1990年。）
Gardner, Margaret 1995: "Labor Movements and Industrial Restructuring in Australia, New Zealand and the United States" pp. 33–69 in *The Comparative Political Economy of Industrial Relations*, edited by L. Turner and K.Wever, Industrial Relations Research Association.
Garrett, Geoffrey 1998a: *Partisan Politics in the Global Economy*, Cambridge University Press.
——— 1998b: "Global Markets and National Politics: Collision Course or Virtuous Circle?" *International Organization* 52: 787–824.
Garrett, Geoffrey and Peter Lange 1996: "Internationalization, Institution and Political Change" pp. 48–75 in *Internationalization and Domestic Politics*, edited by R. Keohane and H. Milner, Cambridge University Press.
Garrett, Geoffrey and Deborah Mitchell 2001: "Globalization, Government Spending and Taxation in the OECD" *European Journal of Political Research* 39: 145–77.
Giddens, Anthony 1979: *Central Problem in Social Theory*, Macmillan.（友枝敏雄ほか訳『社会理論の最前線』ハーベスト社、1989年。）
——— 1993: *New Rules of Sociological Method*（*2nd edn*）, Polity Press.（松尾精文ほか訳『社会学の新しい方法規準（第二版）』而立書房、2000年。）
——— 1998: *The Third Way*, Polity Press.（佐和隆光訳『第三の道』日本経済新聞社、1999年。）
——— 2000: *The Third Way and its Critics*, Polity Press.（今枝法之・干川剛史訳『第三の道とその批判』晃洋書房、2003年。）
Glynos, James and David Howarth 2008: "Structure, Agency and Power in Political Analysis: Beyond Contextualised Self-Interpretations" *Political Science Review* 6: 155–69.
Gofas, Andreas and Colin Hay（eds.）2010: *The Role of Ideas in Political Analysis*, Routledge.
Goldfinch, Shaun 2000: *Remaking New Zealand and Australian Economic Policy*, Georgetown University Press.
Goldfinch, Shaun and Daniel Malpass 2007: "The Polish Shipyard: Myth, Economic History and Economic Policy Reform in New Zealand" *Australian Journal of Politics and History* 53: 118–37.
Goldfinch, Shaun and Paul't Hart 2003: "Leadership and Institutional Reform: Engineering Macroeconomic Policy Change in Australia" *Governance* 16: 235–70.
Goldstein, Judith and Robert O. Keohane 1993: "Ideas and Foreign Policy: An Analytic Framework" pp. 3–30 in *Ideas and Foreign Policy*, edited by J. Goldstein and R. O. Keohane, Cornell University Press.
Goodin, E. Robert 1998: "Institutions and Their Design" pp. 1–53 in *The Theory of Institutional Design*, edited by R. E. Goodin, Cambridge University Press.
——— 2001a: "Work and Welfare: Towards a Post-Productivist Welfare Regime" *British Journal of Political Science* 31: 13–39.
——— 2001b: "False Principles of Welfare Reform" *Australian Journal of Social Issues*

36: 189–205.
——— 2002: "Structure of Mutual Obligation" *Journal of Social Policy*: 579–596.
——— 2003: "Choose Your Capitalism?" *Comparative European Politics* 1: 203–213.
Goodin, E. Robert, Heady, Bruce, Muffels, Ruud and Henk-an Dirven 1999: *The Real Worlds of Welfare Capitalism,* Cambridge University Press.
Goodin, E. Robert and Martin Rein 2001: "Regimes on Pillars: Alternative Welfare State Logics and Dynamics" *Public Administration* 79: 769–801.
Goodin, E. Robert and Anneloes Smitsman 2000: "Placing Welfare States: The Netherlands as a Crucial Test Case" *Journal of Comparative Policy Analysis* 2: 39–64.
Gough, Ian 1979: *The Political Economy of the Welfare State,* Macmillan.（中谷義次ほか訳『福祉国家の経済学』大月書店、1992 年。）
——— 1996: "Social Welfare and Competitiveness" *New Political Economy* 1: 209–32.
Gourevitch, Peter 1978: "The Second Image Reversed: The International Sources of Domestic Politics" *International Organizations* 32: 881–912.
——— 1986: *Politics in Hard Times:* Cornell University Press.
Greener, Ian 2002: "Theorizing Path-Dependency: How does History Come to Matter in Organizations?" *Management Decision* 40: 614–19.
——— 2005: "The Potential of Path Dependence in Political Studies" *Politics* 25: 62–72.
——— 2006: "Path Dependence, Realism and the NHS" *British Politics* 1: 319–43.
Green-Pedersen, Christoffer 2002: *The Politics of Justification,* Amsterdam University Press.
——— 2004: "The Dependent Variable Problem within the Study of Welfare State Retrenchment: Defining the Problem and Looking for Solutions" *Journal of Comparative Policy Analysis* 6: 3–14.
Green-Pedersen, Christoffer and Markus Haverland 2002: "The New Politics and Scholarship of the Welfare State" *Journal of European Social Policy* 12: 43–51.
Greif, Avner 2006: *Institutions and the Path to the Modern Economy*, Cambridge University Press.（岡崎哲二・神取道宏監訳『比較歴史制度分析』NTT 出版、2009 年。）
Greif, Avner and David D. Laitin 2004: "A Theory of Endogenous Institutional Change" *American Political Science Review* 98: 633–52.
Haas, M. Peter 1992: "Introduction: Epistemic Communities and International Policy Coordination" *International Organization* 46: 1–35.
Hacker, S. Jacobs 2004: "Privatizing Risk without Privatizing the Welfare State: The Hidden Politics of Social Policy Retrenchment in the United States" *American Political Science Review* 98: 243–60.
——— 2005: "Bringing the Welfare State Back In: The Promise (and Perils) of the New Social Welfare History" *The Journal of Policy History* 17: 125–54.
Hacker, S. Jacobs and Paul Pierson 2002: "Business Power and Social Policy: Employers and the Formation of the American Welfare State" *Politics & Society* 30: 277–325.
Hall, A. Peter 1986: *Governing the Economy,* Oxford University Press.
——— 1993: "Policy Paradigms, Social Learning, and the State: The Case of Economic Policymaking in Britain" *Comparative Politics* 25: 275–96.

——— 1997: "The Role of Interests, Institutions, and Ideas in the Comparative Political Economy of the Industrialized Economy" pp. 174–207 in *Comparative Politics,* edited by M. I. Lichbach and A. S. Zuckerman, Cambridge University Press.

——— 1999: "The Political Economy of Europe in an Era of Interdependence" pp. 135–63, in *Continuity and Change in Contemporary Capitalism,* edited by H. Kitschelt, P. Lange, G. Marks and J. D. Stephens, Cambridge University Press.

——— 2006: "Preference Formation as a Political Process: The Case of Monetary Union in Europe" pp. 129–60 in *Preferences and Situations,* edited by I. Katznelson and B. R. Weingast, Russel Sage Foundation.

——— 2007: "The Evolution of Varieties of Capitalism in Europe" pp. 39–85 in *Beyond Varieties of Capitalism,* edited by B. Hancké, M. Rhodes and M. Thatcher, Oxford University Press.

Hall, A. Peter (ed) 1989 *The Political Power of Economic Ideas,* Princeton University Press.

Hall, A. Peter and Rosemary, C. R. Taylor 1996: "Political Science and the Three New Institutionalism" *Political Studies* 44: 936–57.

Hall, A. Peter and David Soskice 2001: "An Introduction to Varieties of Capitalism" pp. 1–68 in *Varieties of Capitalism,* edited by P. A. Hall and D. Soskice, Oxford University Press.

——— 2003: "Varieties of Capitalism and Institutional Change: A Response to Three Critics" *Comparative European Politics* 1: 241–50.

Hall, A. Peter and Kathleen Thelen 2005: "Institutional Change in Varieties of Capitalism" Paper Prepared for the Annual Meeting of Research Committee 19 of the International Sociological Association.

——— 2009: "Institutional Change in Varieties of Capitalism" *Socio-Economic Review* 7: 7–34.

Hancké, Bob, Martin Rhodes and Mark Thatcher 2007: "Introduction" pp. 3–38 in *Beyond Varieties of Capitalism,* edited by B. Hancké, M. Rhodes and M. Thatcher, Oxford University Press.

Hassel, Anke 2003: "The Politics of Social Pacts" *British Journal of Industrial Relations* 41: 707–26.

Harbridge, Raymond and Prue Bagley 2002: "Social Protection and Labour Market Outcomes in Australia" pp. 173–97 in *Labour Market and Social Protection Reform in International Perspective,* edited by H. Sarfati and G. Bonoli, Ashgate.

Harbridge Raymond and Pat Walsh 2002a: "Globalisation and Labour Market Deregulation in Australia and New Zealand: Different Approaches, Similar Outcomes" *Employee Relations* 24: 423–46.

——— 2002b: "Labour Market Reform in New Zealand" pp. 198–220 in *Labour Market and Social Protection Reform in International Perspective,* edited by H. Sarfati and G. Bonoli, Ashgate.

Harris, Patricia 2001: "From Relief to Mutal Obiligation: Welfare Rationalities and Unemployment in 20th-century Australia" *Journal of Sociology* 37: 5–26.

Harty, Siobhan 2005: "Theorizing Institutional Change" pp. 51–79 in *New Institutionalism,* edited by A. Lecours, University of Toronto Press.

Hartman, Yvonne 2005: "In Bed with the Enemy: Some Ideas on Connections between Neoliberalism and the Welfare State" *Current Sociology* 53: 57–73.
Harvey, David 2005: *A Brief History of Neoliberalism*, Oxford Univeristy Press. (渡辺治監訳『新自由主義』作品社、2007 年。)
Häuserman, Silja 2006: "Changing Coalitions in Social Policy Reforms: The Politics of New Social Needs and Demands" *Journal of European Social Policy* 16: 5–21.
Häuserman, Silja and Bruno Palier 2008: "The Politics of Employment-Friendly Welfare Reforms in Post-Industrial Economies" *Socio-Economic Review* 6: 559–86.
Hay, Colin 1995: "Structure and Agency" pp. 189–206 in *Theory and Methods in Political Science*, edited by D. Marsh and G. Stoker, Palgrave.
——— 1996a: *Re-stating Social and Political Change*, Open University Press.
——— 1996b: "Narrating Crisis: The Discursive Construction of the'Winter of Discontent'" *Sociology* 30: 253–77.
——— 1997: "Divided by a Common Language: Political Theory and the Concept of Power" *Politics* 17: 45–52.
——— 1999: "Crisis and the Structural Transformation of the State" *British Journal of Politics and International Relations* 1: 317–44.
——— 2000: "Contemporary Capitalism, Globalization, Regionalization and the Persistence of National Variation" *Review of International Studies* 26: 509–31.
——— 2001a: "The Crisis of Keynesianism and the Rise of Neoliberalism in Britain" pp. 193–218 in *The Rise of Neoliberalism and Institutional Analysis*, edited by J. L. Campbell and O. K. Pedersen, Princeton University Press.
——— 2001b: "Globalization, Economic Change and the Welfare State: The 'Vexatious Inquisition of Taxation'?" pp. 38–58 in *Globalization and European Welfare States*, edited by R. Sykes, B. Palier and P. M. Prior, Palgrave.
——— 2002: *Political Analysis*, Palgrave.
——— 2004a: "Ideas, Interests and Institutions in the Comparative Political Economy of Great Transformations" *Review of International Political Economy* 11: 204–26.
——— 2004b: "Common Trajectories, Variable Paces, Divergent Outcomes?: Models of European Capitalism under Conditions of Complex Economic Interdependence" *Review of International Political Economy* 11: 231–62.
——— 2004c: "Theory, Stylized Heuristic or Self-fulfilling Prophecy?: The Status of Rational Choice Theory in Public Administration" *Public Administration* 82: 39–62.
——— 2004d: "The Normalizing Role of Rationalist Assumptions in the Institutional Embedding of Neoliberalism" *Economy and Society* 33: 500–27.
——— 2005a: "Two Can Play at That Game ... Or Can They? Varieties of Capitalism, Varieties of Institutionalism" pp. 106–21 in *Varieties of Capitalism, Varieties of Approach*, edited by D. Coates, Palgrave Macmillan.
——— 2005b: "Making Hay ... or Clutching at Ontological Straws? Notes on Realism, 'As-If-Realism' and Actualism" *Politics* 25: 39–45.
——— 2006a: "Constructivist Institutionalism" pp. 56–74 in *Oxford Handbook of Political Institutions*, edited by R. A. W. Rhodes, S. A. Binder and B. A. Rockman, Oxford University Press.
——— 2006b: "Constructivist Institutionalism ... or, Why Ideas into Interests don't Go"

Paper Prepared for the Annual Meeting of American Political Science Association.
——— 2006c: "What's Globalization Got to Do with It? Economic Interdependence and the Future of European Welfare States" *Government and Opposition* 41: 1–22.
Hay, Colin and Ben Rosamond 2002: "Globalization, European Integration and the Discursive Construction of Economic Imperatives" *Journal of European Public Policy* 9: 147–67.
Hay, Colin and David Marsh 1999: "Introduction: Towards a New (International) Political Economy" *New Political Economy* 4: 5–22.
Hay, Colin and Daniel Wincott 1998: "Structure, Agency and Historical Institutionalism" *Political Studies* 46: 951–57.
Hayek, F. A. 1944: *The Road to Selfdom,* Routledge.（西山千明訳『隷属への道』春秋社、1992 年。）
Hawke, Bob, Paul Keating and John Button 1991: *Building a Competitive Australia,* Australian Government Publishing Service.
Hazledine, Tim and John Quiggin 2006: "No More Free Beer Tomorrow? Economic Policy and Outcomes in Australia and New Zealand" *Australian Journal of Political Science* 41: 145–59.
Headey, Bruce, Goodin, E. Robert, Muffels, Ruud and Henk-Jan Dirven 2000: "Is There a Trade-Off between Economic Efficiency and a Generous Welfare State? A Comparison of Best Case of 'The Three Worlds of Welfare Capitalism'" *Social Indicators Research* 50: 115–57.
Held, David (ed) 2000: *A Globalizing World?*, Routledge.（中谷義和監訳『グローバル化とは何か』法律文化社、2002 年。）
Hemerijck, Anton 2002: "The Self-Transformation of the European Social Model (s) " pp. 173–213 in *Why We Need a Welfare States,* edited by G. Esping-Andersen, Oxford University Press.
Hemerijck, Anton and Philip Manow 2001: "The Experience of Negotiated Reforms in the Dutch and German Welfare States" pp. 217–37 in *Comparing Welfare Capitalism,* edited by B. Ebbinghaus and P. Manow, Routledge.
Hemerijck, Anton and Martin Schludi 2000: "Sequence of Policy Failures and Effective Policy Responses" pp. 125–228 in *Welfare and Work in the Open Economy* VOL. 1, edited by F. W. Scharpf and V. A. Schmidt, Oxford University Press.
Hemerijck, Anton and Kees van Kersbergen 1999: "Negotiated Policy Change: Towards a Theory of Institutional Learning in Tightly Coupled Welfare States" pp. 168–85. in *Public Policy and Political Ideas,* edited by D. Braun and A. Busch, Edward Elger.
Hicks, Alexander and Lane Kenworthy 2003: "Varieties of Welfare Capitalism" *Socio-Economic Review* 1: 27–61.
Hill, Elizabeth 2006: "Howard's 'Choice': The Ideology and Politics of Work and Family Policy 1996–2006" *Australian Review of Public Affairs.*
Hinrichs, Karl 2000: "Elephants on the Move: Patterns of Public Pension Reform in OECD Countries" *European Review* 8: 353–78.
Hinrichs, Karl and Olli Kangas 2003: "When Is a Change Big Enough to Be a System Shift ? Small System-shifting Change in German and Finnish Pension Policies" *Social Policy & Administration* 37: 573–91.

Holden, Chris 2003: "Decomodification and Workfare State" *Political Science Review* 1: 303–16.
Hopf, Ted 1998: "The Promise of Constructivism in International Relations Theory" *International Security* 23: 171–200.
Howard, John 1997: *Investing for Growth,* Australian Government Publishing Service.
——— 2002: *Strategic Leadership for Australia,* Australian Government Publishing Service.
Huber, Evelyne and John D. Stephens 2001: *Development and Crisis of the Welfare State,* Chicago University Press.
——— "Combating Old and New Social Risks" pp. 143–168 in *The Politics of Post-industrial Welfare States,* edited by K. Armingeon and G. Bonoli, Routledge.
Huber, Evelyne, Charles Ragin and John D. Stephens 1993: "Social Democracy, Christian Democracy, Constitutional Structure, and the Welfare State" *American Journal of Sociology* 99: 711–49.
Hudson, John and Stefan Kühner 2009: "Towards Productive Welfare? A Comparative Analysis of 23 OECD Countries" *Journal of European Social Policy* 19: 34–46.
Immergut, M. Ellen 1998: "The Theoretical Core of the New Institutionalism" *Politics & Society* 26: 5–34.
Iversen, Torben and Anne Wren 1998: "Equality, Employment, and Budgetary Restraint: The Trilemma of the Service Economy" *World Politics* 50: 507–46.
Jaensch, Dean 1989: *The Hawke-Keating Hijack,* Allen & Unwin.
James, Colin 1986: *The Quiet Revolution,* Allen & Unwin.（唯是康彦・四郎丸文枝訳『静かなる革命』ニュージーランド調査委員会、1991 年。）
Jæger, Mads Meier and Jon Kvist 2003: "Pressures on State Welfare in Post-industrial Societies: Is More or Less Better ?" *Social Policy & Administration* 37: 555–72.
Jensen, Carsten 2007: "Fixed or Variable Needs? Public Support and Welfare Reform" *Government and Opposition* 42: 139–57.
Jenson, Jane 1989: "Paradigms and Political Discourse: Protective Legislation in France and the United States Before 1914" *Canadian Journal of Political Science* 22: 235–58.
——— 2004: "Changing the Paradigm: Family Responsibility or Investing in Children" *Canadian Journal of Sociology* 29: 169–92.
Jenson, Jane and Denis Saint-Martin 2003: "New Routes to Social Cohesion? Citizenship and Social Investment State" *Canadian Journal of Sociology* 28: 77–99.
——— 2006: "Building Block for a New Social Architecture: The LEGO Paradigm of an Active Society" *Policy & Politics* 34: 429–51.
Jessop, Bob 1982: *The Capitalist State,* Martin Robertson.（田口富久治ほか訳『資本主義国家』御茶の水書房、1983 年。）
——— 1990: *State Theory,* Polity Press.（中谷義和訳『国家理論』御茶の水書房、1994 年。）
——— 1993: "Towards a Schumpeterian Workfare State? Preliminary Remarks on Post-Fordist Political Economy" *Studies in Political Economy* 40: 7–40.
——— 1996: "Interpretive Sociology and the Dialectic of Structure and Agency" *Theory, Culture & Society* 13: 119–28.

——— 2001: "Institutional re (turns) and the Strategic-Relational Approach" *Environment and Planning A* 33: 1213–35.

——— 2002: *The Future of the Capitalist State,* Polity Press.

——— 2004: "Critical Semiotic Analysis and Cultural Political Economy" *Critical Discourse Studies* 1: 159–74.

——— 2005: "Critical Realism and the Strategic-Relational Approach" *New Formations* 56: 40–53.

——— 2008: *State Power,* Polity Press.

Jessop, Bob and Ngai-ling Sum 2001: "Pre-disciplinary and Post-disciplinary Perspectives" *New Political Economy* 6: 89–101.

——— 2006: "Towards a Cultural International Political Economy: Poststructuralism and the Italian School" pp. 157–76 in *International Political Economy and Poststructural Politics,* edited by M. de Goede, Palgrave.

Jessop, Bob and Stijn Oosterlynck 2008: "Cultural Political Economy: On Making the Cultural Turn without Falling into Soft Economic Sociology" *Geoforum* 39: 1155–69.

Jones, Evan 2005: "Industry Policy in the 1990s: Working Nation, its Context and Beyond" *Journal of Economic and Social Policy* 9: 35–53.

Johnson, Carol 1989: *The Labor Legacy,* Allen & Unwin.

——— 2000: *Governing Change,* University of Queens Land Press.

Johnson, Carol and Fran Tonkiss 2002: "The Third Influence: The Blair Government and Australian Labor" *Policy & Politics* 30: 5–18.

Johnson, Chalmers 1982: *MITI and the Japanese Miracle,* Stanford University Press.（矢野俊比古監訳『通産省と日本の奇跡』TBS ブリタニカ、1982 年。）

Kasza, J. Gregory 2002: "The Illusion of Welfare 'Regimes'" *Journal of Social Policy* 31: 271–87.

——— 2006: *One World of Welfare,* Cornell University Press.

Katzenstein, Peter 1985: *Small States in World Markets,* Cornell University Press.

Katznelson, Ira and Barry R. Weingast 2006: "Intersections Between Historical and Rational Choice Institutionalism" pp. 1–24 in *Preferences and Situations,* edited by I. Katznelson and B. R. Weingast, Russel Sage Foundation.

Keating, Paul 1992: *One Nation,* Australian Government Publishing Service.

——— 1993: *Investing in the Nation,* Australian Government Publishing Service.

——— 1994: *Working Nation,* Australian Government Publishing Service.

King, S. Desmond and Bo Rothstein 1993: "Institutional Choices and Labor Market Policy" *Comparative Political Studies* 26: 147–177.

Kitschelt, Herbert 2001: "Partisan Competition and Welfare States Retrenchment" pp. 265–302 in *The New Politics of Welfare States,* edited by P. Pierson, Oxford University Press.

Kitschelt, Herbert, Lange, Peter, Marks, Gary and John D. Stephens 1999: "Conclusion" pp. 427–60 in *Continuity and Change in Contemporary Capitalism,* edited by H. Kitschelt, P. Lange, G. Marks and J. D. Stephens, Cambridge University Press.

Kitschelt, Herbert and Philip Rehm 2006: "New Social Risk and Political Preferences" pp. 52–82 in *The Politics of Post-industrial Welfare States,* edited by K. Armingeon and G. Bonoli, Routledge.

Korpi, Walter 1983: *The Democratic Class Struggle,* Routledge and Kegan Paul.

——— 1985: "Developments in the Theory of Power and Exchange: Power Resources Approach vs. Action and Conflict: On Casual and Intentional Explanations in the Study of Power" *Sociological Review* 3: 31–45.

——— 1989: "Power, Politics, and State Autonomy in the Development of Social Citizenship: Social Rights During Sickness in Eighteen OECD Countries since 1930" *American Sociological Review* 54: 309–28.

——— 2000: "Faces of Inequality: Gender, Class, and Pattern of Inequalities in Different Types of Welfare States" *Social Politics* 7: 127–91.

——— 2001: "Contentious Institutions: An Augmented Rational-Action Analysis of the Origins and Path Dependency of Welfare State Institutions in Western Countries" *Rationality and Society* 13: 235–83.

——— 2003: "Welfare-State Regress in Western Europe: Politics, Institutions, Globalization, and Europeanization" *Annual Review of Sociology* 29: 589–609.

——— 2006: "Power Resources and Employer-Centered Approach in Explanations of Welfare States and Varieties of Capitalism: Protagonists, Consenters, and Antagonists" *World Politics* 58: 167–206.

Korpi, Walter and Joakim Palme 1998: "The Paradox of Redistribution and Strategies of Equality: Welfare State Institutions, Inequality, and Poverty in the Western Countries" *American Sociological Review* 63: 661–87.

——— 2003: "New Politics and Class Politics in the Context of Austerity and Globalization: Welfare State Regress in 18 Countries, 1975–95" *American Political Science Review* 97: 425–46.

Krasner, D. Stephen 1984: "Approaches to the State: Alternative Conceptions and Historical Dynamics" *Comparative Politics* 16: 223–46.

——— 1988: "Sovereignty: An Institutional Perspective" *Comparative Political Studies* 21: 66–94.

Kühner, Stefan 2007: "Country-Level Comparisons of Welfare State Change Measures: Another Facet of the Dependent Variable Problem within the Comparative Analysis of the Welfare State" *Journal of European Social Policy* 17: 5–18.

Kumlin, Staffan and Bo Rothstein 2005: "Making and Breaking Social Capital: The Impact of Welfare-State Institutions" *Comparative Political Studies* 38: 339–65.

Kuipers, Sanneke 2009: "Paths of the Past or the Road Ahead? Path Dependency and Policy Change in Two Continental European Welfare States" *Journal of Comparative Policy Analysis* 11: 163–90.

Lavelle, Ashley 2005a: "Social Democrats and Neo-Liberalism: A Case Study of the Australian Labor Party" *Political Studies* 53: 753–71.

——— 2005b: "Labor and Globalisation: From Keating to Latham" *Australian Journal of Political Science* 40: 51–69.

Leigh, Andrew 2002: "Trade Liberalisation and the Australian Labor Party" *Australian Journal of Politics and History* 48: 487–508.

Levi, Margaret 1981: "The Predatory Theory of Rule" *Politics & Society* 10: 431–65.

——— 1997: "A Model, A Method, and A Map: Rational Choice in Comparative and Historical Analysis" pp. 19–41 in *Comparative Politics,* edited by M. I. Lichbach and

A. S. Zukerman, Cambridge University Press.
——— 2002: "The State of the Study of the State" pp. 33–55 in *Political Science,* edited by I. Katznelson and H. V. Milner, W. W. Norton & Company.
Levy, D. Jonah 1999: "Vice into Virtue ? Progressive Politics and Welfare Reform in Continental Europe" *Politics & Society* 27: 239–73.
Lewis, Jane 1992: "Gender and the Development of Welfare Regimes" *Journal of European Social Policy* 2: 159–73.
Lewis, A. Paul 2002: "Agency, Structure and Causality in Political Science: A Comment on Sibeon" *Politics* 22: 17–23.
Lieberman, C. Robert 2002: "Ideas, Institutions, and Political Order: Explaining Political Change" *American Political Science Review* 96: 697–712.
Linder, Johannes 2003: "Institutional Stability and Change: Two Sides of the Same Coin" *Journal of European Public Policy* 10: 912–35.
Linder, Johannes and Berthold Rittberger 2003: "The Creation, Interpretation and Contestation of Institutions: Revisiting Historical Institutionalism" *Journal of Common Market Studies* 41: 445–73.
Lukes, Steven 1974: *Power,* Macmillan.（中島吉弘訳『現代権力論批判』未来社、1995年。）
Macintyre, Clement 1999: "From Entitlement to Obligation in the Australian Welfare State" *Australian Journal of Social Issues* 34: 103–118.
Maddox, Graham 1989: *The Hawke Government and Labor Tradition,* Penguin Book.
Mann, Michael 1984: "The Autonomous Power of the State: Its Origins, Mechanisms and Results" *Archives Europeénnes de Sociologie* 25: 185–213.
——— 1986: *The Sources of Social Power vol. 1,* Cambridge University Press.（森本醇・君塚直隆訳『ソーシャルパワー』NTT 出版、2002 年。）
——— 1997: "Has Globalization Ended the Rise and Rise of the Nation-state ?" *Review of International Political Economy* 4: 472–96.
Manow, Philip 2001: "Comparative Institutional Advantages of Welfare State Regimes and New Coalitions in Welfare Reforms" pp. 146–64 in *The New Politics of Welfare States,* edited by P. Pierson, Oxford University Press.
Mahoney, James 2000: "Path Dependence in Historical Sociology" *Theory and Society* 29: 507–48.
Mahoney, James and Richard Snyder 1999: "Rethinking Agency and Structure in the Study of Regime Change" *Studies in Comparative International Development* 34: 3–32.
Mahoney, James and Kathleen Thelen 2010: "A Theory of Gradual Institutional Change" pp. 1–37 in *Explaining Institutional Change,* edited by J. Mahoney and K. Thelen, Cambridge University Press.
March, G. James and Johan P. Olsen 1984: "The New Institutionalism: Organizational Factors in Political Life" *American Journal of Political Science* 78: 734–49.
——— 1989: *Rediscovering Institutions,* Free Press.（遠田雄志訳『やわらかな制度』日刊工業新聞社、1994 年。）
——— 1996: "Institutional Perspectives on Political Institutions" *Governance* 9: 247–64.
Mares, Isabela 2003: *The Politics of Social Risk,* Cambridge University Press.

Marsh, David 2009: "Keeping Ideas in their Place: In Praise of Thin Constructivism" *Australian Journal of Political Science* 44: 679–96.
Martin, Cathie Jo and Duane Swank 2004: "Does the Organization of Capital Matter? Employers and Active Labor Market Policy at the National and Firm Levels" *American Political Science Review* 98: 593–611.
——— 2008: "The Political Origins of Coordinated Capitalism: Business Organizations, Party Systems, and State Structure in the Age of Innocence" *American Political Science Review* 102: 181–98.
Martin, Cathie Jo and Kathleen Thelen 2007: "The State and Coordinated Capitalism: Contributions of the Public Sector to Social Solidarity in Postindustrial Societies" *World Politics* 60: 1–36.
McAnulla, Stuart n/a: "The Structure-Agency Debate and its Historiographical Utility", Paper Prepared for the Annual Meeting for Political Science Association.
——— 2002: "Structure and Agency" pp. 271–91 in *Theory and Methods in Political Science (2nd edn)*, edited by D. Marsh and G. Stoker, Palgrave.
——— 2005: "Making Hay with Actualism? The Need for a Realist Concept of Structure" *Politics* 25: 31–38.
——— 2006a: "Challenging the New Interpretivist Approach: Towards a Critical Realist Alternative" *British Politics* 1: 113–38.
——— 2006b: "Critical Realism, Social Structure and Political Analysis: A Reply to Bevir and Rhodes" *British Politics* 1: 404–12.
McClelland, Alison 2002: "Mutual Obligation and the Welfare Responsibilities of Government" *Australian Journal of Social Issues* 37: 209–24.
McClelland, Alison and Susan St John 2006: "Social Policy Responses to Globalisation in Australia and New Zealand, 1980–2005" *Australian Journal of Political Science* 41: 177–91.
McClelland, Alison and Paul Smyth 2006: *Social Policy in Australia*, Oxford University Press.（新潟青陵大学ワークフェア研究会訳『オーストラリアにおける社会政策』第一法規、2009年。）
Mendes, Philip 1999: "From the Wage Earners Welfare State to the Targeted Welfare State: The Social Welfare Policies of the Australian Labor Party, 1983–99" *Australian Social Work* 52: 33–38.
——— 2003: *Australian's Welfare Wars,* University of New South Wales Press.
——— 2008: *Australian's Welfare Wars Revisited,* University of New South Wales Press.
——— 2009: "Retrenching or Renovating the Australian Welfare State: The Paradox of the Howard Government's Neo-liberalism" *International Journal of Social Welfare* 18: 102–10.
Menz, Georg 2005: *Varieties of Capitalism and Europeanization,* Oxford University Press.
Mishra, Ramesh 1984: *The Welfare State in Crisis,* Wheatsheaf Books.
——— 1990: *The Welfare State in Capitalist Society,* Harvester Wheatsheaf.（丸谷冷史ほか訳『福祉国家と資本主義』晃洋書房、1995年。）
——— 1999: *Globalization and the Welfare State,* Edward Elger.
Moe, M. Terry 1990: "Political Institutions: The Neglected Side of the Story" *Journal of*

Law, Economics, and Organization 6: 213–53.
——— 2005: "Power and Political Institutions" *Perspective on Politics* 3: 215–33.
Molina, Oscar and Martin Rhodes 2002: "Corporatism: The Past, Present, and Future of a Concept" *Annual Review of Political Science* 5: 305–31.
Morgan, Glenn and Izumi Kubo 2005: "Beyond Path Dependency? Constructing New Models for Institutional Change: the Case of Capital Markets in Japan" *Socio-Economic Review* 3: 55–82.
Moss, Jeremy 2001: "The Ethics and Politics of Mutual Obligation" *Australian Journal of Social Issues* 36: 1–14.
Mule, Rosa 2002: "Factional Alliances, Trade Union Bargaining Power and Social Policy in Australia" *Party Politics* 8: 259–78.
Myles, John and Jill Quadagno 2002: "Political Theories of the Welfare State" *Social Service Review* 76: 34–57.
North, C. Douglass 1981: *Structure and Change in Economic History,* W. W. Norton.（中島正人訳『文明史の経済学』春秋社、1989 年。）
——— 1990: *Institutions, Institutional Change and Economic Performance,* Cambridge University Press.（竹下公規訳『制度・制度変化・経済成果』晃洋書房、1994 年。）
Obinger, Herbert, Castles, G. Francis and Stephen Leibfried (eds.) 2006: *Federalism and the Welfare State,* Cambridge University Press.
O'Connor, James 1973: *The Fiscal Crisis of The State,* St. Martin's Press.（池上惇ほか訳『現代国家の財政危機』御茶の水書房、1981 年。）
O'Connor, S. Julia 1993: "Gender, Class and Citizenship in the Comparative Analysis of Welfare State Regimes: Theoretical and Methodological Issues" *British Journal of Sociology* 44: 501–18.
O'Connor, Brendon 2001: "The Intellectual Origins of 'Welfare Dependency'" *Australian Journal of Social Issues* 36: 221–236.
O'Neill Kate, Jorg Balsiger and Stacy D. Vandeveer 2004: "Actors, Norms, and Impact: Recent International Cooperation Theory and the Influence of the Agent-Structure Debate" *Annual Review of Political Science* 7: 149–75.
Oliver, W. Hugh 1989: "The Labour Caucus and Economic Policy Formation, 1981–1984" pp. 11–52 in *The Making of Rogernomics,* edited by B. Easton, Auckland University Press.
Olson, Mancur 1965: *The Logic of Collective Action,* Harvard University Press.（依田博・森脇俊雅訳『集合行為論』ミネルヴァ書房、1996 年。）
Orloff, Ann 1993: "Gender and the Social Rights of Citizenship: The Comparative Analysis of Gender Relations and Welfare State" *American Sociological Review* 58: 303–28.
——— 1996: "Gender in the Welfare State" *Annual Review of Sociology* 22: 51–78.
Ostrom, Elinor 1990: *Governing the Commons,* Cambridge University Press.
——— 1998: "A Behavioral Approach to the Rational Choice Theory of Collective Action" *American Political Science Review* 92: 1–22.
Painter, Martin 1996: "Economic Policy, Market Liberalism and the 'End of Australian Politics' " *Australian Journal of Political Science* 31: 287–299.

Parker, Stephen and Rodney Fopp 2004: "The Mutual Obligation Policy in Australia: The Rhetoric and Reasoning of Recent Social Security Policy" *Contemporary Politics* 10: 257–69.

Parsons, Craig 2003: *A Certain Idea of Europe,* Cornell University Press.

Peters, B. Guy 2005: *Institutional Theory in Political Science* (*2nd edn*), Continuum.（土屋光芳訳『新制度論』芦書房、2007 年。）

Peters, B. Guy, Jon Pierre and Desmond S. King 2005: "The Politics of Path Dependency: Political Conflict in Historical Institutionalism" *The Journal of Politics* 67: 1275–1300.

Peck, Jamie and Nikolas Theodore 2000a: "'Work First': Workfare and the Regulation of Contingent Labour Markets" *Cambridge Journal of Economics* 24: 119–138.

——— 2000b: "Beyond 'Employability'" *Cambridge Journal of Economics* 24: 729–49.

Pedersen, K. Ove 1991: "Nine Questions to a Neo-Institutional Theory in Political Science" *Scandinavian Political Studies* 14: 125–48.

Pierson, Christopher 1991: *Beyond the Welfare State?* Polity Press.（田中浩・神谷直樹訳『曲がり角にきた福祉国家』未来社、1996 年。）

——— 1998: "Globalisation and the Changing Governance of Welfare States: Superannuation Reform in Australia" *Global Society* 12: 31–47.

——— 2001: "Globalisation and the End of Social Democracy" *Australian Journal of Politics and History* 47: 459–74.

——— 2002: "'Social Democracy on the Back Foot': The ALP and the 'New'Australian Model" *New Political Economy* 7: 179–97.

——— 2003: "Learning from Labor? Welfare Policy Transfer between Australia and Britain" *Commonwealth & Comparative Politics* 41: 77–100.

——— 2007: "The Labor Legacy: Looking Back with the Australian Labor Party" *Government and Opposition* 42: 564–92.

Pierson, Christopher and Francis G. Castles 2002: "Australian Antecedents of the Third Way" *Political Studies* 50: 683–702.

Pierson, Paul 1993: "When Effect Becomes Cause: Policy Feedback and Political Change" *World Politics* 45: 595–628.

——— 1994: *Dismantling the Welfare States?,* Cambridge University Press.

——— 1996 : "The New Politics of the Welfare State" *World Politics* 48: 143–79.

——— 2000a: "Increasing Returns, Path Dependency and the Study of Politics!" *American Political Science Review* 94: 251–67.

——— 2000b: "The Limits of Design: Explaining Institutional Origin and Change" *Governance* 13: 475–99.

——— 2000c: "Not Just What, But When: Timing and Sequence in Political Processes" *Studies in American Political Development* 14: 72–92.

——— 2000d: "Three Worlds of Welfare State Research" *Comparative Political Studies* 33: 791–821.

——— 2001a: "Post-Industrial Pressures on the Mature Welfare State" pp. 80–104 in *The New Politics of Welfare States,* edited by P. Pierson, Oxford University Press.

——— 2001b: "Coping with Permanent Austerity" pp. 410–56 in *The New Politics of Welfare States,* edited by P. Pierson, Oxford University Press.

——— 2003: "Big, Slow, and ... Invisible: Macrosocial Process in the Study of Comparative Politics" pp. 177−207 in *Comparative Historical Analysis in the Social Science,* edited by J. Mahoney and D. Rueschemeyer, Cambridge University Press.
——— 2004: *Politics in Time,* Princeton University Press.
——— 2005: "The Study of Policy Development" *The Journal of Policy History* 17: 34−51.
Pierson, Paul (ed.) 2001: *The New Politics of Welfare States,* Oxford University Press.
Pierson, Paul and Theda Skocpol 2002: "Historical Institutionalism in Contemporary Political Science" pp. 693−721 in *Political Science,* edited by I. Katznelson and H. V. Milner, W. W. Norton & Company.
Pontusson, Jonas 1995: "From Comparative Public Policy to Political Economy: Putting Political Institutions in Their Place and Taking Interests Seriously" *Comparative Political Studies* 28: 117−47.
——— 2005: *Inequality and Prosperity,* Cornell University Press.
Pontusson, Jonas and Peter Swenson 1996: "Labor Markets, Production Strategies, and Wage Bargaining Institutions: The Swedish Employer Offensive in Comparative Perspective" *Comparative Political Studies* 29: 223−50.
Powell, Martin and Armando Barrientos 2004: "Welfare Regimes and the Welfare Mix" *European Journal of Political Research* 43: 83−105.
Pusey, Michael 1991: *Economic Rationalism in Canberra,* Cambridge University Press.
Putnam, D. Robert 1993: *Making Democracy Work,* Princeton University Press.（河田潤一訳『哲学する民主主義』NTT 出版、2001 年。）
——— 2000: *Bowling Alone,* Simon and Schuster.（柴内康文訳『孤独なボウリング』柏書房、2006 年。）
Quiggin, John 1998: "Social Democracy and Market Reform in Australia and New Zealand" *Oxford Review of Economic Policy* 14: 76−95.
——— 2004: "Economic Policy" pp. 169−90 in *The Howards Years,* edited by R. Manne, Black Inc. Agenda.
Ramia, Gaby 2005: "Industrial Relations in the Context of Workfare: Comparing Australia and New Zealand" *New Zealand Journal of Employment Relations* 30: 67−80.
Ramia, Gaby and Terry Carney 2000: "Contractualism, Managerialism and Welfare: the Australian Experiment with a Marketised Employment Service Network" *Policy & Politics* 29: 59−80.
Ramia, Gaby, Anna Chapman and Marco Michelotti 2005: "How well Do Industrial Relations and Social Policy Interact? Labour Law and Social Security Law in the Social Protection of Sole Parents" *The International Journal of Comparative Labour Law and Industrial Relations* 21: 249−79.
Ramia, Gaby and Nick Wailes 2006: "Putting Wage-Earners into Wage-Earners'Welfare States: The Relationship between Social Policy and Industrial Relations in Australia and New Zealand" *Australian Journal of Social Issues* 41: 49−68.
Ramsay, Tom and Tim Battin 2005: "Labor Party Ideology in the early 1990s: Working Nation and Paths not Taken" *Journal of Economic and Social Policy* 9: 143−160.
Regini, Marino 2000: "Between Deregulation and Social Pacts: The Responses of European Economies to Globalization" *Politics & Society* 28: 5−33.
Rueda, David 2005: "Insider-Outsider Politics in Industrialized Democracies: The

Challenge to Social Democratic Parties" *American Political Science Review* 99: 61–74.
Rhodes, Martin 1998: "Globalization, Labour Markets and Welfare States: A Future of 'Competitive Corporatism'?" pp. 178–203 in *The Future of European Welfare,* edited by M. Rhodes and Y. Meny, Macmillan.
——— 2001: "The Political Economy of Social Pacts: 'Competitive Corporatism'and European Welfare Reform" pp. 165–94 in *The New Politics of Welfare States,* edited by P. Pierson, Oxford University Press.
——— 2005: "'Varieties of Capitalism'and the Political Economy of European Welfare State" *New Political Economy* 10: 363–70.
Rhodes, Richard A. W. 1997: *Understanding Governance,* Open University Press.
Risse, Thomas 2000: ""Let's Argue!": Communicative Action in World Politics" *International Organization* 54: 1–39.
——— 2002: "Construcitivism and International Institutions: Toward Conversations across Paradigms" pp. 597–623 in *Political Science,* edited by I. Katznelson and H. V. Milner, W. W. Norton & Company.
Room, Graham 2000: "Commodification and Decommodification: A Developmental Critique" *Policy & Politics* 28: 331–51.
Ross, Fiona 2000a: "Interests and Choice in the'Not Quite so New'Politics of Welfare" *West European Politics* 23: 11–34.
——— 2000b: "Framing Welfare Reform in Affluent Societies: Rendering Restructuring More Palatable ?" *Journal of Public Policy* 20: 169–93.
——— 2000c: ""Beyond Left and Right": The New Partisan Politics of Welfare" *Governance* 13: 155–83.
——— 2007: "An Alternative Institutional Theory to Path Dependence: Evaluating the Greener Model" *British Politics* 2: 91–99.
——— 2008: "The Politics of Path-Breaking Change: The Transformation of the Welfare State in Britain and Germany" *Journal of Comparative Policy Analysis* 10: 365–84.
Rothstein, Bo 1990: "Marxism, Institutional Analysis, and Working-Class Power: The Swedish Case" *Politics & Society* 18: 317–45.
——— 1992: "Labor-market Institutions and Working-class Strength" pp. 33–56 in *Structuring Politics,* edited by S. Steinmo, K. Thelen and F. Longstreth, Cambridge University Press.
——— 1998: *Just Institutions Matter,* Cambridge University Press.
——— 2005: *Social Traps and the Problem of Trust,* Cambridge University Press.
Ruggie, John. G 1982: "International Regimes, Transactions, and Change: Embedded Liberalism in the Postwar Economic Order" *International Organization* 36: 379–415.
——— 1998: "What Makes the World Hang Together? Neo-utilitarianism and the Social Constructivist Challenge" *International Organization* 52: 855–85.
Ryan, Neal 2005: "A Decade of Social Policy under John Howard: Social Policy in Australia" *Policy & Politics* 33: 451–60.
Sarfati, Hedva 2003: "Interaction between Labour Market and Social Protection Systems: Policy Implications and Challenges for the Social Partners" *The International*

Journal of Comparative Labour Law and Industrial Relations 19: 253–65.
Saunders, Peter 1999: "Social Security in Australia and New Zealand: Means-tested or Just Mean?" *Social Policy & Administration* 33: 493–515.
Scarbrough, Elinor 2000: "West European Welfare States: The Old Politics of Retrenchment" *European Journal of Political Research* 38: 225–59.
Scharpf, W. Fritz 1988: "The Joint-Decision Trap: Lesson from German Federalism and European Integration" *Public Administration* 66: 239–78.
——— 1996: "Negative and Positive Integration in the Political Economy of European Welfare States" pp. 15–39 in *Governance in the European Union*, edited by G. Marks, F. W. Scharpf, P. C. Schmitter and W. Streeck, Sage Publications.
——— 1997: *Games Real Actors Play*, Westview Press.
——— 2000a: "Economic Changes, Vulnerabilities, and Institutional Capabilities" pp. 21–124 in *Welfare and Work in the Open Economy VOL. 1*, edited by F. W. Scharpf and V. A. Schmidt, Oxford University Press.
——— 2000b: "Institutions in Comparative Policy Research" *Comparative Political Studies* 33: 762–90.
——— 2002: "The European Social Model: Coping with the Challenges of Diversity" *Journal of Common Market Studies* 40: 645–70.
Scharpf, W. Fritz and Vivien. A. Schimdt (eds.) 2000: *Welfare and Work in the Open Economy VOL. 1.2*, Oxford University Press.
Schickler, Eric 2001: *Disjointed Pluralism*, Princeton University Press.
Schmidt, A. Vivien 2000: "Values and Discourse in the Politics of Adjustment" pp. 229–309 in *Welfare and Work in the Open Economy VOL. 1*, edited by F. W. Scharpf and V. A. Schmidt, Oxford University Press.
——— 2002a: *The Futures of European Capitalism*, Oxford University Press.
——— 2002b: "Does Discourse Matter in the Politics of Welfare State Adjustment" *Comparative Political Studies* 35: 168–93.
——— 2003: "How, Where and When Does Discourse Matter in Small States' Welfare State Adjustment ?" *New Political Economy* 8: 127–46.
——— 2006a: "Institutionalism" pp. 98–117 in *State*, edited by C. Hay, M. Lister and D. Marsh, Palgrave.
——— 2006b: "Bringing the State Back into the Varieties of Capitalism and Discourse Back into the Explanation of Change" Paper Prepared for the Annual Meeting of the American Political Science Association.
——— 2006c: "Give Peace a Chance: Reconciling Four (Not Three) 'New Institutionalism'" Paper Prepared for the Annual Meeting of American Political Science Association.
——— 2008a: "Discursive Institutionalism: The Explanatory Power of Ideas and Discourse" *Annual Review of Political Science* 11: 303–26.
——— 2008b: "European Political Economy: Labour Out, State Back In, Firm to the Fore" *West European Politics* 31: 303–20.
——— 2009: "Putting the Political Back into Political Economy by Bringing the State Back in yet Again" *World Politics* 61: 516–46.
——— 2010: "Taking Ideas and Discourse Seriously: Explaining Change Through

Discursive Institutionalism As the Fourth 'New Institutionalism'" *European Political Science Review* 2: 1–25.

Schröder, Martin 2008: "Integrating Welfare and Production Typologies: How Refinements of the Varieties of Capitalism Approach Call for a Combination of Welfare Typologies" *Journal of Social Policy* 38: 19–43.

Schwartz, Herman 1994a: "Public Choice Theory and Public Choices: Bureaucrats and State Reorganization in Australia, Denmark, New Zealand, and Sweden in the 1980s" *Administration & Society* 26: 48–77.

——— 1994b: "Small States in Big Trouble: State Reorganization in Australia, Denmark, New Zealand, and Sweden in the 1980s" *World Politics* 46: 527–55.

——— 1998: "Social Democracy Going Down or Down Under: Institutions, Internationalized Capital, and Indebted States" *Comparative Politics* 30: 253–72.

——— 2000: "Internationalization and Two Liberal Welfare State" pp. 69–130 in *Welfare and Work in the Open Economy VOL. 2,* edited by F. W. Scharpf and V. A. Schmidt, Oxford University Press.

——— 2006: "Explaining Australian Economic Success: Good Policy or Good Luck?" *Governance* 19: 173–205.

Scruggs, Lyle and James Allan 2006a: "Welfare-state Decommodification in 18 OECD Countries: A Replication and Revision" *Journal of European Social Policy* 16: 55–72.

——— 2006b: "The Material Consequences of Welfare States: Benefit Generosity and Absolute Poverty in 16 OECD Countries" *Comparative Political Studies* 39: 880–904.

——— 2008: "Social Stratification and Welfare Regimes for the Twenty-First Century: Revisiting *the Three Worlds of Welfare Capitalism" World Politics* 60: 642–64.

Shalev, Michael 1983: "The Social Democratic Model and Beyond: Two 'Generations' of Comparative Research on the Welfare State" *Comparative Social Research* 6: 313–51.

Shaver, Sheila 1999: "Gender Down Under: Welfare State Restructuring in Australia and Aotearoa/ New Zealand" *Social Policy & Administration* 33: 586–603.

——— 2002: "Australian Welfare Reform: From Citizenship to Supervision" *Social Policy & Administration* 36: 331–45.

Sibeon, Roger 1999: "Agency, Structure, and Social Chance as Cross-Disciplinary Concept" *Politics* 19: 139–44.

Siegel, Nico. A. 2005: "Social Pacts Revisited: 'Competitive Concertation' and Complex Causality in Negotiated Welfare State Reforms" *European Journal of Indsutrial Relations* 11: 107–26.

Singleton, Gwynneth 1990: *The Accord and the Australian Labour Movement,* Melbourne Univesity Press.

Skocpol, Theda 1981: "Political Response to Capitalist Crisis: Neo-Marxist Theories of the State and the Case of the New Deal" *Politics & Society* 10: 155–201.

——— 1985: "Bringing the State Back In: Strategies of Analysis in Current Research" pp. 3–37 in *Bringing the State Back in,* edited by P. Evans, D. Rueschemeyer and T. Skocpol, Cambridge University Press.

——— 1992: "State Formation and Social Policy in the United States" *American*

Behavioral Scientist 35: 559−84.
Skocpol, Theda and Edwin Amenta 1986: "States and Social Policies" *Annual Review of Sociology* 12: 131−57.
Skocpol, Theda and John Ikenberry 1983: "The Political Formation of the American Welfare State in Historical and Comparative Perspective" *Comparative Social Research* 6: 87−148.
Soskice, David 1999: "Divergent Production Regime: Coordinated and Uncoordinated Market Economies in the 1980s and 1990s" pp. 101−34 in *Continuity and Change in Contemporary Capitalism*, edited by H. Kitschelt, P. Lange, G. Marks and J. D. Stephens, Cambridge University Press.
Smyth, Paul 1994: *Australian Social Policy,* University of New South Wales Press.
——— 2002: "British and European Influence on the 'Australian Way' from the 1980s" *Social Policy & Administration* 36: 426−42.
Starke, Peter 2006: "The Politics of Welfare State Retrenchment: A Literature Review" *Social Policy & Administration* 40: 104−20.
Steger, B. Manfred 2003: *Globalization*, Oxford University Press.（櫻井公人ほか訳『グローバリゼーション』岩波書店、2005 年。）
Stilwell, Frank 1986: *The Accord and Beyond,* Pluto Press.
Strange, Susan 1994: *States and Markets* (*2nd ed*), Pinter Publishers.（西川潤・佐藤元彦訳『国際政治経済学入門』東洋経済新報社、1994 年。）
——— 1996: *The Retreat of the State,* Cambridge University Press.（櫻井公人訳『国家の退場』岩波書店、1998 年。）
Streeck, Wolfgang and Kathleen Thelen 2005: "Introduction: Institutional Change in Advanced Political Economies" pp. 1−39 in *Beyond Continuity,* edited by W. Streeck and K. Thelen, Oxford University Press.
Surel, Yves 2000: "The Role of Cognitive and Normative Frames in Policy-Making" *Journal of European Public Policy* 7: 495−512.
Swank, Duane 1998: "Funding the Welfare State: Globalization and the Taxation of Business in Advanced Market Economies" *Political Studies* 46: 671−92.
——— 2001: "Political Institutions and Welfare State Restructuring" pp. 197−237 in *The New Politics of Welfare States,* edited by P. Pierson, Oxford University Press.
——— 2002: *Global Capital, Political Institutions, and Policy Change in Developed Welfare States,* Cambridge University Press.
——— 2003: "Withering Welfare? Globalisation, Political Economic Institutions, and Contemporary Welfare States" pp. 58−82 in *States in the Global Economy,* edited by L. Weiss, Cambridge University Press.
Swank, Duane and Cathie Jo Martin 2001: "Employers and the Welfare State: The Political Economic Organization of Firms and Social Policy in Contemporary Capitalist Democracies" *Comparative Political Studies* 34: 889−923.
Swenson, Peter 1991a: "Bringing Capital Back in, or Social Democracy Reconsidered: Employer Power, Cross-Class Alliances, and Centralization of Industrial Relations in Denmark and Sweden" *World Politics* 43: 513−44.
——— 1991b: "Labor and the Limits of the Welfare States: the Politics of Intraclass Conflict and Cross-Class Alliances in Sweden and West Germany" *Comparative*

Politics 23: 379−99.
——— 1997: "Arranged Alliance: Business Interests in the New Deal" *Politics & Society* 25: 66−116.
——— 2004: "Varieties of Capitalist Interests: Power, Institutions, and the Regulatory Welfare State in the United States and Sweden" *Studies in American Political Development* 18: 1−29.
Sykes, Robert, Bruno Palier and Pauline M. Prior (eds.) 2001: *Globalization and European Welfare States*, Palgrave.
Taylor-Gooby, Peter 2002: "The Silver Age of the Welfare State: Perspectives on Resilience" *Journal of Social Policy* 31: 597−621.
——— 2003: "Open Markets Versus Welfare Citizenship: Conflicting Approaches to Policy Convergence in Europe" *Social Policy & Administration* 37: 539−54.
Taylor-Gooby, Peter (ed.) 2004: *New Risks, New Welfare?*, Oxford University Press.
——— (ed.) 2005: *Ideas and Welfare State Reform in Western Europe*, Palgrave.
Thelen, Kathleen 1999: "Historical Institutionalism in Comparative Politics" *Annual Review of Political Science* 2: 369−404.
——— 2000: "Timing and Temporality in the Analysis of Institutional Evolution and Change" *Studies in American Political Development* 14: 101−8.
——— 2002: "The Political Economy of Business and Labor in the Developed Democracies" pp. 371−97 in *Political Science*, edited by I. Katznelson and H. V. Milner, W. W. Norton & Company.
——— 2003: "How Institutions Evolve: Insights from Comparative Historical Analysis" pp. 208−40 in *Comparative Historical Analysis in the Social Science*, edited by J. Mahoney and D. Rueschemeyer, Cambridge University Press.
——— 2004: *How Institutions Evolve*, Cambridge University Press.
——— 2009: "Institutional Change in Advanced Political Economies" *British Journal of Industrial Relations* 47: 471−98.
——— 2010: "Economic Regulation and Social Solidarity: Conceputal and Analytic Innovation in the Study of Advanced Capitalism" *Socio-Economic Review* 8: 187−207.
Thelen, Kathleen and Steinmo, Sven 1992: "Historical Institutionalism in Comparative Politics" pp. 1−32 in *Structuring Politics*, edited by S. Steinmo, K. Thelen and F. Longstreth, Cambridge University Press.
Theodore, Nik and Jamie Peck 2000: "Searching for Best Practice in Welfare-to-Work: The Means, the Method and the Message" *Policy & Politics* 29: 81−98.
Therborn, Göran 1986: "Karl Marx Returning: The Welfare State and Neo-Marxist, Corporatist and Statist Theories" *International Political Science Review* 7: 131−64.
——— 1987: "Welfare States and Capitalist Markets" *Acta Sociologica* 30: 237−54.
Torfing, Jacob 1998: *Politics, Regulation and the Modern Welfare State*, Macmillan Press.
——— 1999a: "Towards a Schumpeterian Workfare Postnational Regime: Path-shaping and Path-dependency in Danish Welfare State Reform" *Economy and Society* 28: 369−402.
——— 1999b: "Workfare with Welfare: Recent Reforms of the Danish Welfare State" *Journal of European Social Policy* 9: 5−28.
——— 2001: "Path-Dependent Danish Welfare Reforms: the Contribution of the New

Institutionalism to Understanding Evolutionary Change" *Scandinavian Political Studies* 24: 277–309.
Trampusch, Christine 2006: "Industrial Relations and Welfare States: The Different Dynamics of Retrenchment in Germany and the Netherlands" *Journal of European Social Policy* 16: 121–33.
——— 2007a: "Industrial Relations as a Source of Social Policy: A Typology of the Institutional Condition for Industrial Agreements on Social Benefits" *Social Policy & Administration* 41: 251–70.
——— 2007b: "Industrial Relations as a Source of Solidarity in Times of Welfare State Retrenchment" *Journal of Social Policy* 36: 197–215.
Van Kersbergen, Kees 2002: "The Politics of Welfare State Reform" *Swiss Political Science Review* 8: 1–19.
Van Kersbergen, Kees and Philip Manow (eds.) 2009: *Religion, Class Coalitions, and Welfare States*, Cambridge University Press.
Vis, Barbara 2007: "States of Welfare or States of Workfare? Welfare State Restructuring in 16 Capitalist Democracies, 1985–2002" *Policy & Politics* 35: 105–22.
——— 2009: "Governments and Unpopular Social Policy Reform: Biting the Bulllet or Steering Clear?" *European Journal of Political Research* 48: 31–57.
Vis, Barbara and Kees van Kersbergen 2007: "Why and How Do Political Actors Pursue Risky Reforms ?" *Journal of Theoretical Politics* 19: 153–72.
Walter, James 1996: *Tunnel Vision,* Allen & Unwin.
Wailes, Nick 1999: "The Importance of Small Differences: The Effects of Research Design on the Comparative Study of Industrial Relations Reform in Australia and New Zealand" *International Journal of Human Resource Management* 10: 1006–30.
Wailes, Nick and Gaby Ramia 2002: "Globalisation, Institutions and Interests: Comparing Recent Changes in Industrial Relations Policy in Australia and New Zealand" *Policy, Organization and Society* 21: 74–95.
Wailes, Nick, Gaby Ramia and Russell D. Lansbury 2003: "Interests, Institutions and Industrial Relations" *British Journal of Industrial Relations* 41: 617–37.
Waring, Peter 2005: "Labour Market Programs versus Industrial Relations Reform? The Rhetoric and Reality of Working Nation" *Journal of Economic and Social Policy* 9: 55–72.
Watson, Matthew and Colin Hay 2003: "The Discourse of Globalisation and the Logic of No Alternative : Rendering the Contingent Necessary in the Political Economy of New Labour" *Policy & Politics* 31: 289–305.
Watts, Rob 1997: "Ten Years on: Francis G. Castles and the Australian'Wage-Earners' Welfare State" *Australian and New Zealand Journal of Sociology* 33: 1–15.
——— 2000: "The Persistence of Unemployment is the Work of Economists: Australian Employment Policy, 1983–1996" *Journal of Economic and Social Policy* 4: 48–70.
Weaver, R. Kent 1986: "The Politics of Blame Avoidance" *Journal of Public Policy* 6: 371–98.
Weingast, R. Barry 2002: "Rational-Choice Institutionalism" pp. 660–92 in *Political Science,* edited by I. Katznelson and H. V. Milner, W. W. Norton & Company.
Weir, Margaret and Theda Skocpol 1985: "State Structures and the Possibilities for

"Keynesian" Responses to the Great Depression in Sweden, Britain, and the United States" pp. 107–63 in *Bringing the State Back in,* edited by P. Evans, D. Rueschemeyer and T. Skocpol, Cambridge University Press.

Weiss, Linda 1997: "Globalization and the Myth of Powerless State" *New Left Review* 225: 3–27.

Weiss, Linda (ed) 2003: *States in the Global Economy,* Cambridge University Press.

Wendt, Alexander 1987: "The Agent-Structure Problem in International Relation Theory" *International Organization* 41: 335–70.

——— 1992: "Anarchy is What States Make of It: The Social Construction of Power Politics" *International Organization* 46: 391–425.

——— 1994: "Collective Identity Formation and the International State" *American Political Science Review* 88: 384–96.

——— 1998: "On Constitution and Causation in International Relations" *Review of International Studies* 24: 101–17.

White, Stuart 2000: "Review Article: Social Rights and the Social Contract-Political Theory and the New Welfare Politics" *British Journal of Political Science* 30: 507–32.

Widmaier, W. Wesley, Mark Blyth and Leonard Seabrooke 2007: "Exogenous Shocks or Endogenous Constructions? The Meaning of Wars and Crises" *International Studies Quaterly* 51: 747–59.

Wilensky, L. Harold 1975: *The Welfare State and Equality,* University of California Press.（下平好博訳『福祉国家と平等』木鐸社、1984 年。）

Wight, Colin 2003: "The Agent-Structure Problem and Institutional Racism" *Political Studies* 51: 706–721.

Wilson, Shaun and Nick Turnbull 2001: "Wedge Politics and Welfare Reform in Australia" *Australian Journal of Politics and History* 47: 384–402.

Wood, Stewart 2001a: "Labour Market Regimes under Threat ?" pp. 368–409 in *The New Politics of Welfare States,* edited by P. Pierson, Oxford University Press.

——— 2001b: "Business, Government, and Patterns of Labour Market Policy in Britain and the Federal Republic of Germany" pp. 247–74 in *Varieties of Capitalism,* edited by P. A. Hall and D. Soskice, Oxford University Press.

著者紹介

加藤雅俊（かとう　まさとし）

1981 年　愛知県に生まれる
2003 年　名古屋大学法学部卒業
2008 年　名古屋大学大学院法学研究科博士課程後期修了　博士（法学）
北海道大学大学院法学研究科博士研究員、同・特任助教、同・助教を経て、
現　在　立命館大学産業社会学部准教授

主要業績

「「福祉国家の変容」再考」『社会政策研究』9 号、2009 年

「制度変化におけるアイデアの二つの役割——再編期の福祉国家分析を手がかりに——」小野耕二（編）『構成主義的政治理論と比較政治』ミネルヴァ書房、2009 年。

「オーストラリア福祉レジームの変容——社会変容への二つの対応——」新川敏光（編）『福祉レジームの収斂と分岐』ミネルヴァ書房、2011 年。

福祉《ふくし》国家《こっか》再編《さいへん》の政治《せいじ》学的《がくてき》分析《ぶんせき》——オーストラリアを事例《じれい》として——

2012年 3 月29日　第 1 版第 1 刷発行

著　者　加藤雅俊
発行者　橋本盛作
発行所　株式会社　御茶の水書房
〒113-0033　東京都文京区本郷5-30-20
電話　03-5684-0751

Printed in Japan
印刷・製本／シナノ印刷（株）

ISBN 978-4-275-00971-5　C3031